北京大学中国语言学研究中心

早期北京话研究书系

主编 郭锐

国家出版基金项目
NATIONAL PUBLICATION FOUNDATION

语言自迩集

19世纪中期的北京话（第二版）

[英] 威妥玛 著
张卫东 译

卷三

北京大学出版社
PEKING UNIVERSITY PRESS

附 录
(APPENDIX)

译按：原书第三卷1—245页，共四个附录：

附录一：英语单词与短语汇编（第二卷第三、四、五、六章）GLOSSARY OF WORDS AND PHRASES IN PARTS III, IV, V, AND VI OF VOLUME II

附录二：汉字索引（第二卷第三、四、五、六、七章，以部首为序）INDEX OF CHARACTERS IN PARTS III, IV, V, VI, AND VII OF VOLUME II

附录三：北京音节表 THE PEKING SYLLABARY：——
  按语 Explanatory Note
  北京话声韵配合表 Sound Table
  北京话音节总表 Peking Syllabary
  北京话异读字表 Table of Characters Subject to Changes of Sound or Tone

附录四：书写练习 WRITING EXERCISES

译本第一版仅收附录三之北京话声韵配合表和北京话音节总表，本次再版增收异读字表，其余从略。从略各部分的情况简要介绍如下：

附录一：英语单词与短语汇编（第二卷第三、四、五、六章）列有约4000个英语单词与短语，见于第二卷第三、四、五、六章，即第一卷第三、四、五、六章中文课文的英语译文和注释。本附录索引正文第一页第二个词条带星号：

Abbreviated (characters): Part III; Exercise viii*, 10.

该页下方有注释云：某练习序号后的星号（例如：练习八 *Exercise viii**）表示那个单词或短语会再见于后面的练习。这些练习均有对应的中文。

附录二：汉字索引（第二卷第三、四、五、六、七章，以部首为序）以《康熙字典》204部首为序，列有约2400个汉字。对于全书来说，并非穷尽。

附录四：书写练习 印有大中小楷字样，如仿格字帖：大楷字214个，全数部首，每页横四竖五 20 个字；中楷 952 字，每页横五竖八 40 个字；小楷 444 个字，每页横 10 竖 15 字。总共 1610 字。原书有按语，照译如下：

书写练习，正如学生所见到的，是重复第一、二、三章"口语系列"中的已经认得的部首和汉字。

每个汉字被认为是用下列八种笔画书写的。相应的各条书写规则，节译自裨治文博士《广州方言撮要》(Dr. BRIDGMAN, *A Chinese Chrestomathy in the Canton Dialect*, 1841) 中著名的规则系列。关于写字时手的姿势和运笔的指导，也引自同一部书。笔画的名称，采用北京惯用的称呼。

1. 丶 点 tien，斜侧运笔，先向右，而后向左圆转。
2. 一 横 hêng，跳跃运笔，在终点略顿，而后向左带出。
3. 丨 直 chih，握笔不是垂直的，否则笔画会不饱满。
4. 亅 勾 kou，运笔下行，稍作转向，而后向上急拉。
5. 一 提 t'i，类似一根断线，其一端上抛。
6. 丿 撇 p'ieh，最好的撇，是转动笔锋向左运笔，笔画较重。
7. 丿 凫 fu，笔锋突然猛拉，要短而弱。
8. 乀 捺 na，笔锋微竿，而后笔锋完全铺开伸展。

让拇指背对自己身体，面向外；让食指和中指背朝外，钩住笔并面向身体——这样执紧毛笔；让无名指和小拇指，互相靠紧，抵住笔杆的内侧，指向你自己，成半握拳、拳中空、五指紧凑之状。

1. 北京话声韵配合表
(SOUND TABLE)

按语
(Explanatory Note)

《平仄编》(P'ing Tsê Pien)，字面上，是关于声调的"平"与"仄"的书，是北京话音节表的新版本，附录于 1859 年出版的《寻津录》(Hsin Ching Lu)。那是一部试验性作品。

关于《音节总表》(Syllabary)的沿革以及编制《音节总表》的意图,《自迹集·第一版序言》有解释(见第一卷)。使用《音节总表》的学生一定要知道,它是紧随《声韵配合表》(Sound Table)之后的。《声韵配合表》标出了北京话承认的各个不同的音节。在第二表(《音节总表》)中,他将发现,每个音节下面所列的都是说北京话的人说的同音字,分为四列(依次标为1,2,3,4)。其中,1列即第一声或"上平"声字,2列即"下平"声字,3列即"上声"字,4列即"去声"字。一个字不止一个音或调的话,其右肩上就标有一个小圈儿(译按:译本改为小星号*);而第三表(《异读字表》)Table of Characters Subject to Changes of Sound or Tone)重复了全部带有这种标志的字,学生查阅时,只需扫视一下,每个词在声韵或声调上可能发生的任何变化,就会一目了然。第二表中凡送气音都跟不送气音并排罗列,每一边的字或两边的字同时具有共同的语音成分,条件允许的话,无论是单个的还是成组的,都一一匹配(译按:今译本因篇幅限制,送气音跟不送气音不再并排罗列一一匹配,改为单排上下罗列,前后匹配。而今《声韵配合表》却做了"并排罗列"的版面处理)。这些组别,可能是学生已经遇到过的词;细心查阅一番,不止声调方面,更在词义方面,学生会更新其记忆。

译按:表中用字,凡繁简一对一者,用简字;其余尽量依原貌。音义可疑的字,酌情加注。

A

1	a	阿	2	ai	爱
3	an	安	4	ang	昂
5	ao	傲			

CH

6	cha	乍	7	ch'a	茶
8	chai	窄	9	ch'ai	柴
10	chan	斩	11	ch'an	产
12	chang	章	13	ch'ang	唱
14	chao	兆	15	ch'ao	吵

16	chê	这		17	ch'ê	车
18	chei	这				
19	chên	真		20	ch'ên	臣
21	chêng	正		22	ch'êng	成
23	chi	吉		24	ch'i	奇
25	chia	家		26	ch'ia	恰
				27	ch'iai	楷
28	chiang	江		29	ch'iang	抢
30	chiao	交		31	ch'iao	巧
32	chieh	街		33	ch'ieh	且
34	chien	见		35	ch'ien	欠
36	chih	知		37	ch'ih	尺
38	chin	斤		39	ch'in	亲
40	ching	井		41	ch'ing	轻
42	chio	角		43	ch'io	却
44	chiu	酒		45	ch'iu	秋
46	chiung	窘		47	ch'iung	穷
48	cho	卓		49	ch'o	绰
50	chou	昼		51	ch'ou	抽
52	chü	句		53	ch'ü	取
54	chüan	捐		55	ch'üan	全
56	chüeh	绝		57	ch'üeh	缺
58	chün	君		59	ch'ün	群
60	chüo	爵		61	ch'üo	却
62	chu	主		63	ch'u	出
64	chua	抓		65	ch'ua	欻
66	chuai	拽		67	ch'uai	揣
68	chuan	专		69	ch'uan	穿
70	chuang	壮		71	ch'uang	牀
72	chui	追		73	ch'ui	吹
74	chun	准		75	ch'un	春
76	chung	中		77	ch'ung	充
				78	ch'uo	擉

Ê

| 79 | ê | 额 | 80 | ên | 恩 |
| 81 | êng | 哼 | 82 | êrh | 儿 |

F

83	fa	法	84	fan	反
85	fang	方	86	fei	非
87	fên	分	88	fêng	风
89	fo	佛	90	fou	否
91	fu	夫			

H

92	ha	哈	93	hai	害
94	han	寒	95	hang	碚
96	hao	好	97	hê, hei	黑
98	hên	很	99	hêng	恒
100	ho	河	101	hou	後
102	hu	户	103	hua	花
104	huai	壞	105	huan	换
106	huang	黄	107	huei, hui	回
108	huên, hun	混	109	hung	红
110	huo	火			

HS

111	hsi	西	112	hsia	夏
113	hsiang	向	114	hsiao	小
115	hsieh	些	116	hsien	先
117	hsin	心	118	hsing	性
119	hsio	学	120	hsiu	修
121	hsiung	兄	122	hsü	须
123	hsüan, hsüen	喧	124	hsüeh	雪
125	hsün	巡	126	hsüo	学

I

127	i, yi	衣			

J

128	jan	染	129	jang	嚷
130	jao	绕	131	jê, jo	热
132	jên	人	133	jêng	扔
134	jih	日	135	jo	若
136	jou	肉	137	ju	如
138	juan	顿	139	jui	瑞
140	jun	润	141	jung	绒

K

142	ka	嘎	143	k'a	卡
144	kai	改	145	k'ai	开
146	kan	甘	147	k'an	看
148	kang	刚	149	k'ang	炕
150	kao	告	151	k'ao	考
152	kei	给	153	k'ei	刻
154	kên	根	155	k'ên	肯
156	kêng	更	157	k'êng	坑
158	ko, kê	各	159	k'o, k'ê	可
160	kou	狗	161	k'ou	口
162	ku	古	163	k'u	苦
164	kua	瓜	165	k'ua	跨
166	kuai	怪	167	k'uai	快
168	kuan	官	169	k'uan	宽
170	kuang	光	171	k'uang	况
172	kuei	规	173	k'uei	愧
174	kuên, kun	棍	175	k'uên, k'un	困
176	kung	工	177	k'ung	孔
178	kuo	果	179	k'uo	阔

L

180	la	拉		181	lai	来
182	lan	懒		183	lang	浪
184	lao	老		185	lê	勒
186	lêi, lei	累		187	lêng	冷
188	li	立		189	lia	俩
190	liang	两		191	liao	了
192	lieh	裂		193	lien	连
194	lin	林		195	ling	另
196	lio	略		197	liu	留
198	lo	骆		199	lou	陋
200	lü	律		201	lüan	恋
202	lüeh	略		203	lün	抡
204	lüo	略		205	lu	路
206	luan	乱		207	lun	论
208	lung	龙				

M

209	ma	马		210	mai	买
211	man	慢		212	mang	忙
213	mao	毛		214	mei	美
215	mên	门		216	mêng	梦
217	mi	米		218	miao	苗
219	mieh	灭		220	mien	面
221	min	民		222	ming	名
223	miu	谬		224	mo	末
225	mou	谋		226	mu	木

N

227	na	那		228	nai	奶
229	nan	男		230	nang	囊
231	nao	闹		232	nei	内
233	nên	嫩		234	nêng	能
235	ni	你		236	niang	娘

237	niao	鸟		238	nieh	捏
239	nien	念		240	nin	您
241	ning	甯		242	nio	虐
243	niu	牛		244	no	挪
245	nou	耨		246	nü	女
247	nüeh	虐		248	nüo	虐
249	nu	奴		250	nuan	暖
251	nun	嫩		252	nung	浓

O

253	o	讹		254	ou	偶

P

255	pa	罢		256	p'a	怕
257	pai	拜		258	p'ai	派
259	pan	半		260	p'an	盼
261	pang	帮		262	p'ang	旁
263	pao	包		264	p'ao	跑
265	pei	北		266	p'ei	陪
267	pên	本		268	p'ên	盆
269	pêng	迸		270	p'êng	朋
271	pi	必		272	p'i	皮
273	piao	表		274	p'iao	票
275	pieh	别		276	p'ieh	撇
277	pien	扁		278	p'ien	片
279	pin	宾		280	p'in	贫
281	ping	兵		282	p'ing	凭
283	po	波		284	p'o	破
285	pou	不		286	p'ou	剖
287	pu	不		288	p'u	普

S

289	sa	撒		290	sai	赛
291	san	散		292	sang	桑

293	sao	扫		294	sê	啬	
295	sên	森		296	sêng	僧	
297	so	索		298	sou	搜	
299	su	素		300	suan	算	
301	sui	碎		302	sun	孙	
303	sung	送					

SH

304	sha	杀		305	shai	晒	
306	shan	山		307	shang	赏	
308	shao	少		309	shê	舌	
310	shên	身		311	shêng	生	
312	shih	事		313	shou	手	
314	shu	书		315	shua	刷	
316	shuai	衰		317	shuan	拴	
318	shuang	双		319	shui	水	
320	shun	顺		321	shuo	说	

SS

322	ssǔ	丝	

T

323	ta	大		324	t'a	他	
325	tai	歹		326	t'ai	太	
327	tan	单		328	t'an	炭	
329	tang	当		330	t'ang	汤	
331	tao	道		332	t'ao	逃	
333	tê	得		334	t'ê	特	
335	tei	得					
336	têng	等		337	t'êng	疼	
338	ti	的		339	t'i	替	
340	tiao	吊		341	t'iao	挑	
342	tieh	叠		343	t'ieh	贴	
344	tien	店		345	t'ien	天	

346	ting	定	347	t'ing	聽	
348	tiu	丟				
349	to	多	350	t'o	妥	
351	tou	豆	352	t'ou	头	
353	tu	肚	354	t'u	土	
355	tuan	短	356	t'uan	团	
357	tui	对	358	t'ui	退	
359	tun	敦	360	t'un	吞	
361	tung	冬	362	t'ung	同	

TS

363	tsa	杂	364	ts'a	擦
365	tsai	在	366	ts'ai	才
367	tsan	赞	368	ts'an	惭
369	tsang	葬	370	ts'ang	仓
371	tsao	早	372	ts'ao	草
373	tsê	则	374	ts'ê	策
375	tsei	贼			
376	tsên	怎	377	ts'ên	参
378	tsêng	增	379	ts'êng	层
380	tso	作	381	ts'o	错
382	tsou	走	383	ts'ou	凑
384	tsu	祖	385	ts'u	粗
386	tsuan	攒	387	ts'uan	窜
388	tsui	嘴	389	ts'ui	催
390	tsun	尊	391	ts'un	寸
392	tsung	宗	393	ts'ung	葱

TZ

394	tzǔ	子	395	tz'ǔ	次

W

396	wa	瓦	397	wai	外
398	wan	完	399	wang	往

400	wei	为	401	wên	文	
402	wêng	翁	403	wo	我	
404	wu	武				

Y

405	ya	牙	406	yai	涯
407	yang	羊	408	yao	要
409	yeh	夜	410	yen	言
411	yi	益	412	yin	音
413	ying	迎	414	yo	约
415	yü	鱼	416	yüan	原
417	yüeh	月	418	yün	雲
419	yu	有	420	yung	用

2. 北京话音节总表
(PEKING SYLLABARY)

	1	2	3	4
阿	阿*	—	阿*	阿*
1	啊	呀*	—	—
a	腌*①	—	—	—
	嗄②	—	—	—

① 前代字书无是音,《国音字典》(中国大辞典编纂处总主任黎锦熙主编, 商务印书馆1949年8月初版。简称《国音》)首见: ㊀丫啊阴(㊀尢昂阴之又读。)《汉语大字典》音有 ā (又读 āng), 脏, 弄脏等义。有元明用例。

② 前代字书无是音,《国音》首见: ㊀丫啊阳感叹词, 表疑问或反诘。《汉语大字典》音有 á, 同"啊"。叹词。表示疑问或醒悟。有元明用例。

爱	挨*唉*	挨*	唉*欸	哎艾
2	哀	埃	蔼霭	呃*
ai	呆*	崖涯*①	—	睚②

—	獃*③	矮④	硋	
—	—	—	隘*	
—	—	—	餲⑤	
—	—	—	礙	
噯*	—	噯*	爱曖⑥	
—	—	瞹⑦		

① 原表无异读记号,据本表127、405、406补。《广韵》鱼羁、五佳二切,《集韵》增牛加切。
② 《广韵》五懈、五佳二切,目际。又瞎眦,怨也。《自迩集》单音 ai⁴;《国音》单音丨ㄞ崖阳;今音 yá。
③ 《广韵》五来切,《集韵》鱼开切,痴也。或作獃。
④ 原表误排阴平,而其他各处如音节总表、《中文字表》(表二)和声调练习皆列上声,据改。
⑤ 《广韵》乌葛、於介、於罽三切,食伤臭。《国音》单音ㄞ爱去。
⑥ 《广韵》於盖切,曖隐。《汉语大字典》:一说"曖"的讹字。《正字通·目部》:曖,曖字之讹。
⑦ 《集韵》海韵倚亥切,雲盛皃;代韵於代切,靉靆,雲暗皃。《现汉》收录的是第二项音义。

安	安	—	蝻①	案
3	按*	—	—	按*
an	鞍	—	—	暗
	唵*	—	俺*唵*	闇諳
	庵鹌	—	—	岸
	—	—	—	谚*②

① 《广韵》《康熙字典》(以下简称《康熙》)等未见是字。《国音》:蝻㊀ ㄋㄢ上;㊁ ㄋㄢ阳(又读。)蝗子孵化而未能飞者。《现汉》: 蝻 nǎn, 蝗蝻。
② 谚,《集韵》鱼旰切,又鱼战切。

昂	昂*	昂*	—	—
4	腌*①	—	—	—

ang

① 今作"肮脏(骯髒)"。

附录 653

傲	嗷	厫	—	傲	
5	熬*	熬*	—	鄂*①	
ao	咬*②	獒鳌璈	袄	奥	
	麀	遨鳌鼇	媼	燠*懊澳*	
	—	凹*	拗*	—	
	—	嚣*③	—	—	
	—	翱	—	—	

① 鄂,有异读,见本表253。宕江摄入声字北京话此时多有ao/o异读。补异读记号(*)。
② 《广韵》於交切,浑声。
③ 嚣,《广韵》许娇切,又五刀切,喧也。

乍	扎*	扎*	扎*	乍	
6	紮	札	拃蚱*	怍*蚱*	
cha	喳*渣	煠①	诈*	诈*	
	苴②	茁*	鲊	—	
	咱*	劄*	眨*	—	
	痄*	闸	—	—	
	蜡	栅	—	—	

① 义未详(可是油炸之炸?)。
② 《广韵》鉏加切,《诗传》：水中浮草也。

茶	叉	—	扠*	杈	
7	釵①	查	—	汊衩	
ch'a	喳*	碴鍺	岔*	岔*	
	差*	槎	—	刹	
	察②	察	—	咤	
	擦	督	—	詫	
	插	茶	—	腤	

	諂③	搽	—	—

① 《篇海类编》音叉，兵器。
② 义不详。察¹ 察² 无异读记号。二字似非异读关系。异读字表亦未列。
③ 《集韵》测洽切，儳言。儳，士咸切，《说文》互不齐也。

窄	侧*	—	侧*	—
8	摘*	责*	仄*	债
chai	谪*	择*	窄*	这*
	—	泽*	—	豸①
	斋*	斋*	—	寨
	—	宅*	—	瘵
	—	翟*	—	—

① 《广韵》宅买切，解廌。与本表 36 chih 豸同形而非异读。

柴	差*	柴	册*	瘥
9	拆*	豺*	龇*③	—
ch'ai	釵①	—	虿	—
	侪②	—	—	—

① 釵与本表 7 ch'a 之釵字不同形义，无异读关系。
② 今音 ch'ai²。
③ 龇，有 ch'ai³, ts'ai³, tz'ǔ³ 三音。

斩	占*	—	展	占*
10	毡	—	搌	站
chan	苫	—	辗*	绽
	沾	—	眨*	椗
	霑	—	—	—
	詹	—	盏	栈*

附录 655

瞻*	—	—	湛
谵	—	—	战
栴	—	—	瓒*
枬	—	—	醮
旃	—	—	—
氈	—	—	颤*
鹯	—	斩	暂*
章*①	—	—	—

① 义不详。

产	傓*	巉	—	—
11	剗①	馋	剗①	剗①
ch'an	镵	廛	镵	羼
	搀	瀍	产	忏谶*
	欃	躔	蹿	—
	谗*	缠	铲	—
	—	蟾*	骣	韂
	—	禅*	—	阐
	—	蝉*	—	—
	—	赚*②	—	—
	—	—	—	颤*
	—	㠭③	谄	—

① 剗,《康熙》有阳平、去声异读。
② 与367 tsan⁴赚为异读。补*。今音合口去声。
③《广韵》锄衔切,㠭㠭,山皃。今作巉。

章	章*	—	鞝①	嶂	
12	彰憧	—	—	障	
chang	樟璋	—	—	瘴	
	漳嫜	—	—	丈	
	鞾麞	—	—	仗杖	
	张	—	长*	长*	
	—	—	—	帐	
	账*	—	—	账*	
	掌*	—	掌*	涨	
	—	—	—	胀怅*	

①《玉篇》诸两切，音掌，扇安皮也。《篇海》：扇马鞍皮。

唱	昌	常*嫦	昶	唱	
13	倡*	尝噌	惝①	倡*	
ch'ang	娼猖	偿	敞	邕	
	菖闾	—	廠擎氅	—	
	—	长*	—	怅*韔	
		场	畅*	畅*	
	—	肠	—	—	
	—	塲*	塲*		

①《集韵》齿两切，憯忱，惊克。或省。

兆	召*	着*	沼	召*	
14	招昭	著*	爪*	诏照	
chao	酌*	—	帇*①	帇*①	
	—	—	抓*②	笊	
	—	—	找*	兆旐	
	钊	—	—	—	

				棹*罩
朝*	—	—	棹*罩	
嘲③	—	—	赵	
—	—	—	肇	

① 《广韵》侧绞切,怵头。
② 《广韵》侧绞切,乱搔挹也。
③ 《广韵》《集韵》《韵会》《正韵》并陟交切,言相调也。《国音》谓以言相调笑。㊀ ㄓㄠ招阴(读音);㊁ ㄔㄠ潮阳(语音)。

吵	超	—	—	—
15	吵*	—	吵*	—
ch'ao	抄钞*	—	炒	钞*
	—	巢	谯①	櫂②
	—	晁		
	—	鼂	扚*③	—
	焯绰*	朝*	—	—
	—	潮	—	—

① 《广韵》初爪切,相弄。《集韵》楚绞切,弄言。一曰声也。或从少(訬)。
② 此音可疑。櫂,澄母去声,当不送气。应在 chao⁴ 的位置。
③ 义不详。据异读字表与本表7 ch'a³ 扚为异读。

这	嗻蔗	辙*	—	这*
16	遮鹧	折*哲	—	浙
chê	着*	摺	者	柘*
	著*	—	赭	辄
	酡*	蛰*	—	慑①
	螫*	—	—	—

① 《广韵》之涉切,怖也,心伏也,失常也,失气也。《集韵》又失涉切。《国音》㊀ ㄓㄜˊ 折阳(入);㊁ ㄕㄜˋ 设去(入)(又读)。《现代》单音 shè。

车	车*	—	扯	辙*①	撤
17	砗	—	哆②	—	澈彻
ch'ê	—	—	—	—	偖③
	—	—	—	—	掣*

①《广韵》直列切。《国音》㊀彳亡徹去(入)，车轮之迹；㊁业亡折阳(入)（语音）。
②《广韵》唇下垂儿。昌者切，又当可切。
③ 义不详。《康熙》不见是字。《汉语大字典》：用同"啥(shà)"。

这	—	—	—	—	这*
18					
chei					

真	真	—	鬒①	—	镇
19	珍胗	—	衫疹	—	朕*
chên	诊*	—	诊*	—	振娠*②
	贞*	—	—	畛	震赈
	祯*桢*	—	—	—	阵
	蓁榛臻	—	—	枕	酖鸩
	箴鍼	—	—	—	—
	针	—	—	—	—
	甄*	—	—	—	—
	怔*	—	—	—	—
	朊	—	—	—	—
	砧	—	—	—	—
	椹	—	—	—	—
	斟*	—	斟*	—	—
	簪*	—	—	—	譖*

①《集韵》止忍切，《说文》稠髮也。《现代》单音 zhé。

②《广韵》章刃切，又音身，妊娠。《国音》二音：㊀ㄕㄣ申阴；㊁ㄓㄣ震去（又读）。据本表 19 chên、310 shên 补*。《现汉》单音 shēn。

臣 20 ch'ên	嗔 搷瞋 琛 — — — —	臣 沉 辰 宸晨 陈 — 橙*	— 碜* 辗* 厱② 纼 — —	疢① 趁* 称* 趂 — 闯*③ 榇*衬*

①《广韵》丑刃切，病也。
② 义不详。与本表 310 shên 之厱无异读标识。
③《广韵》丑禁切，马出门皃。《说文长笺》初亮切。《国音》三音：㊀ㄔㄣ趁去；㊁ㄔㄨㄤ窗上；㊂ㄔㄨㄤ窗去。《汉语大字典》（一）chèn，（二）chuǎng。

正 21 chêng	正* 怔* 征钲 贞*侦* 桢*祯* 争 挣* 峥*狰 琤筝 睁诤铮* 蒸 徵*癥 瞠*瞪*	— — — — — — — — — — — — —	正* 整 — — — — — — — — 拯烝*② — —	正* 怔* 政症証 — 朕* 郑 挣* 證 伥① — — — —

①《广韵》豬孟切，伥伥失道。又丑良切。
②《汉语大字典》不见是字。

| 成 22 ch'êng | 称* 撑 — 侦*赪 蛏 铛* 峥*铮* — — — — — — | 呈 程 丞柾* 承 成城 诚盛* 初① 乘* 枨 橙*澄* 渑② 澂 惩* 塍 | 逞 骋 — — — — — 乘* — — — 惩* — | 称* 掌 秤 — — — — — — — — — — |

① 义不详。《汉语大字典》不见是字。
② 《广韵》食陵切,水名,在齐。《左传》云"有酒如渑"。

| 吉 23 chi | 幾* 機玑 矶讥饑 — 奇* — 剞畸 觭羁 鸡 | — — — — — — 急 — — | 幾* 虮 — 己 纪* — — — — | — — — 忌 纪* 记 跽 寄 骑* |

挤*	—	挤*	剂哜
隋跻	—	济*	济*
赍賫	—	—	霁
—	瘠	脊	蹐鶺
—	—	—	寂
勣*	—	—	勣*
积*	积*	—	—
绩*	—	—	绩*
几*	及	几*	蹟
肌飢	伋	机①	岌
汲	级*	—	级*
萁*	笈	给*	给*
箕*	—	—	祭际
期*	藉*	—	藉*
基朞	籍*	—	籍*
—	亟*	—	亟*
極*	極*	—	—
—	殛*	—	殛*
击*	—	—	击*
吃*	—	讫	繫
羁	—	—	技*伎妓
姬	—	—	芰屐
凫	—	—	塈
唧	即	鲫*	鲫*
唧	—	戠	冀骥
稽*	—	—	计
—	稷*	—	稷*

—	—	—	辑
—	—	—	季悸鲦
—	—	—	旡② 塈*③
—	—	—	既溉*④ 暨
激*	激*	—	激*
笄	剧*⑤	—	剧*⑤
—	集	—	鳜
—	—	—	觊
—	吉	—	蓟
迹*	拮	—	迹*
跡	髻*	—	髻*
—	—	—	棘
—	—	—	皆
—	—	—	褶⑥
—	疾	—	嫉
—	蒺	—	继
—	—	—	偈

① 《广韵》居夷切,木名。似榆。又音几。
② 《广韵》居豙(音毅)切,饮食逆气不得息也。《国音》音季去。
③ 本表 111 hsi 去声有塈,当补*。《广韵》具冀、许既二切,息也,又仰塗也。《国音》亦二音: ㊀即去;㊁係去(又读)。《现汉》单音 jì。
④ 《广韵》居豙、古代二切,溉灌。
⑤ 《广韵》奇逆切,增也。一曰艰也。又姓。《国音》㊀ㄐㄩ局去(入);㊁ㄐㄧ及阳(入)(又读。)今一读 jù。
⑥ 《广韵》是执、似入二切,袴褶。《集韵》袴褶,骑服。褶,今音 zhě,《音韵阐微》职摄切。

奇	妻*	畿①	—	妻*
24	凄*	凄*	—	—
ch'i	悽*	悽*	屺	—
	萋棲*	杞*	杞*	—
	—	奇*	起	—
	崎*	崎*	—	—
	踦敧	琦	—	—
	紒②	—	—	—
	溪*豀谿	骑*	—	—
	七	齐	—	—
	柒	挤*	—	—
	圻*③	脐蛴	—	—
	顉蕲	俟④祈	—	—
	戚*	畦旂	—	戚*
	喊	岂*	岂*	刺*
	漆*榛	芪衹⑤	啟	弃
	—	祁	啓榮	卻*
	—	—	企	泣
	—	—	—	炁
	—	—	—	氣
	—	—	—	隙
	—	其	—	憩
	—	淇	—	器
	—	其*	—	—
	—	箕*	—	—
	期*	期*	—	—
	欺	棋琪	—	—

喫	旗麒骐	—	契*
—	綦萋	—	—
—	耆鬐	—	—
沏	—	—	切⑥砌
吃*	乞*	乞*	乞*
—	歧岐跂	—	技*
稽*	—	—	咠⑦
葺*	—	—	葺*
缉*	—	—	缉*
—	—	—	戢
—	诘	—	—

①《广韵》渠希切，王畿。《集韵》同切，《说文》天子千里。地以远近言之，则言畿也。《国音》㈠ㄐㄧ鸡阴❶谓近国都之地，如畿辅……㈡ㄑㄧ其阳（又读。）

②《广韵》绮戟切（溪母），絺绤。《国音》ㄒㄧ隙去粗葛布。

③《广韵》渠希切。《国音》ㄑㄧ其阳，地界。今音 qí。疑原书此处有误。当属阳平。颀蕲二字亦类此。

④《广韵》渠希、牀史二切。

⑤原列"芪祗"，乃"芪祇"之讹。今径改。

⑥《广韵》七计切，众也。又千结切。

⑦《广韵》七入切，咠咠，谮言也。《集韵》：《说文》聂语也。聂，附耳小语。

家 25 chia	夹*	刼①	—	荚
	挟*	挟*	袷②	梜
	—	颊*	—	颊*
	铗*	—	—	铗*
	家	—	—	—
	傢*	—	—	傢*
	稼	—	—	嫁
	嘉	—	贾*檟	价

附 录 665

			假*	假*
	加珈	茄	椵	架
	袈*	—	—	袈*
	枷痂*	—	—	驾
	迦笳	—	斝③	斝
	甲*	—	甲*	—
	稭*④	—	—	—
	嘎*	—	—	夏
	佳	—	—	—

① 刧，刧、劫、刦之异体。是字自古至今只在葉韵，未见洽韵读法。存疑。
②《广韵》古洽切，《集韵》讫洽切，《说文》衣无絮也。或从夹（袷）。此音此义今字作"夹"。
③ 原字作"斝"，不见于字书，当是"斝"之讹。斝，《康熙》：《唐韵》古雅切，《集韵》《韵会》《正韵》举下切，并音贾。《说文》：玉爵也。从叩从斗，冂，象形，与爵同意。或说斝受六升。又《集韵》居迓切，《正韵》居亚切，并音驾。义同。故此处"斝"径改为"斝"。
④《广韵》古黠切，《说文》禾稾，去其皮，祭天以为席也。《国音》音ㄐㄧㄝ街阴。

恰	夹*	—	—	—
26	卡*	—	卡*	恰
ch'ia	—	—	—	跲①
	呿②	—	—	洽*
	扴③	—	—	—
	掐	—	—	—

① 跲，《广韵》古洽切，疑为跒之讹。跒，《广韵》苦下切，跁跒，行皃。
②《广韵》丘伽切，张口皃。
③《康熙》：又《集韵》丘加切，与柯同。或作搭。

楷	—	—	楷*	—
27	—	—	稭*	—
ch'iai				

| 江 28 chiang | 江 豇 将* 浆* 僵䕬 殭繮 疆韁 姜 — | — — — — — — — — | — — 桨 浆* 奖蒋 襁鏹 構① 耩讲 港② | 虹* — 将* 酱 匠 强* 降* 绛 糡③ |

① 構，无此音。疑为傋、溝、覯等字之讹。
②《康熙》:《广韵》《集韵》《韵会》《正韵》并古项切，音讲，水分流也。
③《康熙》:《碎金》其亮切，强去声，浆糡也。

| 抢 29 ch'iang | 戕 枪 戗* 跄 謒* 鎗 羌咣蜣 哐②腔 锖* 铮*③ | 墙檣 薔嫱 — — — 强* 鲸*① — — — | — 抢 — — 謒* 强* — — 锖* — | — — 戗* — — — — — — — |

①《集韵》大鱼也。渠良切，又渠京切。
②《集韵》枯江切，喉痭也。本作腔，或从口。
③《康熙》：又叶七羊切，音鎗。《张籍祭韩愈诗》顷息万事尽，感情多摧伤。旧茔盟津北，野窆动鼓铮。

交	交	咬*	咬*	挍①	
30	郊蛟	—	狡皎	校*	
chiao	蛟鲛	—	饺*	饺*	
	焦	—	较*	较*	
	蕉	—	绞姣	叫	
	燋*②	—	剿勦	燋*③	
	醮*④	爵*	—	醮*	
	鹪	嚼*	—	嚼*	
	侥*⑤	—	侥*⑥	窖	
	浇*	—	脚*脚*	酵	
	娇*	—	娇*	峤轿	
	骄	—	曒缴	噭嗷*⑦	
	胶	觉*	—	觉*	
	艽⑧	—	搅		
	椒	—	—		
	教*	—	—	教*	
	角*	—	角*捔⑨	—	

①《集韵》居效切,报也。

②《广韵》即消切,伤火。《说文》曰所以然持火也。

③《集韵》子肖切,灼龟炬也。

④ 是音不知所据。

⑤《集韵》坚尧切,伪也。或从心(憿)从敫(儌)。

⑥《集韵》吉了切,侥倖求利不止皃。

⑦《集韵》诘吊切,《博雅》骹嗷骨也。译按:嗷,溪母字,是处则不送气。不仅如此,与"诘"同音的诘蛣駤趌、与"嗷"同音的噭激蹴等字,先后有了不送气音或不送气异读。

⑧《广韵》艽,古肴切,秦艽,藥名。《集韵》艽,居肴切,秦艽,藥艸,俗作艽,非是。清·龚自珍《说文段注札记》:艽,今以为秦艽字。《国音》及以后字书皆以艽为秦艽字。

⑨《广韵》古岳切,捔捔。《集韵》讫岳切,《博雅》捔也。通作角。

巧 31 ch'iao				
	雀*	—	雀*	—
	鹊*	—	鹊*	—
	敲*	—	—	—
	—	—	巧	—
	—	嶣①	—	—
	—	樵瞧	愀	窍
	磽跷	翘	墝②	—
	—	乔	悄	俏峭
	蹻*	蹻*	—	哨*③鞘诮*
	鞒*	鞒*	—	—
	—	侨荞	—	—
	—	蹺④桥	—	—

① 字书多作嶕。《集韵》慈焦切，嶕嶢，山峻皃。
② 《广韵》口交切（平声），墝埆，瘠土。《集韵》口教切（去声），土不平。或作墩。《国音》及《现汉》仅列平声音义、不列去声音义。
③ 《康熙》：《广韵》《集韵》《韵会》《正韵》并七肖切，音陗。口不正也。
④ 《集韵》牵幺切，引弓也。当列阴平。

街 32 chieh				
	街*	捷*	—	捷*
	且*疸	婕蜨*	姐	睫
	皆	偕	—	介
	喈阶	—	—	价芥
	堦稭*①	—	—	尬疥
	铗*	侠挟*	—	铗*
	揭歇*②	偈楬	—	浹*颊
	界*	竭碣③羯*	—	界*
	—	絜*	—	絜*
	—	潔	—	—

附　录　669

嗟*	拮	—	—
结*	结*	—	—
—	颉	—	页*④
—	桀傑樑	解*	解*
—	—	—	廨
—	隔*	—	隔*
—	杰	—	呷
—	刦	—	藉*
—	孑	—	戒誡
—	叶*④	—	—
—	协*胁*	—	—
—	垓*⑤	—	—
—	截*	—	截*
—	訐	—	楫⑥
疖	节*	节*	褉⑦
—	—	—	借
—	—	—	届
接	—	—	傑⑧
綾*⑨	—	—	綾*⑨

①字头原表误作"楷"，当作"稭"，今据本表及异读字表 25 CHIA、27 CH'IAI 改正。
②《康熙》：又《尔雅·释诂》歇，竭也。
③与 409 yeh 碣⁴ 音义皆异，非异读关系。
④页、叶，义不详。
⑤《集韵》居谐切，坛级。与本表 144 kai 为异读，据补 *。
⑥《集韵》即涉切，《说文》舟櫂也。
⑦褉，晓母屑韵，不切 chieh 音。疑此为褉之讹。褉，《广韵》《集韵》并慈夜切，小儿褌、小儿衣。
⑧《集韵》直涉切，疾不甚皃。
⑨《集韵》即涉切，续缕也。

且 33 ch'ieh	切* 趄* — — — — — — — — —	— — 伽 茄瘸* — — — — 挈 — —	— — — — — — — — — — —	切* 趄* 怯 — — 愜筴*箧* 窃 慊① — 妾 喥②

①《集韵》诘叶切,足也。或从口(嗛)。
②《集韵》七接切,捷捷譜言。或从人(倢),亦作喥。

见 34 chien	— — 歼 戋俴笺 犍鞬 间* 蕑① 缄* 煎 坚悭 肩 菅 尖	— — — — — — — — — — — — — — —	— 蹇*搴* 謇蹇 戩 — — 简 — 减 剪搛萟 — — — 俭*	见* — 践溅 饯贱 建*健键 间*閒* 铜* 涧覸 箭 僭 件 — 俭*

附 录 671

奸	—	捡检脸*②	剑剑
渐*	—	—	渐*
兼搛缣	—	鹻	歉③
艰	—	—	—
监*	—	茧	监*
甄*④	—	唊⑤	槛*鑑
姦	—	—	舰*鉴
镌*⑥	—	柬⑦	隽*
—	—	拣*	荐
—	—	谏*	谏*

① 菺字误作苋。苋,《集韵》谟奔切,苋冬,草名。菺,《广韵》古闲切,兰也。
② 本表193 lien上声有"脸",与chien上声"脸"为异读,两处今径加"*",并分别补加于《异读字表》34 chien(脸³|lien³)、193 lien(脸³|chien³)。
③ 在本表35 ch'ien⁴位置上?
④《广韵》侧邻切,《陈留风俗传》云:舜陶甄河滨,其后为氏,出中山、河南二望。又举延切。
⑤《广韵》俎宄切,救也。
⑥《集韵》将廉切,锥也。
⑦ 原字误作束。今径改。

35 ch'ien				
	欠	—	—	欠
	搴*寋*褰骞*	—	—	芡
	籤懺*	—	—	倩*篟蒨
	—	钱	浅	倩①
	钤*	钤*	—	—
	黔*	黔*	—	—
	牵	—	—	搴
	缱*	—	—	缱
	—	前*	前*	荐②

一	潜	一	茜
嵌*	涎③	一	嵌*
迁韂	一	一	一
佥签	一	一	一
悆	一	一	堑
歉④谦	一	慊⑤	一
一	乾*	一	一
一	虔	一	一
千	一	一	一
芊	一	一	一
阡	一	一	一
铅*	钳	遣	缱

①《广韵》慈演切，浅也。然当音"践"。
②此字從母去声，向无送气读法。存疑。
③《集韵》徐连切，欲口液也。
④歉字似应改置去声。
⑤《广韵》《集韵》并苦簟切，溪母上声。

知	知*	知*	止	智
知	蜘	一	址	至
36 chih	之	侄*	芷祉*趾	侄*
	芝	姪	一	桎致
	汁	一	一	郅窒
	脂	一	旨指	緻轾
	一	执	一	挚
	贽*	蛰*	一	贽*
	淄菑	一	治	縶鸷
	缁辎鲻	一	一	一

附 录 673

织	职	—	—
识*	—	—	识*
炽*	—	—	—
—	直①	陟	—
值*鸷*	值*植*	鸷*	值*植*
厄栀	质*歭	质*躓	置质*
掷*	徵*	—	掷*
只*	只*	只*	踯
隻	枳	咫	峙痔
支	—	—	滞
枝吱鳷	—	稺	忮
炙*	—	—	炙*
—	—	徵*	跱
—	—	—	寘
—	—	—	鶨
秩*	—	—	秩*
—	—	—	稚雉
—	—	—	制
—	—	—	製
—	—	—	摭
—	—	—	豸②
—	—	—	志
秪衹	—	砥纸③	痣誌

① 原表有异读记号。今依《勘误表》删。
② 与 8 chai 豸同形而非异读。
③ 砥纸二字,《广韵》《韵会》《正韵》诸氏切,《集韵》掌氏切,并音纸。磨石也。二字古今皆上声,原表误列下平声,今改列上声。

尺 37 ch'ih				
	痴*	痴*	—	斥*
	—	跩	—	叱
	差*	差*	祉*	—
	嵯*	匙	耻	—
	侈	—	侈*	—
	饬*	篪	褫	饬*
	勑*	—	—	勑*
	喫	—	—	敕*
	吃*	治*①	—	—
	笞*	笞*	—	笞*
	蚩	—	—	—
	嗤*	—	嗤*	帜
	媸	—	豉	炽*
	痴*	痴*	齿	—
	赤*	—	—	赤*
	哧	—	—	厕
	—	—	—	莉②
	—	—	尺	—
	—	持恃*	—	—
	—	池驰	—	—
	—	迟墀	—	翅
	绨	—	—	—
	摘螭	—	—	—
	魑	—	—	—
	—	—	—	掣*
	鸱	—	—	—

① 《广韵》直之切，水名，出东莱。亦理也。
② 《广韵》直尼切，《集韵》陈尼切，并"姓也"。然皆平声。《汉语大字典》音 chí。

斤	斤	—	—	近靳
38	觔*①	—	—	劲*
chin	筋②	—	仅廑	晋
	肋*③筋	—	槿瑾	搢缙
	金	—	谨馑觐	—
	今衿	—	—	妗
	津*	—	—	建*④
	浸*	—	—	浸*
	寖祲	—	僅	盡*烬
	—	—	昚	蓋赆
	禁*	—	狺*⑤	禁*
	襟	—	—	噤
	—	—	紧	—
	荆*	—	—	进
	巾	—	锦	—

①《康熙》:《正字通》与筋同。《淮南子·道应训》: 良马者, 可以形容觔骨相也。
②《康熙》:《玉篇》俗筋字, 肉之力也。又《筍谱》筋, 竹筍。《天台图经》云: 五县皆有。
③ 肋,《集韵》举欣切,《说文》肉之力也。从竹, 竹物之多筋者。又姓。《国音》㈠ㄌㄜ
 勒去(入); ㈡ㄌㄟ类去(语音)。
④《国音》建❷ 谓月分, 如大建小建等(北平语亦读ㄐㄧㄣ)。
⑤ 义不详。《广韵》狺有二切: 语巾切, 犬声; 语斤切, 犬争。俱疑母平声。

亲	亲*	芹	—	亲*
39	—	秦螓①	—	—
ch'in	—	勤	—	—
	—	懃	—	沁*
	钦	禽噙擒	—	—
	—	芩②	—	—

	一	衾*	衾*	一
	侵	琴	寝	浸*唚

①《广韵》匠邻切，蟃蜻，似蝉而小。
②《广韵》巨金切，黄芩，藥名。

井	经*	—	—	经*
40	泾茎*	—	到颈*	俓径
ching	菁蜻	—	请*	劲*迳
	晴箐精	—	耿*鲠	清婧靖
	京*鲸*	—	景	静靓
	惊	—	儆警	敬墩
	晶	—	境*①	竟境*
	旌	—	井	竞镜
	耕*	—	穽*	穽*
	荆*	—	—	—
	更*粳	—	—	—
	矜	—	—	尽
	津*	—	—	甑
	兢	—	—	净

①《广韵》《正韵》居影切，《集韵》《韵会》举影切，并音景。《国音》ㄐㄧㄥ竟去。两境字原表无异读记号，今补。

轻	轻	—	—	胫
41	青	—	—	倩*
ch'ing	情*	情*	请*	清蒨①
	清	晴	—	磬罄
	顷*	鲸*	顷*	庆
	倾*	檠	—	—

		卿	擎	—	亲*

①《广韵》《集韵》穜，只有苍甸切一音，疑为艴、掅之误。

角	—	角*	角*	傕*①
42	—	觉*	觉*	噱②
chio	—	爵*	爵*	—
	—	—	嚼*	—
	—	脚*	脚*	—
	—	—	腳	—

①《广韵》古岳切，後汉有李傕。
②《广韵》其虐切，喔噱，笑不止。

卻	—	—	—	傕*① 碻*②
43	—	—	雀*	雀*
ch'io	—	爵*	鹊*	鹊*
	—	—	嚼*	碏*
	却*	—	—	却*
	—	—	—	卻*
	—	—	—	殼愨
	—	—	—	墧③
	—	—	—	瞿

①《集韵》克角切，姓也。
②据本表 57 ch'üeh 补 *。
③《集韵》克角切，《说文》坚不可拔也。通作墧。今简体统作确。

酒	揪啾湫①	—	—	救
44	酋②	—	酒	—
chiu	—	—	韭	—
	—	—	—	就僦鹫

究*	—	九	究*③
鸠	—	—	臼柏
糾*	—	糾*④	舅旧
赳*	—	赳*⑤	—
樛⑥	—	—	厩
咎*	—	—	咎*
柩	—	久玖	疚

① 《广韵》即由切,水名。又子小切。
② 《集韵》将由切,终也。与雌由切、长也之"酋"非异读关系。
③ 《唐韵》《集韵》《韵会》《正韵》并居又切,音救。极也。《易·说卦》其究为健。又推寻也。《诗·小雅》是究是图。
④ 糾,纠的俗字。《正字通》俗从斗作糾,非。
⑤ 赳,赳的俗字。《五经文字》赳从丩,作赳,讹。
⑥ 《广韵》居虬切,《说文》:下句(曲)曰樛。《诗》:南有樛木。《传》云:木下曲也。

秋 45 ch'iu	秋鞦*鳅 丘坵 — — — —	求 遒球 球毬 裘赇 仇* 囚* 虬	糗 — — — — — —	— — — — — — —
窮 46 chiung	— — —	— 穷* —	窘* 迥*	— — —
穷 47	倾* —	穹 穷*	顷* 炯絅①迥*	— —

ch'iung	—	筇	恐*	—	
	—	蛩	—	—	
	—	煢	—	—	
	—	琼	—	—	

①《广韵》口迥切,衣。《集韵》犬迥切,禅衣也。《礼》衣锦尚絅或从帛,通作褧。《国音》音ㄐㄩㄥ迥上,单罩袍,如"衣锦絅衣",见《诗经》。今音 jiǒng。

卓	桌棹*	卓	—	倬	
48	—	浊镯	—	惙啜	
cho	—	擢	—	缀*辍*	
	着*	着*	—	濯	
	拙*	著*	—	茁*	
	—	酌*	—	—	
	涿	折*	—	—	
	捉	啄琢	—	—	
	—	斲	—	—	
	—	梲*①	—	—	

①《广韵》他骨切,又职悦切,音拙,大杖也。

绰	—	—	—	绰*	
49	—	—	—	裰*	
ch'o	擉*①	—	戳	触*	
	—	—	—	黜*	

①《广韵》测角切,司马彪注《庄子》云:擉鳖,刺鳖。又音踔(敕角切)。据本表78 ch'uo 补*。

昼	州洲	妯*	扭*	昼	
50	舟	轴*	帚箒	咒	
chou	—	—	—	説①	

	周	—	肘	宙冑
	週賙	—	—	紂鞦②
	—	—	—	—
	粥*	—	—	绉
	诌	—	—	皱

①《集韵》职救切，诅也。古作祝，或从口、从言。
②《广韵》除柳切，殷王号也。《方言》：自关而东谓緧曰纣，俗作靮。

抽	抽	紬	丑	臭
51	—	俦筹	扭*① 杻*②	—
ch'ou	瘳	踌畴	—	—
	—	愁	瞅	—
	—	惆裯	醜	—
	—	稠绸	—	—
	—	酬	—	—
	搊	雠	—	—
	—	仇*	—	—

①《广韵》陟柳切，扭按也。又音纽。
②《广韵》敕久切，杻械。

句	菊*	菊*	踽	据遽
52	且*	掬鞠①	咀	—
chü	苴疽趄*	足*②	举*	举*
	拘驹	—	—	句
	居琚裾	橘	—	锯
	—	茁*③	—	聚*
	—	—	麏④	屦*⑤
	虚*⑥	—	苣筥	惧

虡*⑥	—	柜⑦	虡*	
矩*	—	矩*	巨拒炬	
雎	—	秬⑧	讵鉅*	
跼*	局	—	跼*	
车*	—	—	具	
俱*	—	—	俱*	

①掬鞠二字，中古入声，《国音》ㄐㄩ局ᵧ。
②《国音》二音：㈠ㄗㄨ族ᵧ₍ᵢ₎；㈡ㄐㄩ聚ₓ，过，太甚，如"巧言令色，足恭"，见《论语》。
③《广韵》邹律切，草芽也。
④《广韵》其矩切，贪无礼也。今音 jù。
⑤疑似屦之讹。屦，无 chü 音。屦，《广韵》九遇切，履属。《方言》：履，自关而西谓之屦。
⑥虚、虡二字，自古只有晓母（休居切）或溪母（去鱼切）音。此二字音义存疑。
⑦《广韵》居许切，柜柳。《集韵》果羽切，《山海经》：方山有青树，名曰柜，格之松。
⑧《广韵》其吕切，黑黍也。

取	曲*	麯	曲*	漆*①
53	麴*	麴*	—	—
ch'ü	蛆	蘧蒢②	—	去*
	呿袪	劬	取	趣
	趋	—	娶	—
	屈	—	—	—
	—	—	—	—
	衢*③	衢*	—	閴④
	墟⑤	癯	—	觑
	区岖	渠蕖	钜*	—
	躯驱	—	—	—
	困⑥	—	—	—

①《国音》二音：㈠ㄑㄧ七ᵧ₍ᵢ₎❶木名，皮内之黏汁可以髹物……❺姓；㈡ㄑㄩ趣ₓ，漆黑……

②《广韵》敛钱饮酒。多音：其据、强鱼、其虐三切。此据强鱼切，今音依其据切。
③义不详。
④《汉语大字典》：同"阒"。阒，《广韵》苦鵙切，寂静也。
⑤《康熙》：《唐韵》去鱼切，《集韵》《韵会》《正韵》丘於切，并音虚。译按：此虚，《广韵》亦去鱼切，义亦同：大丘也。《康熙》：又商贾货物辐凑处古谓之务今谓之集又谓之墟。《国音》此虚、墟已单音ㄒㄩ阴平。
⑥义不详。

捐	捐*	—	—	狷绢
54	涓娟鹃	—	卷*	卷*
chüan	镌	—	捲*倦	倦圈*
	—	—	—	帣眷鬈①

① 鬈之讹。鬈，《广韵》居倦切，祭名。《集韵》古倦切，常山谓祭为鬈。

全	—	攒*	犬	—
55	镌*①	棬拳	畎	券绻
ch'üan	圈*	捲*惓	—	圈*
	拴*	全	—	窜*驥*
	—	筌痊	—	爨*
	—	泉	—	—
	—	俊②	—	—
	—	權③颧	—	劝

① 镌，向无送气音。存疑。
② 俊，向无阳平读法。当改置阴平列。
③ 權（权力），与本表168 kuan 權（灌木）音义皆异。

绝	—	绝	—	—
56	噘撅	厥橛	蹶	劂①
chüeh	—	蹶②镢	—	—
	—	谲	—	—

—	—	决抉	—	—
—	—	块诀	—	—
—	—	鴃鳩	—	—
—	—	倔掘	—	—
—	—	角*	—	—
—	—	觉*	—	—
嗟*③	—	—	—	—
—	—	爵*	—	—

①《广韵》居月切，强力。
② 据本表57ch'üeh字同形而无异读记号。
③《国音》三音：㊀ㄐㄧㄝ姐阴；㊁ㄐㄩㄝ绝阴（㊀之又读）；㊂ㄐㄧㄝ借去，咄嗟，谓时之极速……

缺	—	瘸*	—	—
57	—	蹶①	—	阙
ch'üeh	—	—	—	却*
	—	—	—	卻*
	缺	—	—	阕
	—	—	—	碏*鹊*
	—	—	—	络*②
	—	—	—	雀*
	—	—	—	确*③

① 该字向无送气音。义不详。
②《集韵》克各切，絮也。一曰生丝。译按：今作绰 kè（绰丝）。
③ 据本表43 ch'io 补*，字有同形而无异读记号。

君	君	—	窘*	郡
58	军	—	菌*	菌*
chün	竣*	—	—	竣*

	踆逡	—	—	俊*
	均钧	—	—	畯*馂*骏*
	麇麕	—	—	—
群 59 ch'ün	—	羣群	—	—
	—	裙	—	—
爵 60 chüo	—	爵*	—	—
却 61 ch'üo	—	—	—	却*
主 62 chu	主*	主*	主*	住注
	—	—	拄麈	柱炷
	—	竺	阻*诅*	蚛註驻
	朱	築	—	宁佇*
	侏	—	—	竚*貯
	咮*	术	—	咮*
	株茱*	—	助*	助*
	珠硃	—	—	筯
	猪	属*嘱*	嘱*	躅
	诸	瞩*	瞩*	—
	豬	烛	渚煮翥	著*箸
	蛛*	蛛*	—	—

附录 685

诛	舳	—	妯*轴*
粥*	逐篴*	—	—
—	—	—	碡*
—	—	—	杼
—	—	—	澍
—	—	—	铸
—	—	—	柷①
—	祝*	—	祝*

①《集韵》之六切，木空也，击以作乐。一曰木名。

出	出*黜*	—	伫*	黜*
63	枢	—	苧竚*	畜*
ch'u	初	俎殂鉏	杵	—
	姝	厨幮蹰	处*	处*
	齣	除蜍	楚	—
	樗	刍蒭	础	怵
	—	雏鶵	—	悚*
	—	耡锄	—	矗
	—	—	—	腐①触*
	—	储②	—	—
	—	躇	楮褚	—

① 原字斤在右。《康熙》亦作腐。腐，《集韵》枢玉切，音触。人名。
②《广韵》直鱼切，《集韵》陈如切，对应今音 chú，阳平。而今音实为 chǔ，上声。《国音》有异读：㈠ㄔㄨ除阳;㈡ㄔㄨ楚上（又读）。译按："'又读'变'正音'"又一例。

抓	撾①	—	爪*	大*②
64	抓*	—	仄*③	苴*④
chua	髽	—	—	—

①《集韵》张瓜切,击也。《国音》ㄓㄨㄚ抓阴。
② 义不详。
③ 义不详。
④《广韵》邹滑切,草初生。

欻	欻①	—	—	—
65				
ch'ua				

① 此字《国音》三音三义,《自迹集》似不承认它们是异读关系。参见本表 102 hu 注⑤。

拽	拽*	—	跩輲①	拽*
66	—	—	转*	—
chuai				

①《集韵》跩,时制切,超踰也。輲,以制切,车马赠亡谓之輲。或从车。《汉语大字典》跩音 1.shì, 2.chuǎi,注明"方言",有梁斌《红旗谱》例。跩音 chuǎi,看来最早见录于《自迹集》。輲音 chuǎi,至今未见他证。其实这一组的"拽、转"之 chuǎi 音,都是《康熙》其后出现的新音。

揣	揣*	—	揣*	踹
67	—	膗*	惴①	膗*
ch'uai	—	—	—	膪

① 与本表 72 chui 惴无异读关系。《广韵》《集韵》惴字无是音。义不详。

专	专	—	—	传*
68	砖甄鱄	—	啭*	啭*
chuan	湍*颛	—	转*	转*
	—	—	—	撰馔
	—	—	—	腨①
	—	—	—	赚*
	—	—	—	篆

①《广韵》乌惠切,支财货。出《文字指归》。《汉语大字典》䐝音 wàn,❶支财货。❷赚。译按:既有赚之义,兼得赚之音?

穿	川*	川*	舛	钏	
69	拴*栓*①	—	—	篡*	
ch'uan	遄	传*	喘	串	
	孱孨②	船	—	—	
	櫏*	—	—	—	
	穿	—	—	—	
	—	椽	—	—	

① 拴栓二字义不详。
② 孱孨二字义不详。

壮	装莊	—	癸	壮	
70	庄粧	—	—	状	
chuang	妆	—	—	撞	
	桩舂*①	—	—	—	

①《康熙》:又《正字通》音窗,八蛮之类。一曰旁舂。见墨子。当置本表 71ch'uang 阴平?

牀	创*	床	创*磢①	创*	
71	疮	牀	闯*②	怆	
ch'uang	窗	淙*③	—	戆④	
	牕	—	—	刅⑤	

①《广韵》初两切,瓦石洗物。
② 据本表 20 ch'en 补*。《广韵》丑禁切,马出门皃。《国音》三音,参见本表 20 ch'en 注③。
《汉语大字典》二音:(一)chèn,(二)chuǎng,《说文长笺》初亮切。
③《广韵》水声,藏宗切,又士江切。
④《广韵》直绛切,戆憃,凶顽皃。
⑤《集韵》初良切,《说文》伤也。然不当在上平声。

追	隹萑	—	—	惴①
72	錐騅	搥*②	—	錘③
chui	追	—	—	縋
	鎚	—	—	贅
	觿*④	—	—	裰*缀*
	—	—	—	坠
	—	—	—	怼*⑤

①与本表 67 ch'uai 惴非异读关系。
②《广韵》之累切，击也；《集韵》主棠切，《说文》以杖击也。或从木。今之"搥打"音义，音可能来自"锤（直垂切）"而义来自"搥（击也）"，故与本表 73 ch'ui 搥可构成异读关系。
③《广韵》驰伪切，称锤。或作鎚。又直危切。
④《集韵》津垂切，《说文》鸱旧头上角觿也。
⑤《广韵》直类切，怨也。《集韵》怨也。直类切，又徒对切。与本表 357 tui 怼同补*。

吹	推*①	磓②	椎③	揣④	—
73	吹*	垂	—	吹*
ch'ui	炊*	倕陲搥*	—	毳⑤
	—	捶	—	—

①《广韵》排也，叉隹切，又汤回切。
②《集韵》徂回切，《说文》大高也。或作崔、嶉。译按：音切不甚合。
③《集韵》传追切，《说文》击也。
④揣，向来多音，然 ch'ui³ 音未知所自。
⑤《广韵》细毛也。又姓，出《姓苑》。此芮切，又楚税切。

准	—	—	隼*①	—
74	惇*	—	准	—
chun	諄*	—	準	—
	屯*窀	—	—	—

①可能是"準"（鼻子）的通假字。参见《汉语大字典》"隼"之❷。

春	春	纯	蠢	—
75	椿	淳	—	—
ch'un	鹑*	谆*①	—	—
	—	唇*	唇*②	—

① 属当时误读。
② 有的方言今仍读上声，如山西文水。

中	中*	—	冢	中*
76	忠盅衷	—	塚	仲*
chung	锺	—	—	重*
	—	—	种*	种*
	螽	—	肿瘇踵	種①
	衆*②	—	—	眾*
	钟	—	—	—
	终*	—	—	—

① 《康熙》:《川篇》與種同。
② 《广韵》多也。三人为衆。又姓，鲁大夫衆仲。之仲切。又音终。

充	中*①	—	宠	—
77	冲忡沖翀	崇	—	仲*
ch'ung	衝	重*	—	—
	—	虫蟲	—	—
	舂*②	—	—	—
	艟	—	—	—
	充	—	—	铳*

① 义不详。
② 原讹作"舂"，今据异读字表 77 CH'UNG 改。

擉	擉*①	—	—	触*
78	齪	—	—	焯*②绰*
ch'uo	戳戳③	—	—	—

① 据本表 49 ch'o 补 *。
② 《集韵》多音,其中:尺约切,通绰。据本表 15 ch'ao 补 *。
③ 《广韵》敕角切,又直角切,授也,刺也;筑也,舂也。

额	哦*	娥*	我*	饿*
79	阿*	蛾*鹅*	—	谔*
ê	—	讹	—	鄂*
	—	额*	—	额*
	—	—	—	恶*
	—	—	—	鳄

恩	恩	—	—	搵*
80	—	—	—	按*
ên				

哼	哼*	—	—	—
81				
êng				

儿	儿*	儿*	耳	毦①
82	—	洱	珥饵	二
êrh	—	而*	而*	贰
	—	—	爾	刵
	—	—	迩	唲②
	—	—	余*③	駬④

①《广韵》仍吏切,鹭毦,羽毛饰也。
②《集韵》尔者切,应声。《国音》二音:惹上,敬辞,唱喏;诺去,同诺。
③ 疑为"尒"之误。尒,《广韵》儿氏切,义与爾同。《说文》曰:词之必然也。又房姓。
④《广韵》人质切,驿传也。

法 83 fa	法* 伐* 髮*	法* 伐*乏* 筏阀 罚	法* — 髮* —	法* 乏* — 鏺①

①《广韵》普活切,两刃刈也。《说文》又读如拨。译按:此等音切,不能变为今音 fa。存疑。

反 84 fan	番* 幡* 擑翻 — 藩* 繙* 帆 — —	番* 幡* 蕃 燔 藩* 繁蘩 凡* 樊矾 烦	反 坂①返 — — — — 凡* — —	贩饭 泛 氾 犯范範 — — 汎 梵 —

①《广韵》府远切,同阪。大陂不平。

方 85 fang	方 妨坊 肪芳	防昉 鲂房 —	倣仿* 彷*舫 访纺髣	放 — —

非 86 fei	非 菲* 蜚扉	肥 淝 —	— 菲* 翡*	痱 — 翡*

霏绯騑	—	悱斐	废癈①	
妃	—	诽匪篚	沸*② 费*	
飞	—	—	芾*柿③肺	
—	—	—	吠	
—	—	—	綍*④	

①《广韵》方肺切，固病。
② 据本表91fu补*。
③《广韵》芳废切，斫木札也。
④《集韵》方未切，大索。

	分	分*	汾	粉	分*
87	芬纷	坟渍蕡①	—	—	忿
fēn	棻氛	豶②	—	—	偾愤
		焚*	焚*	—	奋
		—	坋③	—	粪

①《广韵》符分切，草木多实。
②《广韵》符分切，大鼓。《周礼》鼓人掌六鼓。以豶鼓掌军事。
③《康熙》：俗坋字。

	风	风	—	讽*	讽*
88	枫疯	逢*	—	—	凤
fēng	峰烽	缝*	—	—	缝*
	蜂锋	冯	—	—	奉
	丰①	—	—	捧*②	俸
	封	—	—	—	—
	豐	—	—	—	—
	鄷沣	—	—	—	—

①《广韵》敷容切，丰草美好。《说文》本作丰，草盛丰也。从生，上下达也。
②《广韵》敷奉切，两手承也。《集韵》抚勇切，掬也，或作拌、奉。《国音》音ㄆㄥ朋上，❶两手承物。❷奉承，拥戴。

89 fo	佛	佛*	佛*	—	妇*

90 fou	否	不*① — —	苤罘 浮*蜉 枹*④	否* 缶* —	阜② 埠*③ 覆*

①《广韵》敷鸠切,弗也。《国音》不:囗又否囝,未定之词,如"未知从今去,当复如此不",见陶潜诗。

②《广韵》房久切,陵阜。《释名》曰:土山曰阜。阜,厚也,言高厚也。《广雅》:无石曰阜。今音 fu^4。

③《康熙》:《正字通》同"步"。舶船埠头。《通雅》埠头,水濒也。又笼货物积贩商泊之所。

④《集韵》:枹,草名,《尔雅》杨枹蓟,芳无切,又房尤切。本表91 fu 有枹[12],据此补*。

91 fu	夫 芙* 鈇麸 哺② — — 敷* — — 枹* 俘 浮* 郛莩	夫 芙* 蚨 髴* 弗佛* 彿* 敷* 缚 符 苻 枹* 孚 浮* 桴	扶 甫 脯簠 辅黼 — — — — 拊府 俯腑腐 俛* 頯 腊④ 抚	— — — — — — — — — — — — — —	咈①拂 — — 髯* 怫沸*③ 彿* 傅赙 — 付 咐附驸 仆赴讣 — — —

—	伏	—	—
—	袝*	—	袱*
—	茯	—	—
—	福	—	富
—	幅*	—	幅*
肤	蝠	—	副辐
—	復*	—	復*
—	腹*	腹*	腹*
—	—	—	覆
—	覆*	—	複馥
—	宓*⑤	咇斧釜	父
—	袯	绂	—
—	—	—	负
—	—	—	芾*
—	—	—	綍*
—	凫	—	赋
—	—	—	妇*
—	服	—	鹏

①《广韵》符弗切，庱也。《集韵》符勿切，《说文》违也。……通作拂。
② 义不详。《集韵》有匪父切，咀嚼。本作哎。上声，与哺调不合。存疑。
③ 据本表 86 fei 补*。
④ 义不详。
⑤《篇海》房六切，姓。《国音》㈠ㄈㄨ服阳(入) ❶ 与"伏"通，伏羲亦作宓羲。❷ 姓。

哈	哈*	蝦*①	哈*	哈*

92

ha

① 蝦蟆。参见本表 112 hsia 注①。

害	咳*	咳*	—	亥
93	—	颏*	颏*	—
hai	—	孩	醢	害*
	—	还*	海	和*

寒	邯*	邯*	罕	汗
94	—	闲*	—	闲*
han	犴顸鼾	函*涵*	菡	旱悍
	酣	函①	—	捍銲
	憨	含	颔	—
	—	寒	喊*②	憾撼
	—	还*	—	—
	—	翰*③	—	翰*③
	—	韩	—	瀚
	—	—	—	汉
	—	—	—	和*

①《广韵》胡男切，衔也。《说文》舌也。
②《广韵》呼览切，声也。《集韵》火斩切，声也。又苦滥切，呵也。
③《广韵》胡安切，天鸡羽，有五色。又侯旰切，鸟羽也。高飞也。亦词翰。

硜	硜①	亢*	吭*	吭*
95	—	杭航	—	沆
hang	—	術颃	—	巷*
	—	行*	—	项*
	—	桁②	—	—

①《广韵》户公切（音洪），石声。假借为鞚。《集韵》鞚，虚江切，击也。或作降。
②《广韵》胡郎切，械也。《集韵》寒刚切，木在足曰械，大械曰桁（刑具）。

好	哮*	毫	好*	好*	
96	—	豪	—	浩皓	
hao	蒿	壕濠	—	镐	
	挠*①	耗*	—	耗*	
	—	—	—	涸*②	
	—	号*	—	号*	
	—	嗥	—	皡	
	—	昊	—	颢	
	—	鹤*③	—	—	

①《广韵》呼毛切，搅也。《集韵》呼高切，扰也。
②《广韵》下各切，水竭也。《国音》有异读：㊀ㄏㄜ合(阳)(入)；㊁ㄏㄠ号去。
③《广韵》下各切，似鹤长喙。《国音》有异读：㊀ㄏㄜ喝去；㊁ㄏㄠ郝阳。《现汉》单音 hè。

黑	黑*	—	黑*①	—	
97					
hê, hei					

① 原表上声无字，今据异读字表 97 HÊ, HEI 补：黑*。《国音》三音：㊀ㄏㄟ嘿阴；㊁ㄏㄜ喝去(入)(读音)；㊂ㄏㄟ嘿上。

很	哏*①	哏*	—	恨	
98	—	很*	很*	—	
hên	—	狠	狠*	—	
	—	痕	—	—	

①《国音》二音：㊀ㄍㄣ根阳；逗哏；㊁ㄏㄣ痕阴；哏哆，俗谓以恶声申斥。

恒	亨*	亨*	—	—	
99	哼*	珩桁①	—	荇	
hêng	—	衡蘅	—	—	
	—	横*	—	横*	

附录 697

—	恒	—	—	
—	姮	—	—	
—	茎*②	—	—	

①《广韵》户庚切,屋桁。与本表 95 hang 之桁义不同故不构成异读。《国音》三音:㊀ㄏㄥ横阳;㊁ㄏㄤ杭阳;㊂ㄏㄤ杭去。
②《广韵》户耕切,草木榦也。《自迩集》有 ching¹ 异读。《国音》单音ㄐㄧㄥ京阴。

河	劐*	禾	火*	穫*獲*鑊
100	—	稣	伙*	赫嚇*
ho	—	合*	—	貉
	—	盒	哈*	郃
	—	—	—	画*劃*
	—	—	—	霍攉
	—	曷	—	藿瘫
喝*	褐毼	—	—	喝*
呵*	活*	呵*	—	耆害*①
苛*②	何河	—	—	纥
—	—	—	—	或*惑*
荷*	荷*	—	—	荷*
诃③	—	—	—	贺
—	和*	—	—	和*
—	盍	黑*	—	黑
—	瞌④阖	—	—	祸*
—	核*劾	—	—	郝
—	—	—	—	货*
—	—	—	—	涸*
—	—	—	—	壑
—	—	—	—	豁

				鹤*
—	—	—	嚛*	—
—	嚛*	—	嚛*	
—	—	—	嚦⑤	

①《集韵》何葛切,《说文》何也,或作害。《国音》㈠厂历亥去;㈡厂ㄜ河阳,同"曷"(2)……
②《集韵》虎何切,讥察也。本作荷。《国音》㈠厂ㄜ和阳;㈡丂ㄜ颗阴。
③《广韵》虎何切,责也,怒也。《集韵》:《说文》大言而怒也。
④义不详。《集韵》克盍切,欲睡皃。不合此音,且与异读字表159 K'O, K'Ê之"瞌"不构成异读关系。
⑤《广韵》杜奚切,泣也。《说文》號也。今通作"啼"。此处"嚦"义不详。

後	齁	侯*①	吼	候*
101	—	喉猴	—	堠②
hou	—	瘊糇餱	—	厚
	—	—	—	後
	—	—	—	鲎
	—	—	—	后逅

① 原表此处作"侯*",《勘误表》正为"候*"。译按:原表字头本无误,《勘误表》反误,故本表侯、候二字之异读记号当取消。异读字表101 HOU之候² | hou⁴.亦当删。
② 原表字从土候声,误,今径改作堠。

户	滹	搰①	虎	户
102	乎*	乎*	唬琥	帍②
hu	呼*	呼*	—	扈簄
	笏*	囫	—	笏*
	忽	—	—	—
	唿	—	—	—
	惚*	胡	—	惚*
	颮	瑚湖	—	颮③
	葫*	葫*	—	糊

餬*	餬*	—	岵
—	煳猢	—	怙祜
蔛*	糊醐	—	互冱
—	瓠鬍	—	护
惑*	壶	—	鹄鹕
—	狐弧*瓠	—	侮*④
—	核*	—	欻⑤
縠	斛	浒	穀

① 《集韵》胡故切，拥障也。去声。今表列阳平。
② 《广韵》侯古切，巾也。
③ 《集韵》飈、飇二字，同义：疾风也；既是异体，又有异读：臻合一呼骨切（飈），臻合三许勿切（飈、飇）。《自迩集》以异形对应异读？
④ 侮，向无 hu 音。不知所自。
⑤ 《广韵》：暴起；《集韵》：《说文》有所吹起。并许勿切。此字《国音》三音三义：㊀ㄏㄨ乎阴（入），忽，如"神山崔巍，欻从背见"，见张衡赋。㊁ㄔㄨㄚ状声之词，如言欻的一声。㊂ㄒㄩ旭去（入），❶有所吹起也。❷欻欻，动也。《现汉》单音 chuā。

花	化*	滑*	—	化*
103	花	猾磆①	话*	话*
hua	华*	华*	—	崋②桦
	譁*	譁*	—	—
	—	铧骅	—	攨③
	找*④	划	—	—
	—	劃*	—	画*
	—	踝*⑤	—	樗⑥

① 《广韵》户八切，磆石，药。
② 《广韵》户花、户化二切，西岳名也。《集韵》胡化切，《说文》山，在弘农华阴。从山華省。亦作姓。或作崋，古作譁。
③ 《集韵》胡化切，机槛。

④《集韵》胡瓜切,舟进竿谓之划。或从手。译按:若是此音此义,"找"应与"划"并列阳平。
⑤《集韵》胡瓦切,《说文》足踝也。《国音》二音:㊀ㄏㄨㄚ话去;㊁ㄏㄚㄞ槐阳。
⑥《集韵》胡化切,《说文》木也。以其皮裹松脂。或从華。即樺字。《集韵》胡化切之檴,
字本当从木䕫(非雩)声。

壞	—	懷	踝* 壞*
104	—	槐	— —
huai	—	淮	— —
	—	獲*①	— —

①《广韵》胡麦切,得也。又臧獲。《方言》云:荆淮海岱淮济之间,骂奴曰臧,骂婢曰獲。亦姓。宋大夫尹獲之後。《国音》二音:㊀ㄏㄨㄛ或去,❶得,……❷能,如"不獲前来。"❸女奴,如臧獲。㊁ㄏㄨㄞ槐阳獲鹿,河北省县名。《现汉》仅存 huò 一音。

换	儇*①	儇*①	奂
105	—	壖②圜	换唤
huan	—	寰環還*	涣焕痪*
	—	鐶③闤鬟	—
	歡	完*④	浣莞*⑤皖⑥ 晥⑦
	欢	丸⑧	— 宦
	貛⑨	芄⑩纨	— 幻
	讙	浽	缓 豢
	貛⑨	桓	澣 懽⑪
	鸛*	萑	— —
	驩⑫	宛*⑬	— 患

①《广韵》许缘切,智也,疾也,利也,慧也。又舞皃。《国音》音ㄒㄩㄢ轩阴。是。音欢、音环,
  疑似误读。
②《集韵》胡关切,壖堵,谓面一者墙也。通作環。
③《广韵》户关切,指鐶。《集韵》金鐶也。
④《广韵》户官切,全也。《康熙》仍音桓。《国音》音ㄨㄢ丸阳。在桓—丸阳之间,曾有

"huan² | wan²."的异读阶段？

⑤《广韵》胡官切,似蔺而圆,可为席。又音官。《国音》"可为席"者,单音ㄍㄨㄢ阴。《现汉》同。

⑥《集韵》户版切,明皃。或从日(晥)。作为"舒(古舒州,今安庆市)"地名之"皖",则户衮切,所切今音当是hun⁴。《国音》二音：㊀ㄏㄨㄢ缓上,❶春秋时国名,在今安徽潜山县北。❷安徽省别名。㊁ㄨㄢ晚上(又读。)可能是为避讳此音(hun⁴)所领之字词而先改读"户版切"为上声"缓上",保留又读"晚上"。而今,作为"安徽省的别称","又读"("晚上")则成为正音而无"又读"("缓上")《现汉》单音wǎn。

⑦《集韵》《韵会》户管切《正韵》胡管切,并音浣。县名。在庐江。《后汉·马援传》攻没皖城。《注》皖,县名,属庐江郡。

⑧《广韵》胡官切,弹丸。《康熙》音完;完,音桓。《国音》丸,音ㄨㄢ完阳;完,音丸阳。《自迩集》尚在"音桓"阶段？

⑨貆、貆二字,《广韵》同音,并呼官切,然义有不同：貆,野豚;貆,牡狼。《集韵》同切同音,而将《说文》野豕"与《尔雅》狼牡"二义合一,将貆、貆视为异体。

⑩《广韵》胡官切,芄兰,草名。《集韵》同切,《说文》芄兰,莞也。引《诗》芄兰之枝。《尔雅》作蘿。

⑪《康熙》:《广韵》《集韵》《韵会》《正韵》并呼官切,与欢同,喜也。译按：疑是嚾讙之讹。《集韵》讙,呼玩切(去声),《说文》譁也。或作嚾,或从言。古通作奂(唤)。《国音》《现汉》懽同欢。

⑫《广韵》《集韵》并呼官切,马名。《现汉》"同'欢'",取假借义而未出其本义。

⑬义不详。异读字表105 HUAN 中有宛²。

	黄	荒	皇	—	—
106 huang	慌*	恍隍	慌*	—	
	偟*	偟*	谎	—	
	肓*	凰煌	恍幌	—	
	—	篁蝗鳇	愰熀	—	
	—	黄璜①	怳况②	况*②	贶③
	—	癀簧	—	攩④	

①《广韵》胡光切,《说文》曰半璧也。音黄。《国音》音ㄏㄨㄤ黄阳。

②《广韵》许访切,匹拟也,善也,矧也。《说文》曰：寒水也。亦倘况,琴名。又姓。《何氏姓苑》

云：今庐江人。况，即況之俗字。所切当为 huang⁴。《国音》况況同音ㄏㄨㄤ旷去。
③《广韵》许访切，赐也，与也。《集韵》许放切，赐也。所切同为 huang⁴。《国音》音ㄏㄨㄤ旷去。
④ 古多音字。《广韵》胡广、乎旷、吐朗三切，挺打也。《国音》音ㄉㄤ党去。《现汉》音 dǎng，"挡"的繁体之一。

| 回 107 huei, hui | 挥煇 暉辉翚 恢* 撝 隳 徽 闚③ 𪩘④ 麾 — — — — | 回 㗩①迴茴 — — — — 炪* — — — — — — | 悔* — 海* 会* — 贿* 匯* 炪* — — — 毁 燬 — — — | 悔* 晦 海* 会* 檜②绘 贿* 匯* 澮 惠蕙蟪 慧憓彗* 溃殨䁖⑤ 哕*翙 卉 彙* 恚 喙* 讳 |

①《集韵》胡隈切，昏乱皃。太玄疑恒恒。

②檜，《广韵》黄外切，除殃祭也。据余廼永《新校互注宋本广韵》所考：檜，当改作禬（从示）。

③恢、闚，二字中古不同音，然同为溪母，加之蟹合一与止合三有等韵合一的趋势，到《康熙》时变同音，故标"闚"音恢、"恢"音魁、"窥"音魁而"魁"音恢，即同音 k'uei。到《自迩集》时，"恢"有了 huei 音，又保留 k'uei 音，构成文白异读。闚，非常用口语词，《自迩集》编者给它标音时，误用了《康熙》"闚：《唐韵》去随切《集韵》《韵会》缺规切，并音恢。"

于是，便置"闠"于"恢 huei"下。
④《篇海》呼迴切，音灰，猪食。
⑤《广韵》居胃切，極視。《集韵》归谓切，極視。一曰目无精也。向无 huei, hui 音。存疑。

混	昏	馄	混*①	混*①
108	惛婚闇	魂	焜②	掍③
huên, hun	荤*	浑*	浑*	圂溷

①《广韵》胡本切，混流。一曰混沌，阴阳未分。《集韵》有胡昆、户衮二切。《国音》有ㄏㄨㄣ昏去、ㄏㄨㄣ魂阳、ㄏㄨㄣ昏上三音。《现汉》hún、hùn 二音。
②《广韵》胡本切，火光。《说文》煌也。对应今音，当是去声。
③《广韵》胡本切，掍同。《集韵》户衮切，《博雅》同也。

红	烘	洪	哄	讧①
109	—	横*②	—	横*②
hung	—	璜③	—	闀
	吽*	黉	—	吽*
	—	虹*	—	—
	—	红*	—	汞④
	—	荭	—	—
	—	弘	—	—
	—	泓	—	—
	—	霟⑤	—	—
	—	鸿	—	—
	—	嵘⑥	—	—
	—	宏	—	—
	轰	闳	—	—

①原字从言共声。遍查古今字书，不见是字。疑是讧（訌）之异体。
②《国音》二音：㊀ㄏㄨㄥ亨阳；㊁ㄏㄨㄥ亨去。
③《广韵》胡光切，《说文》曰半璧也。音黄。《康熙》：又《韵会》《正韵》并胡盲切，音横

（hung）。《国音》音ㄏㄨㄤ黄阳。

④《广韵》胡孔切，水银滓。《国音》二音：㈠ㄍㄨㄥ肇上；㈡ㄏㄨㄥ閧去（又读）。

⑤《汉语大字典》：幽深貌。又水名。音 hóng。《五音集韵》乌宏切。

⑥《广韵》户萌切，《集韵》乎萌切，并音宏。《国音》正音曰ㄨㄥ戎阳，又读ㄏㄨㄥ红阳（又读）。

火 110 huo	和* 劐* 穫* 窝*① 豁 —	和* 惑* 活* — — —	火* 伙 伙* — — —	或* 惑* 獲* 祸* 货* 攉②

①异读字表 110 HUO 列有窝¹ ｜ wo¹。

②《集韵》忽郭切，手反覆也。《国音》义同，音ㄏㄨㄛ或去(入)。

西 111 hsi	西 恓② 栖③ 息* 熄* — 晳* 希郗 唏* 欷稀 奚傒溪 溪*蹊蹊 嘻* 僖嬉熹 禧*	席 蓆 息* 熄* 媳* — — — — 翕 — — — —	玺 — — — 媳* 晳* 晰* 唏* — — — 喜 嘻* 蟢 禧*	愾*①忾 — 析 淅 晰* 蚠④ 舄 歙*⑤ 堅*⑥ — — —

附录 705

兮	—	—	盻
肸	—	—	—
习*	习*	—	—
羲曦牺	悉	蒠	蟋
嚱	膝	洗*	戏
嘶惭撕⑦	—	—	屟*
系*	—	—	系*
係*	—	—	係*
昔*	昔*	迄⑧	腊⑨
惜	䃺*⑩	—	咥*⑪
咒*⑫	—	—	—
夕*	夕*	—	汐夥⑬
醯	—	—	阋
畦	—	—	繫*
熙	—	—	禊
螇⑭	—	—	橄
锡*	锡*	—	细
携*	携*	—	楬⑮
徙*	—	徙*	—
吸	嘘	屣	—
隰	袭	—	—
棲*	—	—	—
犀	—	—	—

① 《广韵》许既、苦爱二切, 太息也。本表 145 k'ai 有慨（去声), 当补*。《国音》亦二音: ㊀ㄎㄞ开去; ㊁ㄒㄧ係去。《现汉》单音 kài。

② 《康熙》引《张訢订正篇海》: 先齐切, 音西。恓惶烦恼之貌。

③ 《广韵》先奚切, 鸡所宿也。

④ 《广韵》渠希切, 蠹也,《尔雅》云: 强蚚。又音析。《国音》《汉语大字典》皆从渠希切定今音 qí。

⑤《广韵》许及切,《说文》曰缩鼻也。後汉有来歙。又舒涉切,州名。《国音》二音:㊀ㄒㄧ隙去。与"吸""翕"并通。㊁ㄕㄜ设去。安徽省县名。《现汉》"吸气"义音 xī。

⑥《广韵》具冀、许既二切,息也,又仰望也。本表23chi有墍(去声),当补*。《国音》亦二音:㊀ㄐㄧ即去。㊁ㄒㄧ係去(又读)。《现汉》单音 jì。

⑦嘶、撕,《广韵》先稽切,《集韵》先齐切,并音西;磃,《集韵》相支、先齐二切,《汉语大字典》对应今音㊀ sī、㊁ xī。《国音》嘶,音ㄙ斯阴;撕,音㊀ㄙ司阴、㊁ㄒㄧ西阴。

⑧《广韵》《集韵》并许讫切,《尔雅》云:至也。《国音》音ㄑㄧ讫去。

⑨《康熙》:《广韵》《集韵》《韵会》《正韵》并思积切,音昔。乾肉也。

⑩《集韵》思积切,碑也。

⑪《广韵》徒结、火至二切,笑也。又齧也。本表342 tieh 阳平有咥,当补*。《国音》二音:㊀ㄒㄧ戏去、㊁ㄉㄧㄝ蝶阳。《汉语大字典》亦同。

⑫《广韵》徐姊切,《集韵》序姊切,并音祀。《国音》亦音ㄙ四去。本表322 ssǔ 去声有"兕"。

⑬汐穸二字,《广韵》祥易切,《集韵》祥亦切。《国音》音ㄒㄧ夕去。《现汉》音 xī。

⑭《集韵》弦鸡切,山名。亦姓。《国音》音ㄐㄧ鸡阴。《现汉》音 jī。《汉语大字典》jī(旧读 xí)。

⑮《广韵》先击切,袒衣。《国音》单音ㄒㄧ习阳。《现汉》xī、tì 二音。(中古清声母入声字之今音声调多不稳定。"裼"之声调从《自迩集》西去到《国音》习阳再到《现汉》xī,有典型意义。)

夏	蝦*①	蝦*①	—	夏
112	鰕	瑕暇	—	厦*
hsia	呀*②	遐霞	—	下
	—	柙狎匣	—	洽*③ 祫④
	瞎	辖	—	唬⑤
	—	峡*	—	峡*
	—	狭箧*	—	吓
	—	黠*	—	黠*
	—	斜*⑥	—	劼⑦

①《集韵》虚加切,蟲名;何加切,蟲也。《说文》蝦蟆也。一曰蝦蟲,与水母游。《康熙》与《自迩集》一仍《集韵》音义格局:即㊀霞阴:(鱼)蝦;㊁霞阳:蝦(蟆)㊂哈阳:蝦(蟆)。《国音》则是:㊀ㄒㄧㄚ霞阴:❶(鱼)蝦;❷蝦(蟆);㊁ㄏㄚ哈阳:蝦(蟆),特别注

明：㊀是㊀❷之"语音"。《现汉》再进一步"分工"：虚加切 xiā 为"（鱼）虾"，何加切 há 为"虾（蟆）"。

②《汉语大字典》呀:(一) xiā,《广韵》许加切,张口貌。《国音》二音：㊀ㄧㄚ鸦阴；㊁ㄒㄧㄚ虾阴。

③《广韵》侯夹切,和也。合也。露也。《国音》㊀ㄒㄧㄚ匣阳；㊁ㄑㄧㄚ卡去（又读）。今音 qià，"又读"成正音。

④ 原字从衣合声,夹衣,《广韵》古洽切,今音 jiá。此处当为"袷"之误。袷,《广韵》侯夹切,祭名。今音 xiá。

⑤《康熙》:《唐韵》呼讶切,《集韵》虚讶切,并音嚇。《说文》一曰虎声也。《国音》单音ㄏㄨ虎上。《现汉》xià、hǔ 二音。

⑥《自迹集》有 hsia、hsieh 异读,《国音》也有异读：㊀ㄒㄧㄝ协阳；㊁ㄒㄧㄚ霞阳（㊀之又读）。《现汉》单音 xié。

⑦《广韵》恪八切,《集韵》喫吉、丘八、讫黠三切。自《国音》至今各字典皆定音于 jié。

向 113 hsiang	相* 湘厢 箱緗 香 乡 襄 瓖镶骧 舡② 麘③	庠 祥详 翔 降* — — — — —	想 响饷 享 嚮* 響飨 鲞 — — —	相* 向 象像橡 嚮* 曏① 项* 巷* — —

① 多音字。《广韵》有四音。此处取许亮切。《国音》ㄒㄧㄤ向去。《现汉》取许两切今音 xiǎng。

②《广韵》许江切,艁舡,船皃。《集韵》虚江切,《博雅》艁舡,舟也。《国音》ㄒㄧㄤ香阴,船。

③《集韵》虚良切,麘麚,兽名。

小	削*宵逍	爻*①	小	肖誚*②鞘③
114	魈*	肴*餚④	篠	魈*
hsiao	消鮹	哮*	—	孝哮*
	硝蛸	学*⑤	—	敩
	绡销霄	—	—	笑
	憢⑥哓	—	晓	効校*
	浇*⑦骁⑧	—	—	效傚
	萧潇	—	—	啸
	箫蟏	—	—	—
	呺⑨枵鸮	—	—	—
	嘐⑩	—	—	—
	枭⑪	—	—	—
	嚣*⑫	—	—	—

① 《康熙》:《唐韵》胡茅切,《集韵》《韵会》《正韵》何交切,并音肴。《说文》交也。《国音》二音:㊀丨幺摇阳;㊁丅丨幺效阳(读音)。《自迩集》与同:爻 hsiao² ｜ yao².

② 《广韵》《集韵》同才笑切,《国音》与《现汉》俱单音 qiào。《自迩集》之 hsiao⁴,是一时类推误读?存疑。

③ 《广韵》私妙切,刀鞘。《集韵》增一音:师交切,"刀室"之义未变。《国音》单音く丨幺悄去。《现汉》鞘二音:(一)qiào,仍"刀室"义;(二)shāo,义为"鞭鞘"。

④ 肴餚乃异体,古今同义。《广韵》胡茅切,《集韵》何交切。《国音》有异读:㊀丨幺摇阳;㊁丅丨幺效阳(又读);与《自迩集》同:肴 hsiao² ｜ yao²。《现汉》单音 yáo。

⑤ 学,《自迩集》四音:学 hsiao² ｜ hsio², hsüeh², hsüo²;《国音》二音:㊀丅凵世靴阳(入);㊁丅丨幺效阳(入)。

⑥ 《广韵》许幺切,憢憢,惧也。

⑦ 《广韵》五吊切,韩浞子名。又音枭。

⑧ 《广韵》古尧切。参见後注⑪。

⑨ 《广韵》许娇切,呺然,大皃。《集韵》虚娇切,呺然,虚大皃。

⑩ 《广韵》许交切,夸语也。

⑪ 《广韵》《集韵》及後世韵书字书皆见母,包括《汉语大字典》(《广韵》古尧切),然今音径标 xiāo。枭,何时由不孝鸟转指骁勇而音亦变晓母 xiāo?《汉书·高帝纪上》:"北貉、

燕人来致枭骑助汉。"颜师古注："应劭曰：'枭，健也。'张晏曰：'枭。勇也。'"《後汉书·刘焉传》："刘备有枭名。"李贤注："枭即骁也。"此时的"枭""骁"二字，义已有通同，但音仍是古尧切。明初《洪武正韵》十二萧韵首见二字同时有了坚尧切、吁骄切异读。不过，"枭"之"异读"，义亦有异，坚尧切为"不孝鸟""关西谓之流离"，而吁骄切"与鸮同""关西谓之巧妇"。二者所指，或谓同一，即猫头鹰；或带含糊，谓为"猫头鹰一类的猛禽"。《国音》《现汉》二字并单音 xiāo。

⑫《广韵》许娇切，喧也。又五刀切。《集韵》虚娇切，《说文》声也。气出头上。又牛刀切，謞也。《自迩集》反映其时仍有这种异读：嚣 hsiao^1 | ao^2。

些 115 hsieh	歇*蝎 些* — — — — — 楔 揳* — 搣*⑧ 薛*⑨ — — — — — —	斜* 浃*挟*铗* 鞋 挈絜* 骸骇② 拽*③ 协*胁* 邪 衺⑦ 携* 谐 躞* 叶* — — — — — —	— 写 血* — — — — — — — — — — — — — — — —	羯*① 泻 泄*枻 蹀屟 洩* 拽*③ 栧④绁⑤ 契*⑥ 揳* 屑 搣*⑧ 躞* 燮 解*懈 邂蟹 薤瀣 榭谢 褻 卸 械

① 《广韵》居竭切。异读字表 115 HSIEH 列有：羯⁴｜chieh²。今北京满大街的"羊羯子火锅店"。"羊羯子火锅是老北京传统佳肴，有着悠久的历史"。但"羯"该怎么读（jié/xiē）？怎么写（羯/蝎）？近年网上曾有过热烈讨论，一些权威专家都出来说过话。一种占上风的说法是：羊蝎子（Lamb Spine Hot Pot），是带里脊肉和脊髓的完整的羊脊椎骨，因其形跟蝎子相似，故而俗称羊蝎子。甚至指责店牌写成"羊羯子"是"错字""别字"，误人子弟。其实，"羯"字历史上就有 jié、xiē 异读（以《自迩集为证》），只是那时的 hsieh 即 xie 是去声，后来才变为阴平。

② 骸骇二字，《广韵》分别为户皆、侯楷切，今音分别为 hái、hài。而本表 93 hai 未见是二字。当时音韵地位相同之"谐械"皆音 hsieh，骸骇二字亦曾变读 hsieh 音？《国音》骇即有 hsieh 音：㈠ㄏㄞ害去；㈡ㄒㄧㄝ懈去（又读）。

③ 《集韵》羊列切，挀（引也）也。

④ 《韵会》《正韵》并细列切，音屑。《荀子·非相篇》槷枑，正弓弩之器。与本表 127 i, yi 之枻（楫也。《集韵》以制切，楫谓之枻。）不构成异读关系。

⑤ 绁之异体。《广韵》私列切，繋也。《左传》曰：臣负羁绁。杜预云：绁，马鞚也。亦作緤，俗作靾。

⑥ 契，多音字。《集韵》有私列切，《说文》：高辛氏之子尧司徒殷之先。

⑦ 《广韵》似嗟切，不正也。

⑧ 当补*。《广韵》《集韵》并先结切。《集韵》：挺出物也。一曰揲也。

⑨ 《广韵》《集韵》并私列切。《集韵》薛：《说文》艸也。曰国名。亦姓。

先	先	弦痃⑧	拱⑬洗*	陷*馅
116	仙籼	舷絃*	跣毨铣	霰
hsien	忺掀	閒*癇	偏⑭	獻献
	憸①	闲鹇娴	险	线
	僛躚	函*涵⑨	阚*⑮	憗⑲
	搴*②騫③	咸缄⑩鹹	喊⑯	见*现*苋
	鲜*	—	鲜*	县
	廉④	嫌	薛癬⑰	羨
	轩*⑤—	槛	宪	—
	嫣⑥	槛*⑪	—	槛*

孅	衔嗛	轞⑱	艦*⑳
袘	涎*	玁	限
搟*⑦	銛⑫	鼸	—
暹	贤	燹	—
—	—	狝	—

①《广韵》息廉切，利口。《集韵》思廉切，《说文》憸，詖也。憸利于上，佞人也。

②《集韵》丘虔切，《方言》取也。楚谓之攓，一曰缩也，拔也。本表34chien³、35ch'ien¹有异读。《国音》单音ㄑㄧㄢ牵阴，采取，拔取。《现汉》亦单音qiān。

③骞，中古只有见溪二母而无晓母读法。《国音》对应二音：㈠ㄑㄧㄢ牵阴；㈡ㄐㄧㄢ简上。《现汉》则单音qiān。

④《广韵》许兼切，《集韵》火占切，并音馦，物毒，喉中病。《汉语大字典》音xiān。

⑤《广韵》《集韵》并虚言切，轩车。又姓，轩辕之后。《康熙》并音掀。《自迩集》轩hsien¹∣hsüan¹异读，成为由开口韵变合口韵的桥梁：《国音》《现汉》俱单音xuān。

⑥《广韵》许延切，长兒。好兒。又於建、於远二切。《集韵》音义并同。《自迩集》嫣hsien¹∣yen¹异读。《国音》《现汉》单音yān。

⑦搟，多音字。《集韵》思廉、师炎二切，《自迩集》搟hsien¹∣shan¹相合。《国音》四音：㈠ㄕㄢ山阴；㈡ㄕㄢ闪上；㈢ㄘㄢ餐阴；㈣ㄔㄢ搀阴。《现汉》三音：chān；càn；shān。

⑧《广韵》胡田切，癎病。《集韵》音义同。《国音》音ㄒㄧㄢ贤阳。

⑨函，《广韵》胡谗、胡南二切；涵，《集韵》胡谗、胡南二切；《自迩集》二字并有异读hsien²∣han²。

⑩缄，《广韵》古咸切，《集韵》《韵会》居咸切，并音监。《康熙》"缄""又与'咸'通"。《礼·丧大记》"大夫士以咸。"《注》"'咸'读为'缄'也。"《自迩集》当误读了"又与'咸'通"，才有了hsien²之异读音。

⑪《康熙》:《唐韵》胡黯切，《集韵》《韵会》户黯切，并音艦。《自迩集》四音：hsien²，hsien⁴，chien¹，k'an³。《国音》《现汉》俱二音：jiàn，kǎn。

⑫《广韵》息廉切，《集韵》思廉切，臿属。《国音》音ㄒㄧㄢ先阴，《自迩集》之hsien²调则不妥。

⑬《集韵》稣典切，挵挵，手捻物。

⑭《广韵》《集韵》并下赧切，武威兒。一曰宽大。今音当作苋去。《自迩集》列上声，不妥。《国音》音ㄒㄧㄢ现去。

⑮《广韵》火斩、苦暂二切，虎声。与本表147k'an⁴异读，当同补*。

⑯《广韵》呼览、下斩二切，《集韵》又增苦滥切，即《自迩集》喊hsien³∣han³，k'an⁴所据。

《国音》单音厂ㄢ寒上。

⑰《广韵》《集韵》并息浅切，癣疥。据本表 123 hsüan, hsüên 当补*，异读字表 123 亦须增补；《国音》二音：ㄒㄧㄢ鲜上；ㄒㄩㄢ选上（语音）。《现汉》单音 xuǎn，"语音"变"正音"。

⑱《广韵》胡黯切，《集韵》户黯切，车声。译按：匣母上声，依例当列去声。

⑲ 义不详。憨，《广韵》呼谈、下瞰二切，一平一去，俱一等洪音，向无细音读法。《国音》与《现汉》同音 hān，对应呼谈切。

⑳《广韵》胡黯切，御敌船。四方施板以御矢如牢。《集韵》户黯切，战船。四方施板以御矢，状如牢。《自迹集》二音：艦 hsien⁴ ｜ chien⁴。《国音》单音ㄐㄧㄢ剑去。

心	心沁*①	覃*②	隼*④	汛*⑤
117	辛莘*	寻③	—	迅⑥ 讯⑦
hsin	忻	—	—	信
	欣*㤿	—	—	衅
	新薪	—	—	釁
	歆	—	—	—
	馨*	—	—	—

①《集韵》思林切，水名。

② 覃，韵书无 hsin 之音切。疑是镡之讹。镡，《广韵》徐林、徒含二切，剑鼻。又姓。《自迹集》二音：tʻan²、hsin²。《国音》㊀ㄊㄢ谈阳 ❶ 延及。❷ 深广。❸ 姓。㊁ㄒㄩㄣ寻阳 ㊀❸ 之又读。《现汉》二音：tán、qián。

③《广韵》徐林切，并也。又寻常。六尺曰寻，倍寻曰常。《山海经》曰：寻木，长千里，生河边。又姓。晋有寻曾，字子贡。《集韵》徐心切。音同。《国音》三音：㊀ㄒㄩㄣ巡阳 ㊁ㄒㄧㄣ心阳 ㊂ㄒㄩㄝ靴阳（寻摸）。《自迹集》有异读，同㊀㊁音。《现汉》单音 xún（xué·mo 作楚摸）。

④《广韵》思尹切，鸷鸟也。《集韵》竦尹切，《正韵》竦允切（《康熙》：并音笋）。《自迹集》三音：隼 hsin³ ｜ chun³、hsün³。《国音》音ㄓㄨㄣ準上，与《自迹集》第二音同。《现汉》音 sǔn。《康熙》"并音笋"显示，那个时代的实际音值还是细音 hsün³。臻摄合口三等準韵心母字（笋隼桦），后来才变为洪音 sǔn。

⑤《广韵》息晋切，《集韵》思晋切，并音信。《自迹集》：汛 hsin⁴ ｜ hsün⁴。《国音》单音ㄒㄩㄣ逊去。

⑥《广韵》息晋、私闰二切，《集韵》并同。《自迹集》：迅 hsin⁴ ｜ hsün⁴。《国音》单音ㄒㄩㄣ逊去。

⑦《广韵》息晋切,问也。告也。《集韵》思晋、须闰二切。《自迩集》:讯 hsin⁴ | hsün⁴。《国音》单音ㄒㄩㄣ逊去。

姓 118 hsing	骍 星惺 醒* 猩*煋①腥 — — 兴* 蜻② 饧* 馨*	刑邢 型形 — 行* — 陉 — — — 饧* —	悻③ 擤 醒* 省* — — — — — — —	幸倖 性姓 顖④ 行* 荇* 胫⑤ 杏 兴* — — —

①《集韵》桑经切,火烈也。
②蜻,向来只有精清从三母而无心母字音。而本表40ching 蜻无星号*,似不认同二字异读。
③《集韵》下梗、下顶二切,悻悻,很。怒也。俱匣母上声,今音当去声。《国音》即ㄒㄧㄥ幸去。
④《广韵》息晋切,《集韵》思晋切,俱臻摄开口三等心母字。《国音》二音:㈠ㄒㄧㄣ信去; ㈡ㄒㄧㄥ性去。《现汉》音 xìn。
⑤《广韵》胡顶、胡定二切,《集韵》音同。并音倖 hsing⁴《国音》音ㄐㄧㄥ竟去。《现汉》亦音 jìng。

学 119 hsio	— —	学* —	— —	削* 谑*

修 120 hsiu	休咻 庥貅 羞馐	囚*泅① 酋遒蝤② —	宿* 朽 —	宿* 鸺③ 秀莠④

714 语言自迩集

修脩	—	—	銹绣
—	—	—	鏽繡
—	—	—	峀褎
—	—	—	齈⑤

① 囚泅皆邪母字，今音声母有可能为 x-，如去声峀褎；又如囚（异读字表 120 HSIU：囚² | ch'iu².）。《国音》音ㄑㄧㄡ阳，《现汉》同，音 qiú。

② 苬蓫蟟，从或精母平声字，今音声母当为 q-、j-。《国音》苬音ㄑㄧㄡ阳，蓫蟟音㊀ㄑㄧ又囚阳；㊁ㄐㄧ又揪阴。《现汉》蓫蟟音 qiú；蟟，又音 yóu。《自迩集》统单音 hsiu²，或从南方官话音？

③ 当列阴平。《广韵》许尤切，《集韵》虚尤切，《国音》《现汉》音 xiū。

④《集韵》息救切，茶也。与以久切之荍（《说文》：禾粟下生草）为同形字，非异读关系。

⑤ 查"齈"无 hsiu⁴ 音。《康熙》齈：《广韵》《集韵》并四备切，音濞。《玉篇》喘息声。此齈，当是齅、嗅之讹。《广韵》许救切：以鼻取气，亦作嗅。《集韵》许救切，《说文》以鼻就臭也。

兄 121 hsiung	兄	雄	迥*①	夐
	凶兇	熊	—	—
	洶*	—	洶*	—
	訇胸	—	—	—
	芎②	—	—	—

① 迥，远也。《广韵》户顶切，《集韵》户茗切，并音夐。《自迩集》三音：chiung³, ch'iung³, hsiung³。《国音》音ㄐㄩㄥ窘上，《现汉》音同：jiǒng。

②《广韵》去宫切《集韵》丘弓切，芎䓖，香草。并音穹。直到《中原音韵》《洪武正韵》，仍是溪母。而今音 xiōng，当由溪母先变晓母再舌面化为 xiōng。《自迩集》所录，正是此音。

须 122 hsü	胥糈①	徐	栩诩	壻*婿
	虚*嘘	俗*	煦⑨	敘溆
	欻歔	醑*⑧	旭*	旭*
	须鬚	—	项⑩	序
	盨②	—	许	—
	恤*③	—	屿*⑪	恤*

卹*④	—	聚*⑫	卹*
宿*⑤	—	—	绪
需	—	—	续*
吁訏纡*	—	—	絮*
戍	—	—	—
呕*⑥	—	—	—
勗*	—	—	勗*
畜*	—	—	畜*
粟*	—	—	蓄
欻	—	—	—
夙*⑦	—	—	—

① 糈,糧也。《广韵》私吕、踈举二切;《集韵》新於、写与二切。此处合新於切。而《国音》（ㄒㄩ序上）和《现汉》（音 xǔ）则合写与切。

② 沟洫。《广韵》况逼切,《集韵》忽域切,音同。《国音》音ㄒㄩ蓄去,《现汉》(xù)音同。

③ 恎恤。《广韵》辛聿切,《集韵》雪律切,音同。《国音》音ㄒㄩ续去,《现汉》(xù)音同。

④《康熙》:《正韵》雪律切,音戌,与恤同。《国音》音ㄒㄩ恤去,《现汉》(xù)音同。

⑤ 星宿。亦宿留。《广韵》息救、息逐二切。《集韵》音同。《自迹集》五音:hsü¹, hsiu³, hsiu⁴, su², su⁴。《国音》三音:㊀ㄙㄨ速去;㊁ㄒㄧㄡ修去;㊂ㄒㄧㄡ修上。《现汉》同。

⑥《集韵》匈于切,悦言也。《史记》项羽呕呕。或作呴。《现汉 -5》呴音 xǔ,张口呼气。音义不同。此呕与呕吐之呕,属同形字,并非异读关系。《自迹集·异读表》有时将同形混于异读,如:呕 hsü¹ ∣ ou³, ou⁴。

⑦《广韵》息逐切。各韵书音切同。《康熙》:并音宿。

⑧ 醑,《广韵》他礼、杜奚二切,自来无 hsü² 音。而音 hsü 之醑,《广韵》私吕切,上声,与 hsü² 调不合。异读字表 122 HSÜ 列醑² ∣ t'i²,疑有误。

⑨《广韵》况羽、香句二切,上、去二声,温也。《国音》音ㄒㄩ许上,《现汉》去声 xù。

⑩《广韵》许玉切,颛顼,高阳敬氏也。又谨皃。《国音》音ㄒㄩ蓄去,《现汉》阴平 xū。

⑪《广韵》徐吕切,海中洲也。《康熙》音骨上声。《自迹集》又音 yǔ³。《国音》音ㄩ雨上。《现汉》音 yǔ（旧读 xù）。

⑫《康熙》:《唐韵》《正韵》慈庾切,《集韵》《韵会》在庾切,并徐上声,《说文》会也。《自迹集》又音 chü⁴。《国音》《现汉》并音 jù。

716　语言自迩集

喧	旋*	旋*	癣*⑥	飑⑦
123	漩*	漩*揎*④	—	—
hsüan, hsüên	璇*	璇*		
	儇嬛①	玄⑤	泫	炫
	眩*	眩*	—	眩*
	—	絃*		衒
	宣*	宣*	选*	选*
	喧揎	悬	—	楦
	萱喧諠	—	—	拘⑧袇⑨绚
	璿*	璿*		现
	轩*	—	—	陷*
	朘②			
	谖剶*③	—	—	剶*

①《广韵》许缘切,便嬛,轻丽皃。《国音》㈠ㄑㄩㄥ穹阳;㈡ㄒㄩㄢ轩阴;㈢ㄏㄨㄢ还阳。《现汉》单音 huán。
②《广韵》子泉切,缩朒;臧回切,赤子阴也。《国音》㈠ㄐㄩㄢ镌阴,剥削;㈡ㄗㄨㄟ醉阴,赤阴子,如"未知牝牡之合而~作",见《老子》。《现汉》juān、zuī。
③《集韵》荀缘切,削也。
④漩,《集韵》旬宣切,《说文》回泉也。揎,《集韵》旬宣切,引也。
⑤原字四画:玄,无最后一点,避康熙皇帝讳。
⑥据本表 116 hsien 补*。
⑦《集韵》旬宣切,风回也。《现汉》字简作旋音 xuàn:旋风。
⑧《集韵》翾县切,《博雅》击也。
⑨《集韵》翾县切,好衣也。

雪	—	学*	雪*	雪*
124	削*	揎*漩*①	削*	—
hsüeh	靴	—	血*	血*
	—	穴*矞②	岤*③	穴*

— — 薛*④ —

① 擨㨔，参见本表 123 hsüan, hsüên 注④。
② 《康熙》矞：又《五音集韵》况必切，熏入声。《玉篇》飞貌。所谓"熏入声"，即臻合三晓母物韵字，合音 hsüeh。《国音》《现汉》并音 yù。
③ 《集韵》雪律切,《说文》忱也。一曰鲜少也。
④ 《广韵》《集韵》并私列切，《国音》音ㄒㄩㄝ雪阴(入)。《现汉》音同。

巡	熏	循	—	汛*
125	勋曛	旬洵	笋*	迅*讯*
hsün	薰獯纁	恂峋	笋*	狥殉
	荤*①	珣荀	隼*	—
	—	询*	—	询*
	—	驯②	—	峻③
	—	巡	—	巽*
	—	寻*	—	训
	—	—	—	逊*
	—	—	—	潠

① 《广韵》《集韵》并许云切，臭菜。注：荤，薑及辛菜也。《国音》二音：㊀ㄏㄨㄣ昏阴；㊁ㄒㄩㄣ熏阴。
② 《广韵》详遵切，扰也。从也。顺也。《集韵》松伦切，《说文》马顺也。并平声。《国音》二音：㊀ㄒㄩㄣ巡阳；㊁ㄒㄩㄣ逊去(又读)。《现汉》音 xún。
③ 《广韵》私闰切，高也。长也。险也。峭也。速也。《集韵》须闰切，高也。又祖峻切，大也。《国音》《现汉》同音 jùn。

学	—	学*	—	—
126				
hsüo				

衣 127 i, yi	伊咿哂一	亦*奕*一*壹*	亦*一以苡	亦*奕*一*壹*
		夷姨		
		痍胰		殪懿
	宜*	宜*		宜*
		谊②	螘⑥	驲*⑧
		怡饴贻		弋
	伙*①	移		曳洩*
		颐*		
		疑		邑悒
		拟*③	拟*	浥*挹
		嶷	已	圯
	猗欹漪	益*	倚椅	益*
		—		溢镒隘*
				缢镒鹢
		倪猊		睨
	噫	輗霓鲵		意
		沂		亿忆
		涯*④		薏臆
	瘗*	遗*		瘗*
	繄	蛾*⑤		斁怿峄
	翳医	彝	苢	驿译绎
		匜驰迤	—	易埸
	—	—	尾*⑦	蜴剔⑨
	—	—	—	羿翊
	—	—	矣	翌熠翼

附 录 719

一	仪	舣蚁*	义蚁*议
衣*	—	—	衣*
依*	—	依*	裔
—	—	庡*	庡*
乙*	—	—	乙*
挹*	—	—	挹*
—	—	—	掖*⑩液*⑪
—	—	—	腋⑫袚⑬
—	—	—	艺呓
—	—	—	役疫*
—	—	—	毅
—	—	—	泄*⑭枻
—	—	—	乂刈
—	—	—	抑
—	—	—	佚
—	—	—	异
—	—	—	佾
—	—	—	逆*⑮
—	—	—	逸
—	—	—	诣
—	—	—	射*
—	—	—	语*⑯
—	—	—	肄
—	—	—	劓

① 乂不详。疑为"黟~县"之讹。
② 《广韵》《集韵》并宜寄切，去声。《现汉》亦去声。《国音》二音：㊀丨乂去；㊁丨宜阳（又读）。
③ 《广韵》鱼纪切，中古疑母字，近代或变零声母或变泥母。《自迩集》零声母和泥母两读。

下面的倪猊輗霓鯢睨等疑母字，此时只读零声母，后来改读泥母，其间有些字可能有零、泥母两读的过程（如下注⑮逆）。

④《广韵》《集韵》并鱼羁切，水畔也。又五佳切。

⑤《广韵》五何切，蚕蛾。又姓。《左传》晋大夫蛾析。《礼记》又音蚁（鱼倚切）。

⑥《广韵》鱼倚切，蚍蜉。《现汉》蚁（yǐ）之异体字。

⑦《国音》二音：㈠委；㈡以上。《自迩集》同：尾 i³ | wei³.《现汉》同。

⑧《广韵》人质切，驿传也。《自迩集》有异读：êrh⁴ | i⁴.《国音》：㈠日 去(入)；㈡ | 亦 去(入)。《现汉》单音 rì。

⑨ 义不详。

⑩《广韵》羊益切，持臂。又县名。又掖庭也。一曰正门之旁小门也。亦姓。《国音》三音：㈠ | 亦 去(入)；㈡ | 丗夜 去（㈠之语音）；㈢ | 丗耶 阴。

⑪《广韵》羊益切，津液。又姓，《急就章》有液容调。《国音》二音：㈠ | 丗夜 去；㈡ | 亦 去(入)（读音），今台湾地区正音仍是 | 亦 去。

⑫《广韵》羊益切，肘腋。《国音》二音：㈠ | 亦 去(入)；㈡ | 丗夜 去（语音。）

⑬《广韵》羊益切，被缝。

⑭《广韵》馀制切，水名，在九江。又音薛。

⑮《广韵》宜戟切，中古疑母字，《自迩集》零声母和泥母两读。

⑯ 指语流音变中的"语"：言语 (yen-yŭ → yüan-i)。参见第三章练习二十三答案2: 英译文注中有：言语一声儿 yen-yŭ i shêng-'rh，即让我知道。在北京，说 yen-yŭ 更接近 yüan-i。

染	—	然燃	染	—
128	—	髯	冉苒	—
jan				

嚷	嚷	壤*①	壤*①	
129	—	瀼	攘	—
jang	—	瓤	让*	让*
—	—	禳*②	—	禳*②
—	—	—	—	酿③

①《广韵》如两切，土也。《集韵》平上二音：如阳切，土也；汝两切，《说文》柔土也。

②《广韵》汝阳切，除殃祭也。《集韵》平上二音：如阳切，《说文》磔禳，祀除殃疠也；汝两切，祭名。

③《广韵》《集韵》并女亮切;《康熙》:《韵会》汝亮切,音讓。

130 jao	绕 娆 —	桡① 荛 —	饶 — —	遶* 绕* 扰	遶* 绕* 弱*②

① 中古日母平声字桡娆荛等字,进入近代读 jao 阴平,可能只有一段时间,到《国音》已经全部读阳平。《现汉》rāo 无字。

② 弱,中古藥韵字,近代早期北京话,从《中原音韵》可见,这类字的读书音为萧豪韵,口语音为歌戈韵。《自迩集》所反映的语音,仍属此"两韵并收"阶段,如:弱 jao⁴ | ni⁴, niao⁴, jo⁴.(ni⁴, niao⁴ 溺之通假)。《国音》音ㄖㄨㄛ 若去(入),进入或萧豪或歌戈单韵阶段。

131 jê, jo	热 — —	— — —	— — —	若* 惹* 恁*饪 仁 仍*② 纫* — —	热*若* 日*② 衽* 刃 仞 — 纫* 认 孕*③

①《广韵》人勺切,乾草。又,般若,出释典。又,房复姓。《国音》二音:㈠ㄖㄨㄛ弱去(入); ㈡ㄖㄜ 惹上;般若;蘭若。

② 义不详。

132 jên	人 — — — — — 纫*① — —	— 任* 妊 人 仁 仍*② 纫* — —	壬 — 衽* 恁*饪 — 仍* 忍 撚 —	荏 任* 衽* 刃 仞 — 纫* 认 孕*③

				椹④
				桵

①《康熙》:《广韵》女邻切,《集韵》而邻切,并平声。《自迩集》阴阳上三音。《国音》单音 ㄖㄣ 认去。

②《广韵》如乘切,《集韵》如蒸切,今音当 jêng²; jên 音可能是南方官话的影响?

③《广韵》以证切,《集韵》又石证切。中古音(曾开三证韵)变现代音(臻合三问韵),《自迩集》(孕 jên⁴ ｜ yin⁴, yün⁴.) 反映变化过程中的一段。《国音》音 ㄩㄣ 韵去。

④《广韵》知林切,鉄(铁)椹,斫木质(戮人用椹質)。《文字指归》:俗用为"桑椹"字,非。正字为"葚",《国音》㈠ ㄕㄣ慎去,桑之实。㈡ ㄖㄣ任去(语音)《现汉》音同。

扔	扔*	—	扔*	—
133	掷*①	仍*	仍*	—
jêng				

①《广韵》《集韵》并直炙切,投也。揸也。振也。可能是"扔"的假借字。

日	—	—	—	日*
134				
jih				

若	—	—	惹*	若*
135	—	—	—	箬
jo	—	—	—	热*
	—	—	—	弱*

肉	—	柔	—	肉*
136	揉*①	揉*	揉*	—
jou	—	蹂	—	—
	—	猱*②	—	—

①《广韵》耳由、汝又(平去)二切,《集韵》而由、忍九(平上)二切。

② 义不详。猱，《广韵》《集韵》并奴刀切,《国音》音挠阳，山名，在山东临淄县南。本表 231 nao 有猱*。

如	如*	如*	—	—
137	—	茹*	茹*	—
ju	—	—	入*	入*
	—	儒*	—	儒*
	—	嚅濡	擩*	擩*
	—	蕠襦	—	廿①
	—	—	汝	袽②
	—	—	乳*	乳*
	—	—	—	肉*③
	—	—	辱*	辱*④
	—	—	—	溽蓐褥

①《广韵》人执切,《说文》云：二十并也。今作廿，直以为二十字。《康熙》：《唐韵》人汁切,《集韵》《正韵》日执切，并音入。《国音》音ㄋㄧㄢ念去,《现汉》音 niàn。

② 义不详。袽，《广韵》田候切，祭袽。《集韵》大透切，祭福也。

③《国音》二音：㈠曰ㄨ入去(入); ❶谓动物体中柔韧之质，所以包骨骼者。❷谓蔬果除去皮核之部分。㈡曰ㄨ柔去(入); ❶(㈠之语音。) ❷物之圆形而中有孔者，如钱、璧之类，其外谓之肉，中谓之好。

④ 原作 ju²、ju⁴。据第三章 833. 辱 ju⁴、ju³，径改。

软	—	—	𩖐	—
138	—	—	蠕①	—
juan	—	—	软	—
	—	—	阮*	—

①《广韵》蝡，而兖切,《淮南子》曰：蠉飞蝡动。或作蠕。《集韵》乳兖切,《说文》动也。一曰狄号。或作蠕。

瑞	—	—	汭①	瑞*
139	—	—	芮②蚋③	锐*
jui	—	—	蕤*④	蕤*
	—	—	蕊蘂	睿*
	—	—	蕋	—

①《广韵》而锐切,《集韵》儒税切,并去声。《现汉》音 ruì。
②《广韵》而锐切,《集韵》儒税切,并去声。《国音》音ㄖㄨㄟ蕊上。《现汉》音 ruì。
③《广韵》而锐切,《集韵》儒税切,并去声。《现汉》音 ruì。
④《广韵》《集韵》并儒佳切,平声。《国音》《现汉》音同: ruí。

润	—	—	允*①	闰
140	—	—	—	润
jun				

①《广韵》余準切,《集韵》庾準切,并以母,信也。《国音》《现汉》并音 yǔn。但在北京话里至今仍能听到说"允许"音 rǔn xǔ。

绒	—	茸	揖*⑦	—
141	—	荣*①	冗	—
jung	—	荥*②濴*③	氄	—
	—	戎俄	—	—
	—	狨毹绒	—	—
	—	容*溶*榕*④	—	—
	—	蓉*镕*	—	—
	—	慵*⑤	—	—
	—	融*⑥	—	—

①《广韵》永兵切,荣华。又姓,汉有荣启期。中古云母字,近代变日母。《自迹集》正处变化过程中,故有零声母与日母之异读:荣 jung² | yung²。《国音》音ㄖㄨㄥ戎阳,已完成音变。
②《广韵》户扃切,小水也。又水名,在郑州。中古匣母字。近代音变过程中,可能受字形

影响而发生误读:《自迩集》荣 jung² | yung²。《国音》㊀ㄒㄧㄥ形阳;㊁ㄧㄥ蝇阳(又读。)《现汉》与同。

③《广韵》於营切,绕也。中古影母字。与"荣荥"等字情况相类,在音变过程中出现误读:《自迩集》萦 jung² | yung²。《国音》萦ㄧㄥ蝇阳,已完成音变。

④ 容溶榕蓉镕等字,皆中古以母字,近代变同日母。《自迩集》正处于以、日两读阶段。《国音》表明20世纪前半叶已经完成向日母的转变。

⑤《广韵》蜀庸切,嬾也。中古禅母字,而今音 yōng,《自迩集》阶段的异读"慵 jung² | yung²",到《国音》变为:㊀ㄩㄥ庸;㊁ㄧㄥ庸阳(又读。);再变为 yōng(《现汉》)。

⑥《广韵》以戎切,和也。朗也。《说文》:炊气上出也。又姓。中古以母,古"零声母"之一,变为今音 róng(《国音》已音ㄖㄨㄥ戎阳),当有一过程。《自迩集》之异读:融 jung² | yung²,也许正是这一过程之某一段。

⑦ 义不详。

嘎	嘎*	嘎*	嘎*	嘎*
142	—	—	—	噶
ka				

卡	卡*①	—	卡*①	—
143				
k'a				

① 後起字。《康熙》:《字汇补》從纳切,音杂。楚属关险地方设兵立塘谓之守卡。從纳切之卡,看来源自楚方言。而后方言或译音词之 k'a 音假借并"独占"了楚属之"卡"?

改	垓*①陔	—	改	蓋蓋
144	荄该	—	—	丐
kai	匃②	—	—	溉*概槩
	呃③	—	—	—
	街*	—	—	—
	劰④	—	—	—

① 垓,有异读。见本表32 chieh。当补*。《集韵》居谐切,坛级;柯开切,八极、九垓。

②《广韵》古太切,乞也。《集韵》居太切,《说文》乞也。逯安说:亡人为匃。或作丐。《国音》《ㄍㄞ盖去》,同"丐"。

③义不详。

④《广韵》古哀切,大镰。一曰摩也。

	开	开	—	凯恺垲铠	—
145	—	—	咳*①	—	
k'ai			慨		
			—		
			㮣*②		
			楷*		

① 咳嗽之咳,《国音》有异读:㊀ㄎㄜ刻阳(入);㊁ㄎㄞ慨去(读音)。《自迩集》异读字表159:咳 k'o², k'ê² | k'ai³。所见用例是 k'ê²,如谈论篇百章之四十三注1:咳嗽, k'ê²-sou⁴。咳嗽之咳的本字是欬,《广韵》苦盖切(去声),欬瘶。

②《广韵》苦爱切,当列去声。

甘	乾*	—	擀簳	榦
146	干	—	桿	旰
kan	杆玕	扦①	赶	—
	肝竿		敢橄	
	桙*	桙*	感	—
	甘	—	—	绀
	泔柑疳	—	—	—

①《广韵》侯旰切,以手扞。又卫也。去声。今音hàn。《集韵》又古旱切,以手伸物。上声。今作"擀"。《国音》㊀ㄏㄢ汗去,❶保卫…㊁ㄍㄢ赶上,同"擀",以手伸物,如扦麵。现代北京音系,塞音塞擦音不送气声母的阳平调一般不会有字(个别如"甭"字例外),《自迩集》这里"扦桙"二字可能是误排。

看	看*	—	㰠*① 坎	看*
147	—	—	砍欿②	勘

附　录　727

k'an	堪戡	—	侃*③	侃*
	刊*	—	刊*	瞰阚*
	龛	—	槛*	喊*④

①异读字表 147 K'AN: 吹³ ｜ ch'ui¹, ch'ui⁴. 今 "k'an³ 大山" 之 k'an³ 当年写作 "吹"？
②《集韵》苦感切，欿然，不自满足意。一曰欲得也。
③《广韵》苦旰、苦旱二切（上去二声），正也。
④《集韵》苦滥切，呵也。

刚	亢*①	—	—	—
148	扛*肛缸豇②	—	—	杠虹*③
kang	冈刚	—	岗	槓
	堽*④	—	堽*④	
	纲钢	—	—	—
	将*⑤	—	—	—

①《广韵》古郎切，星名。《国音》㈠丂尢康去；㈡巜尢钢阴。
②《广韵》《集韵》并古双切，豇豆，蔓生，白色。《国音》已经腭化：ㄐ丨尢江阴。
③《广韵》户公、古巷二切，最珍贵蜥蜴也。《国音》三音：㈠ㄏㄨㄥ红阳；㈡巜尢钢去；㈢ㄐ
　　丨尢绛去。
④《广韵》古郎切，瓮也。亦作瓨，今作缸。未见上声者。
⑤将，精母字，声母不可能变 k-。此 "将*" 当删。参见异读字表 28 CHIANG 注①。

炕	康	—	忼沆	亢*①伉
149	糠	扛*	慷	抗炕
k'ang				

①《广韵》苦浪切，高也。旱也。又姓。《国音》㈠丂尢康去；㈡巜尢钢阴。异读字表
　　95KANG 亢三音：hang² ｜ kang¹, k'ang⁴, 今存二音：háng, kàng。

告	高	—	槁皜①	告
150	篙膏	—	稿缟镐②	诰
kao	羔	—	槀藁	—

糕餻	—	夰	—
夲*③	—	—	—
櫜	—	—	—
皋④槔	—	—	—
崧⑤	—	—	—

①《广韵》下老切,《说文》白兔。《正韵》又古老切,义同。
②镐,常见音义为hào(~京)。《自迩集》所录kao³,当是"~头"之"镐"。这是从西方传入的一种挖土工具,故多称"洋镐"。镐kao³,新生词,不见于《康熙字典》。
③夲,《广韵》古劳切,皋陶,舜臣。古作夲夵。然与其九切之夲,非异读关系,*当删。
④《广韵》古劳切,高也。局也。泽也。又姓。今作皋。
⑤《康熙》:崧,《集韵》丘刀切,崅嶅,山峻皃。《字彚》与嶅同。嶅,《广韵》古劳切。译按:崧,《广韵》息弓切,通嵩;然而,嵩,并不通崅、嶅。《自迩集》大约是混淆了崧(嵩)和崅(嶅)两组字。

考	敲①*	—	焅*	焅*
151	尻	—	薧	犒
k'ao	—	—	考	靠
	—	—	拷*	拷*
	—	—	烤②栲	—

①《广韵》苦交切,击也。k'ao¹,可能是受南方官话影响形成的口语音。《国音》已不见此音。
②烤,后起字,《康熙》尚无而《自迩集》始见。《汉语大字典》有出处之用例是巴金《将军集·还乡》:"炙热的阳光烤着他瘦长的身子。"《广韵》燺(苦浩切,火乾)即今之烤字。《国音》:烤,音丂幺考上,烘于火使干暖或热。

给	—	—	给*	—
152				
kei				

刻 153 k'ei	刻*	—	—	—

根 154 kên	根 跟 觔*①	哏 — —	梗*② — —	艮 — 亘

① 百章之二十四注 2：觔 chin¹，严格地讲，跟 69 部首第"斤"相同；这里读作 kên¹：为什么 kên tou 的意思是"筋斗"，或跌倒，无法解释；常用，不论人、兽都用。《现汉》筋斗 jīn dou，又作跟斗 gēn dou。

② 义不详。异读字表 154 KÊN 有梗³｜kêng³.，当是 kêng³？受南方官话影响而产生的异读？

肯 155 k'ên	— — —	— — —	肯* 龈 恳	掯* — —

更 156 kêng	秔① 更* 粳 庚 賡鹒 胫 耕* 羹	— — — — — — — —	— 哽埂 梗*䋄 骾鲠 耿* 颈* — —	— 更* — — — — — —

① 《集韵》居行切，《说文》稻属。或作粳粳。《国音》秔：㈠ㄍㄥ耕₍阴₎。稻之不粘而晚熟者。㈡ㄐㄧㄥ京₍阳₎(语音)。粳、粳，音义并同。《现汉》又有两点变化:(1)单音 jīng，早年"读音"被"语音"取代;(2)米"黏性强"。2009 年版《辞海》尚存异读：jīng，读音 gēng。

坑	坑	—	肯*②	揩*
157	—	—	—	—
k'êng	倾*①	—	—	—
	铿	—	—	—
	硁	—	—	—

①《国音》三音：㈠ㄑㄧㄥ轻阴；㈡ㄑㄧㄥ擎阳（又读）；㈢ㄎㄥ坑阴。
②《国音》二音：㈠ㄎㄣ恳上；㈡ㄎㄥ坑上（又读）。

各	咯	各*	各*	各*
158	柯①	格胳	—	硌袼
ko, kê	哥歌	阁	舸	—
	搁*	搁*	哿*	—
	肐疙	鬲隔*	—	忔
	割	嗝槅膈	—	合*
	鸽	蛤	—	佮③
	—	閤*	—	閣*
	—	葛	葛*	搌④
	—	呃②	—	個箇
	戈*	革	—	—
	割⑤	—	—	—

①《广韵》古俄切，枝柯。又斧柯。又姓。
② 义不详。
③《广韵》古沓切，併，佮聚。《集韵》葛合切，《说文》合也。译按：今南北许多方言仍用之，如"一邻居""一伴"等。
④《集韵》居曷切，撧擖，揳木声。
⑤ 重复。当删。

附录 731

可	可*	可*	可*	疴齣①
159	坷*	—	坷*	恪咯
k'o, k'ê	珂苛*	—	喀	客
	哿*②轲	—	—	廓鞟
	科*	—	—	科*
	蝌	—	—	扩
	窠	—	—	—
	稞*	—	—	稞*
	髁颗	—	渴	课锞骒
	刻*	咳*欬	刻*	刻*
	颏*	—	—	去*③
	壳殼	榼	—	—
	磕	瞌*	瞌*	—
	—	—	—	克
	尅*	—	—	尅*
	—	—	—	阔*濶*④

① 《集韵》口简切，齣齫，齒皃。《汉语大字典》：用同"嗑"：齣瓜子。
② 《国音》㈠ㄍㄜ哥上；㈡ㄎㄜ可上。《现汉》单音 gě。
③ 方言里有 k'o, k'ê，然《自迩集》未见其例。
④ 据本表 179 k'uo 补"濶*"。

狗	勾	狗*	狗*	垢姤诟
160	拘①钩	—	枸苟	觳
kou	沟篝	—	耇	搆构
	緱*	—	—	媾遘
	—	—	—	购靚

① 《康熙》：《正字通》俗拘字。拘，《集韵》《韵会》《正韵》又居侯切，拥也。

口	剾①	—	口	叩
161	抠𧢲*	—	扣*	扣*
k'ou	芤②	—	—	釦
	摳③	—	—	寇蔻

①《广韵》恪侯切,剜里也。
②《康熙》:《玉篇》苦侯切《集韵》墟侯切,并音抠。《类篇》引徐氏《脉诀》云:按之即无,举之来至,旁实中空者曰芤。
③义不详。

古	古*	—	古*	—
162	估*	—	估*	估*
ku	咕沽	—	罟	故
	蛄姑	—	鼓皷	诂⑤酤⑥
	菇鸪	—	臌瞽	固涸*⑦
	呱*罛	—	梏①鹄②	痼锢
	孤菰觚	—	汩*	雇
	茹*	—	贾*	僱顾
	—	—	盬	—
	—	—	蛊	—
	—	—	股羖	—
	榖*	—	榖*	—
	穀*	—	穀*	—
	箍	—	—	—
	骨*	骨*	骨*	—
	辜	—	滑*③	滑*
	谷*	—	谷*	—
	—	—	哈④	—

①《广韵》古沃切,手械也,纣所作也。今音gù,去声。

②《集韵》姑沃切,《博雅》鸹鹎,鹊也。一说:小鸟,射之难中。古者画于射质,以中之为俊。
③《广韵》古忽切,滑稽,俳谐也。《国音》㈠ㄏㄨㄚ华阳(入);㈡ㄍㄨ骨上(入),滑稽,流酒器,以喻出口成章词不穷竭者;今用为可笑有趣之意。2009年版《辞海》同。《现汉》则是:
【滑稽】huá·jī(在古书中念gǔjī)。
④《广韵》古禄切,鸟鸣。又作啹。
⑤《广韵》公户切(上声),诂训。《集韵》又古慕切(去声),《说文》训故言也。引《诗》诂训。《国音》ㄍㄨ古上,注释,以今言解释古言。《现汉》亦上声。
⑥《广韵》古胡、胡五、昆互3切(平、上、去),酤酒。《自迹集》取去声。《国音》《辞海》《现汉》等皆定调阴平。
⑦涸之ku⁴、k'u¹二音,未见字书支持,亦未见《自迹集》用例。不知所自。

苦 163 k'u	枯骷 哭 矻 圣① 涸* 酷②喾③ 刳 袴*④ 堀窟	— — — — — — — — —	苦 — — — — — — — —	库 裤 — — — — — 袴* —

① 非"圣"的简体。《说文》:汝颍间谓致力于地曰"圣"。《广韵》《集韵》并苦骨切。
②《广韵》苦沃切,虐也。《说文》酒味厚也。中古清声母入声字,入声调消失而今调确立,多有一过程:《自迹集》时阴平,自《国音》定于去声:ㄎㄨ哭去(入)。
③《广韵》苦沃切,帝喾,高辛氏也。自《国音》定于去声:ㄎㄨ酷去(入)。参见前注②。
④《广韵》苦故切,《说文》胫衣也。同绔。该阴平音不知所据。

瓜 164 kua	瓜 呱* 抓① 刮	— — — —	— 呱* — —	— — 括⑤ 适⑥

聒*②	—	—	聒*	
颳	—	—	—	
鸹*	—	—	鸹*	
娲③蜗④	—	剐	卦	
䯄				
—	—	寡	挂掛	
—	—	—	褂罣	

①《广韵》古华切，引也。击也。
②《广韵》古活切，扰声。《国音》ㄍㄨㄚ刮阴（入）。《现汉》音 guō。
③《广韵》古华、古蛙二切，女娲，伏羲之妹。《国音》ㄨㄚ蛙阴。《现汉》音 wā。
④《广韵》古华、古蛙二切，蜗牛。小螺。《国音》三音：㊀ㄍㄨㄚ瓜阴；㊁ㄨㄚ蛙阴（又读）；㊂ㄨㄛ窝阴（又读）。《现汉》音 wō。
⑤《广韵》古活切，检也。结也。至也。《集韵》古活、苦活二切。《国音》二音：㊀ㄍㄨㄚ刮阴（入）；㊁ㄎㄨㄛ扩去（又读）。《现汉》二音 guā（挺括）；kuò（包括）。
⑥《广韵》古活、苦栝二切，疾也。《国音》二音：㊀ㄍㄨㄚ刮阴（入）；㊁ㄎㄨㄛ阔去（入）（又读）。《现汉》迗（适）音 kuò。

跨	夸①	—	—	胯
165	姱	—	—	袴*③
k'ua	誇*②	—	誇*	跨

①《广韵》苦瓜切，奢也。
②《广韵》苦瓜切，大言也。
③《康熙》衣部袴：《韵会》马韵通幢怜，祸韵通胯。《正字通》两股间曰胯，通作跨。袴，自是胫衣，必谓胯与袴同——无此事理。

怪	乖	—	夬	怪
166	唑①	—	拐枴	壞*②
kuai				

①字不见于字书。
②《广韵》古壞、胡怪二切，毁也。

附 录 735

快	—	—	擓①	快
167	—	—	擓②	筷駃④
k'uai	—	—	蒯③	块*
	—	—	—	哙

① 字书不见是字。疑是擓之讹。
② 擓，《广韵》苦淮切，揩摩。《集韵》或作㧓。擓，《国音》音ㄎㄨㄞ快上；《现汉》音kuǎi。
③ 《广韵》苦怪切，茅类。又姓。《国音》二音：㊀ㄎㄨㄞ快上；㊁ㄎㄨㄞ快去（又读）《现汉》单音kuǎi。
④ 《广韵》苦夬切，駃马，日行千里；又古穴切，駃騠，良马，生七日超母也。《国音》㊀ㄐㄩㄝ决阳；駃騠，……㊁ㄎㄨㄞ快去同"快"，如"駃雨东南来"，见元好问诗。《现汉》单音jué，駃騠。

官	官	—	捾④琯	贯
168	棺	—	管脘⑤	惯掼
kuan	懽①	—	舘馆	灌
	观*	—	—	观*
	鹳*②	—	—	鹳*②
	关	—	—	權⑦罐
	瘝鳏	—	—	—
	纶*	—	—	—
	冠*	—	—	冠*
	莞*③	—	筦	裸⑧
	—	—	盥*	盥*
	—	—	斡*⑥	丱

① 《集韵》沽丸切，忧无告也。
② 平声：《集韵》沽丸切，水鸟也。去声：《广韵》古玩切，鹳鸦鸟，射之则衔矢射人。《国音》单音ㄍㄨㄢ惯去。
③ 《广韵》古丸切，草名。可以为席。亦云东莞，郡名。又姓。又胡官切。
④ 《广韵》乌括切，取也。《集韵》又郢版切，义同。遍查字书，未见kuan音。

⑤《康熙》：脘，《集韵》古缓切，音管。胃腑（府）。《正字通》同"脘"。脘，《唐韵》古卵切，《集韵》古缓切，并音管。《说文》胃府也。《正字通》"胃之受水谷者曰脘，脐上五寸为上脘，脐上四寸即胃之幕为中脘，脐上二寸当胃下口为下脘。"下脘，《脉经》名"下管"。管，同"脘"。（李经纬等主编《中医大词典》2 版 [M] 北京：人民卫生出版社，2004，80 页）脘、腤，并音管。据《集韵》古缓切，《汉语大字典》定音 wǎn。

⑥《康熙》：《集韵》《韵会》并古缓切，音管。《集韵》鞌：《说文》毂端沓也。或作斡。

⑦《集韵》换韵，古玩切，木丛生，或作樌，通作灌。《广韵》作樌。

⑧《集韵》换韵，古玩切，《说文》灌祭也。或省（果），亦从水（渿），古作"祼"，通作盥、灌。

宽	宽	—	欵	—
169				
k'uan				

光	光	—	—	滉②
170	胱	—	—	—
kuang	诳*①	—	廣	逛

①《广韵》居况切，欺也。《集韵》音义同。《自迩集》kuang¹、k'uang² 二音。《国音》单音：ㄎㄨㄤ狂阳。《现汉》同。

②《康熙》：《广韵》胡广切，《集韵》《韵会》《正韵》户广切，并音幌。四书音韵地位相同：匣母荡韵上声，今音当是 huang⁴，去声《康熙》定上声（幌），《国音》亦标上声：ㄏㄨㄤ谎上。《现汉》定音去声：huàng。《广韵》胡广切，滉瀁，水皃。瀁，余亮切，水溢荡皃。今言"半瓶醋"既说 huàng dang 亦说 guàng dang。此 guàng 莫非《自迩集》所列 kuang⁴？

况	匡	狂	—	框眶
171	筐诳①	—	—	况*
k'uang	—	诳*	—	圹旷纩

①《广韵》渠放切，谬言。《集韵》音义同。去声《康熙》：又《字汇》今律为诳骗字，读平声。

规	妫	—	宄	贵愦④
172	归	—	轨	柜籄⑤

附　录　737

kuei	龟	—	癸	愧*⑥
	规	—	簋	—
	瑰*	—	鬼	瑰*
	圭	—	—	桂
	珪闺	—	—	会*⑦
	晷*①	—	晷*	刽侩桧⑧
	撌②	—	—	狯脍鲙
	鳜*③	—	—	鳜*③
	—	—	垝诡	跪
	—	—	—	刿

①《广韵》居洧切，日影也。又规也。
②《集韵》姑卫切，揭也。未见平声读法。
③《集韵》居遹、姑卫二切，并鱼名。
④《广韵》《集韵》并古对切，心乱也。
⑤《集韵》求位切，土笼也。
⑥《广韵》俱位切，《集韵》基位切，并见母。溪母 k'uei⁴ 为后起音。《自迩集》存新旧异读，《国音》丂ㄨㄟ溃去一读。《现汉》同。
⑦《广韵》黄外、古外二切，合也。《集韵》同。《自迩集》三音：会 kuei⁴ ｜ hui³, hui⁴.《国音》四音：㈠ㄏㄨㄟ惠去；❶聚合……㈡ㄏㄨㄟ毁上；一会儿；㈢丂ㄨㄞ快去；❶统计…㈣ㄍㄨㄟ贵去；会稽。《现汉》huì、kuài 二音，未标明"会稽"如何念。
⑧从会得声的"刽侩桧狯脍鲙"中古同为古外切，《自迩集》并音 kuei⁴。这组字音古今变化较大：(1)刽桧，今音 guì；(2)侩狯脍鲙，今音 kuài。《国音》已分成这样两组，第一组有异读：刽桧㈠丂ㄨㄞ快去、㈡ㄍㄨㄟ贵去（又读）；第二组侩狯脍鲙，单音丂ㄨㄞ快去。

愧	盔诙①	恢*②	—	匮蒉
173	亏	揆暌	—	篑馈
k'uei	—	葵骙	—	愧*
	—	窥③	傀	块*
	—	魁	—	馈
	—	奎	跬*	喟

		逵		
—	馗	—	—	
—	夔	—	—	

①《广韵》苦回切，该调。《国音》单音ㄏㄨㄟ灰阴。
②《广韵》苦回切，大也。《自迩集》有异读：恢 k'uei² ｜ hui¹；《国音》单音ㄏㄨㄟ灰阴。
③《广韵》去随切，今音当阴平。《国音》音ㄎㄨㄟ亏阴。《现汉》音 kuī。

棍	昆*崐*①	—	衮滚	棍
174	鲲鹍②	—	鲧	—
kuên, kun	裈②	—	—	—

① 昆崐二字《广韵》并古浑切，《自迩集》有异读：昆崐 kun¹ ｜ k'un¹。《国音》已是送气单音：ㄎㄨㄣ坤阴。
② 鲲鹍裈三字，《广韵》均古浑切，《自迩集》无异读。《国音》已是送气单音：ㄎㄨㄣ崑阴。

困	昆*崐*	—	捆	困
175	坤	—	悃*	悃*
k'uên, k'un	髡	—	稇綑	—
	阃*①	—	阃*	—
	壸*①	—	壸*	—

①《广韵》阃壸二字并苦本切，《自迩集》平声异读音不知所自。

工	工	—	焪② 駉③	—
176	功攻	—	犷④ 矿⑤	—
kung	红*	—	憬⑥	—
	弓躬	—	廾⑦	—
	公蚣	—	—	共
	供*	—	拱	供*
	龚	—	巩	贡

附　录　739

	恭	—	—	—
	宫	—	—	—
	肱	—	—	—
	扃①	—	—	—

①《广韵》古萤切,户外闭关。《国音》:㈠ㄐㄩㄥ迥阴;㈡ㄐㄩㄥ迥上。《现汉》jiōng。
②《广韵》古迥、户顶二切,《国音》ㄐㄩㄥ迥上。今同。
③《广韵》古萤切,骏马也。《国音》ㄐㄩㄥ扃阴。今同。
④《广韵》古猛切,犬也。《国音》ㄍㄨㄤ广上。今同。
⑤《广韵》古猛切,金璞也。《国音》"鑛"同"矿",有异读:㈠ㄎㄨㄤ旷去;㈡ㄍㄨㄥ巩上(又读。)
⑥《广韵》俱永切,远也。《国音》音ㄐㄧㄥ景上,与今同。
⑦《广韵》居悚切,《说文》竦手也。《国音》音ㄍㄨㄥ巩上,与今同。

孔	空*	—	孔	空*
177	崆	—	恐*	控
k'ung				

果	—	国	果猓③	啯
178	帼*	帼*	菓螺	—
kuo	蝈*	馘	椁	蝈*
	郭*	馘	郭*	—
	锅	椁*	椁*	—
	戈*①	—	—	—
	聒*②	—	—	聒*
	—	—	—	攉④ 鑊⑤
	过*⑥	—	—	过*⑥
	—	虢	裹	—

①《广韵》古禾切,干戈。《自迹集》戈 kuo¹ | ko¹ 异读。《国音》音ㄍㄜ哥阴,已同今音。
②《广韵》古活切,扰声。《自迹集》多音:聒 kuo¹ | kuo⁴, kua¹, kua⁴。《国音》音ㄍㄨㄚ刮阴(入),今《现汉》音 guō。

③《广韵》古火切,猓然,兽名。
④《广韵》居缚切,搏也。《国音》音ㄐㄩㄝ决阳,与今音同。
⑤《广韵》居缚切,《说文》曰大钼也。《国音》音ㄐㄩㄝ决阳,与今音同。
⑥《广韵》古禾切,经也,亦姓;古卧切,误也。《集韵》古禾切,《说文》度也,亦姓;古卧切,越也。《洪武正韵》经过之过,平声。超过、过失之过,去声。《自迩集》《国音》沿袭之。《现汉》始为单音 guō。

阔	—	—	—	阔*濶*
179	—	—	—	扩①
k'uo	—	—	—	鞟
	—	—	—	廓

①《集韵》阔镬切,张大也。或从郭(挪)。

拉	喇*	刺*	喇*	刺*
180	—	—	—	辣
la	—	—	—	臘蜡
	砬*	—	—	砬*①
	拉	—	—	落*

①参见异读字表 180 LA 注②。

来	—	来	—	徕睞
181	—	郲①莱騋②	—	贲
lai	—	—	—	赖濑
	—	—	—	癞籁
	—	—	—	砬*③
	—	—	—	糲④

①《广韵》落哀切,地名。《集韵》郎才切,城名。在荥阳县,东齐灭之。一曰蜀地名。亦姓。
②《广韵》落哀切,马高七尺。
③参见异读字表 180 LA 注②。
④《集韵》落盖切。砬之或体。

附 录 741

懒	—	阑	—	烂
182	—	拦栏	—	乱*
lan	—	澜兰		
	—	蓝	滥*⑥	滥*⑥
	—	燗*②	燗*②	—
	—	篮褴	擥览	缆⑦
鬣*①	鬣*①	揽榄	
	—	婪*	婪*	—
	—	銮*③鸾*④	懒	
	—	乿⑤	—	—
	—	岚	—	—

①《广韵》鲁甘切,鬣发疎皃。《集韵》发长也。《国音》单音ㄌㄢ蓝阳。
②《广韵》卢敢切,火燗。《集韵》鲁敢切,火焚也。
③《广韵》落官切,銮铃。合口韵。《自迹集》开合二韵。《国音》单音ㄌㄨㄢ鸾阳。
④《广韵》落官切,《集韵》卢丸切,鸟名。《自迹集》开合二韵。《国音》单音ㄌㄨㄢ峦阳。
⑤ 此字可疑,与本表 23 chi 之"乿"同形,但无异读记号。
⑥《广韵》卢瞰切,叨滥。泛滥。《集韵》又鲁敢切,渍果也。又作灠。《国音》㈠ㄌㄢ篮去; ㈡ㄌㄢ览上同"灠"。
⑦《广韵》卢瞰切,维舟。《集韵》维舟纽。同为去声。《国音》㈠ㄌㄢ滥去;㈡ㄌㄢ览上。《现汉》音 lǎn。

浪	—	琅	崀	浪
183	—	狼稂	—	—
lang	踉*①	踉*	朗*④	朗*④
	哴②	郎廊瑯	阆*⑤	阆*⑤
	榔*③	榔*③	榔*③	—
	—	螂		

① 踉,《广韵》三个音义组合:(1)跳踉也,吕张切,又音郎(鲁当切);(2)踉跄,行皃。鲁当切;(3)力让切,踉蹡,行不迅也。《自迹集》分作二组:(1)183 LANG 踉 lang¹ | lang²;

(2)190 LIANG 跟 liang¹ | liang²(无去声者)。《国音》三组：㈠ㄌㄧㄤ狼阳，跳踉，足乱动貌；㈡ㄌㄧㄤ良阳(㈠之又读。)㈢ㄌㄧㄤ亮去，踉蹡，行走不正貌，亦作踉跄。《现汉》二音：liáng、liàng。

②《广韵》鲁当切，哴吭，吹皃。《集韵》卢当切，号极无声曰哴吭。一曰儿啼不止。

③《广韵》鲁当切，桹梛。又，卢黨切，木名。《国音》单音ㄌㄧㄤ郎阳。

④《广韵》卢黨切，明也。亦姓。《集韵》里黨切，《说文》明也。亦姓。或从日(朖)，古作朤，亦书作朗。去声朖)，郎宕切，暴也。《国音》音ㄌㄧㄤ狼上。

⑤《广韵》鲁当切，高门。又卢宕切。《集韵》里黨切，爖阆，宽明皃；郎宕切，《说文》门高也。巴郡有阆中县。中古平上去三声。《国音》二音㈠ㄌㄧㄤ朗上；㈡ㄌㄧㄤ郎去(又读)《现汉》亦二音：láng、làng。

老	—	老*	老*	—
184	—	栳*①	栳*①	—
lao	—	劳*	姥*	劳*
	—	唠	—	涝
	捞*	捞*		
	—	痨*②	—	痨*②
	—	醪	潦*④	潦*④
		躒③	—	獠⑤
		牢		烙*落*
	—	—		络*酪*

①栳，柳器也。《广韵》《集韵》同音老(上声)。此处平声音未详所自。《国音》单音ㄌㄠ老上。

②《集韵》郎刀切，朝鲜谓中毒曰痨。又，郎到切，《说文》谓朝鲜药毒曰痨。一曰痛也。《国音》单音ㄌㄠ劳阳，肺或肠等部结核之慢性传染病。今亦单音láo。

③躒，《现汉》《汉语大字典》，音liào。《汉语大字典》义项有二：❶大步地跨。❷方言。跑。用例分别是曲波《林海雪原》、周立波《暴风骤雨》和刘白羽《火光在前》。《现汉》多一义项：偷偷地走开。《国音》未收是字。

④《集韵》鲁晧切，《说文》雨水大皃。又，郎到切，积水。《国音》㈠ㄌㄠ老去❶与"涝"通。❷㈢㈠之又读。㈡ㄌㄠ老上❶路上流水。❷雨大貌。㈢ㄌㄧㄠ辽阳❶潦倒。❷潦草。❸古水名，即今辽河。

⑤《广韵》落萧切，夜猎也。又知卯、卢皓二切。《国音》㈠ㄌㅣㄠ辽阳❶西南夷。❷凶恶。❸夜猎。㈡ㄌㄠ老上（㈠❶之又读。）

勒	嘞	—	—	肋*勒*
185	—	—	—	洛*①
lê	—	—	—	乐*

①《自迹集》有异读：洛 lê⁴｜lo⁴。皆开口韵。《国音》为合口韵：ㄌㄨㄛ落去。

累	—	累*①	累*	累*
186	缧*	雷擂	缧*	肋*脇*⑥
lêi, lei	勒*	—	儡④	儡⑦
	—	纍②	垒	擂③
	—	攂*③	耒诔	攂*③
	—	礧	磊	类
	—	蠃	蠹*⑤	泪*
	—	—	—	酹

①《广韵》二切：力委（上）、良伪（去）；《集韵》三切：伦追（平）、鲁水（上）、力伪（去）。皆合口韵。《国音》《现汉》皆三音，且同为开口：léi、lěi、lèi。

②《广韵》力追切，索也。亦作缧。又姓。《集韵》伦追切，《说文》缀得理也。一曰大索。一曰不以罪死曰纍。或作缧。

③《康熙》：《集韵》同攂。攂，《唐韵》《集韵》《韵会》并卢对切，音颣。急击鼓也。或作擂。又《集韵》卢回切，音雷。研物也。与攂同。译按：今作擂。研物、击鼓则音 léi，擂台则音 lèi。

④《集韵》鲁猥切，傀儡，木偶戏。或作儡编。

⑤《康熙》：《唐韵》《集韵》《韵会》并于贵切，音胃。《自迹集》三音：蠹 lêi/ lei³｜hui⁴，wei⁴，其 lêi/ lei³ 音，可能是依据《分韵撮要》之来母雖韵（陽上）：类也，易以其彙。《国音》单音ㄏㄨㄟ去。

⑥脇，义不详。

⑦《集韵》卢对切，极也。一曰重大而偏。

冷	崚倰①	凌*④	冷	棱⑤
187	稜*②	稜*②	—	—
lêng	睖*③	—	—	睖*③
	楞*②	楞*②	—	愣⑥

①《广韵》鲁登切,倰僜,长皃。
②《广韵》鲁登切,棱之俗体,同楞,四方木也。又威棱。又柧棱木也。《国音》稜,音棱阳,❶四方木。❷物之廉角。❸神威。楞,二音:㊀棱阳,同[稜]。㊁棱去,同[愣]。《自迩集》亦只见lêng²一音,例如:第三章练习十七480.棱,楞,lêng²,边缘,棱角。两个字形均可用。第七章187"稜角 lêng² chio²⁴"。
③《集韵》丑升、间承二切,睖瞪,直视皃。无去声者。然《国音》单音冷去,同[愣](❶呆貌)。
④《广韵》《集韵》皆只有三等音(今音即ling²)而无一等之lêng²。音lêng²之凌,《自迩集》全书亦无用例。本表195 ling 有凌音ling²,当增补*。
⑤字书韵书皆只见平声棱而不见去声棱。
⑥愣,后起字,《广韵》《集韵》及《康熙》皆未收。《自迩集》谈论篇百章之三十六注4有云:"愣lêng⁴,发呆;这个字,字典不承认。"《国音》是不是"承认"它的第一部字典?晚出的《汉语大字典》愣:同"楞"。引《三侠五义》《儿女英雄传》用例。《国音》愣:㊀ㄌㄥ冷去,❶呆貌。❷卤莽貌。❸率意而行,不加顾虑,如楞(愣)说、楞(愣)办。㊁ㄌㄥ棱阳,愣儿,犹言呆子,讥人初经某事,而茫无所解者。

立	哩*①	狸	里哩*	哩*
188	娌*	—	娌*	歷
li	貍*	貍*	俚理	曆呖
	—	沥*	裡裏鲤	瀝
	—	蔾	澧礼醴	枥雳
	李*	梨犁	李*	利俐
	—	—	履*⑦	唎猁
	莉*	—	—	莉*
	漓*	漓*	—	痢
	璃*②篱*	璃*篱*	—	立
		缡④魑⑤	—	笠粒

附录 745

—	离罹	—	苈蒞
—	瞿	—	飒*⑧
—	鳌	—	厉濿
—	犁⑥黎	—	疠砺
—	—	—	粝*励
—	—	—	栗慄
—	—	—	溧
—	—	—	力荔
—	—	—	戾涙*⑨
—	—	—	栎砾
丽*③	骊	迦	丽*⑩
鹂*	鹂*	蠡	俪
—	—	—	詈
—	—	—	吏
—	—	—	隶
—	—	—	例

①哩，《国音》三音：㊀ㄌㄧ梨阴，哩噜，言语不清貌。㊁ㄌㄧ里上，英里（mile）之略字。㊂ㄌㄧ梨轻，语助词。《自迹集》实际用例，与《国音》略有不同，多一去声：《汉语的度量衡》明示"里 li³, 或哩 (mile)"；谈论篇百章之五十二注3：胡哩吗哩 hu²-li⁴-ma¹-li³，忙忙碌碌的；胡哩吗儿的 hu-li-ma³-'rh-ti，也常用。本表188 "哩"当补上声一音。

②《自迹集》第七章188：玻璃 po¹ li¹……玻璃；璃 li¹ 本音 li²。译按：璃 li¹，当属语流变调。本表188之阴平诸字，除了"哩"之外，可能多是语流变调。《国音》除"哩㊀"外再无阴平字。

③《广韵》吕支、卢计二切，东夷国名。

④《广韵》吕支切，妇人香缨。

⑤魉，向无 li 类音，列于此，当属误排。

⑥犁，原书作犂，与前犂重。此处与黎并排，当是声符（称）相同。故径改。

⑦《广韵》力几切，践也。禄也。幸也。福也。《自迹集》有异读：履 li³ | lü³。《国音》㊀ㄌㄩ吕上；㊁ㄌㄧ里上（又读。）《现汉》单音 lü。

⑧《集韵》缉韵力入切,飒飘,大风。
⑨《集韵》霁韵郎计切,疾流皃。《淮南子》水溅破舟。
⑩ 麗,去声,《广韵》郎计切,美也。著也。又姓。

俩	—	—	俩*①	—
189				
lia				

① 俩(lia³),后起字,《康熙》未收。《汉语大字典》所列最早用例是《老残游记》(1903),晚于《自迩集》(1886)。

两	两*	—	两*	俩*③
190	—	魉*	魉*	辆
liang	量*	量*	—	量*
	—	糧	—	—
	—	良	—	—
	踉*	踉*	—	—
	—	蜋①粮	—	—
	—	梁*②	—	—
	梁*	梁*	—	—
	—	樑	—	—
	—	凉凉	—	掠*④晾⑤谅
	—	—	—	亮

①《广韵》吕张切,蛢蜋虫。一名蛣蜣。
② 原表无*,今据《勘误表》补*。
③《集韵》里养切,伎俩,功也。上声。此处去声之俩,当属误排。
④《广韵》力让切,笞也。夺也。取也。治也。
⑤ 晚起字。《康熙》:《字汇补》音亮。曬暴也。吕毖《小史》(译按:《明朝小史》):晒晾。

附录 747

了	撩	寮僚	燎*	燎*
191	—	潦*辽	—	疗②
liao	—	—	瞭*	瞭*
	—	—	了	—
	—	寥	蓼	廖
	—	—	—	略*撂
	—	料*	—	料*
	—	聊	—	掉*③
	—	唠①	—	—

① 《集韵》郎刀切，声也。《尚书大传》謌然作大唐之歌。或从口。但唠从来是一等韵，未见过齐齿音。
② 《广韵》本作瘵，或作疗。力照切，瘵病，《说文》治也。去声。《国音》阳、去二声：㊀ㄌㄧㄠ辽阳 治病；㊁ㄌㄧㄠ料去（又读）《现汉》单音 liáo。
③ 义不详。

裂	—	乜*①	捋*②	列冽烈
192	咧*	咧*	咧*	咧*
lieh	—	—	—	裂趔
	—	—	—	劣
	—	—	—	泐勒*③
	—	—	—	獵躐蠟

① 《广韵》弥也切，蕃姓。《国音》㊀ㄇㄧㄝ乜斜；㊁ㄋㄧㄝ捏去，姓。《现汉》同。多了一个泥母异读音。《自迹集》来母的 lieh，是"乜"曾经的另一异读音？
② 《广韵》郎括切，《集韵》卢活切，又龙缀切。龙缀切，来母薛韵，与"劣"音韵地位相同。《国音》三音：㊀ㄌㄜ勒去（入）；㊁ㄌㄩ屡上；㊂ㄌㄨㄛ萝。《现汉》存其二音：㊀ lǚ、㊁ luō。
③ 勒，《广韵》卢则切，《集韵》历德切，音同。《自迹集》四音：勒 lieh⁴ | lê⁴, lei¹, lo⁴。《国音》三音：㊀ㄌㄜ肋去（入）；㊁ㄌㄜ叻阴（之语音）；㊂ㄌㄟ雷阴（入）。《现汉》二音：lè、lēi。

连	连*①	连*	辇*③	—
193	—	琏*②	—	琏*②
lien	涟*	涟*	—	拣*④炼
	—	莲	—	楝练鍊
	—	裢縺	敛*	敛*
	—	慊鎌	脸*	歛
	—	廉濂	—	殓潋
	—	臁簾	—	恋*
	—	镰	—	—
	—	帘	—	—
	—	联	—	—
	—	奁	—	—
	—	怜	—	—

①《广韵》力延切，合也。续也。还也。又姓。《国音》二音：㈠ㄌㄧㄢ莲阳❶接，合。❷相续不绝。……❿姓。㈡ㄌㄧㄢ莲阴（㈠之❶❷语音。）《自迩集》二音，如上。《现汉》单音lián。

②《集韵》（1）陵延切，《说文》负连也。一曰连属。又姓。（2）力展切，《说文》瑚琏也。或从玉。通作连。《国音》二音：㈠ㄌㄧㄢ连上瑚琏，古祭器；㈡ㄌㄧㄢ连阳同"连"。《现汉》单音liǎn。但是，我们听到的好像都是阳平的lián，而且从未听人纠正要读上声。

③《康熙》：《广韵》《集韵》《韵会》《正韵》并力展切。人步挽车。又姓。来母。《自迩集》来、泥二母异读：辇lien³｜nien³。《国音》1921年版泥母单音：ㄋㄧㄢ年上。

④《广韵》郎甸、古限二切，拣择。《集韵》郎甸切，择也。又贾限切，《说文》分别简之也。从柬八（柬）。八，分别也。或从手（拣）。通作简。《国音》单音ㄐㄧㄢ简上。

林	—	林	—	—
194	—	淋*	—	淋*
lin	—	琳霖	凛*①	蔺躏
	—	临*	廪②	临*③
	—	邻鄰	懔	燐④

		嶙遴	檁	吝恡
		鳞麟	—	赁*⑤

① 《广韵》巨金、力甚二切，寒状。《集韵》力锦切，《说文》寒也。《自迩集》二音：凛 lin³｜ling³。《国音》单音 ㄌㄧㄣ 懔上。

② 《广韵》力稔切，仓有屋曰廪。《集韵》力锦切。《自迩集》二音：廪 lin³｜ling³。《国音》单音 ㄌㄧㄣ 凛上。

③ 《广韵》良鸩切，哭临。又偏向。又音林。《集韵》力鸩切，哭也。又，犁针切，《说文》临，监也。一说以尊适卑曰临。亦姓。《国音》二音：㊀ ㄌㄧㄣ 林阳 ❶居上视下。❷至。……❻姓。㊁ ㄌㄧㄣ 林去 众哭曰临。

④ 《广韵》力珍、良刃二切，鬼火。《集韵》同。《国音》单音 ㄌㄧㄣ 邻阳。《现汉》作磷，音 lín。

⑤ 《广韵》乃禁切，傫赁也。借也。《集韵》女禁切。俱泥母。《说文》傫也。又，如鸩切，以财雇物。《国音》二音：㊀ ㄌㄧㄣ 林去 ❶租。❷佣工。㊁ 曰ㄣ 任去（读音。）《自迩集》异读 lin⁴、nin⁴。今单音 lìn。

另	—	令*	—	令*
195	—	伶泠	领	—
ling	—	囹玲苓	岭	—
	—	瓴聆羚	—	—
	—	翎蛉舲	—	—
	—	铃零龄	凛*①	—
	—	欞灵	廪*①	—
	—	凌*陵	—	—
	—	菱绫	—	另

① 参见本表 194 lin 注①、注②。

畧	—	—	畧*①	—
196				
lio				

① 畧（略），中古来母藥韵字。近代入声消失过程中，各地方言多有不同表现，故于通用

语中异读音特多。《自迩集》异读字表列六音：畧 lio³ | liao⁴, lüeh³, lüeh⁴, lüo³, lüo⁴。本书第七章 196 略 lio：谋略 mou² lio⁴。此 lio⁴ 音不见得是"笔误"之类的。也许，正如 lüeh³, lüeh⁴, lüo³, lüo⁴，各有上声、去声一样，lio 也有上声、去声两读。又正如第七章 202 略 lüeh 所云"这个字何时读 lüeh 何时读 lio，很难说"，同样地，这个字何时读 lio³ 何时读 lio⁴，也很难说。故而，"略"之异读音，那个时候可能还不止七个。《国音》1921 年版单音为ㄌㄛ掠ᵖⁱⁿᵍ，1949 年版单音为ㄩㄝ掠ᵍᵒ。由此可知，从中古的离灼、力灼切，到 20 世纪 40 年代的 lüe，中间曾经历了相当长且复杂的演变过程。

留	—	流琉	柳	六*
197	—	旒硫	—	陆*
liu	鎏*①	鎏*	—	—
	嚠②	留	罶	
	溜*③	榴瘤	绺	溜*③
	遛*④	遛*	—	馏镏霤⑥
	—	飗骝鹠	—	碌*
	—	刘	—	—
	—	浏*⑤	—	浏*⑤

①《集韵》力求切，美金，谓之鎏。

② 晚起字。《汉语大字典》（一）liū 拟声词。引《红楼梦》用例。（二）liáo [嚠哓] 同"嘹亮""嘹亮"。引元曲用例。

③《集韵》力求切，水名。出鬱林。又力救切，《说文》水在鬱林郡。《广韵》力救切，水溜。《国音》二音：㈠ㄌㄧㄡ遛ᵍᵒ❶水下流甚急者。❷檐水下滴处。❸行列。㈡ㄌㄧㄡ流ᵞⁱⁿ❶私行，如他溜了。（此义项今亦作蹓，见《现汉 -5》liū。）❷滑，如溜冰。❸低落，如"价钱往下溜"。❹烹饪法之一，熟煮肴蔬而微浓其汁。（此义项今作熘。而熘，《国音》音ㄌㄧㄡ流ᵍᵒ，义同"馏"。）❺看，如"把女娘一溜"，见元曲选。

④《广韵》《集韵》并力求切，逗遛。平声。《自迩集》有阴、阳平异读：遛 liu¹ | liu²，《国音》则阳平、去声二音：㈠ㄌㄧㄡ流ʸᵃⁿᵍ，逗遛，亦作逗留，止而不进。㈡ㄌㄧㄡ流ᵍᵒ谓缓步而行。

⑤ 中古有平、上声异读：《广韵》《集韵》并力求、力久二切，水清。《说文》流清皃。引《诗》：浏其清矣。《自迩集》为阳、去异读：浏 liu² | liu⁴，《国音》1921 年版为阳、上异读而 1949 年版为阳平一读：ㄌㄧㄡ流ʸᵃⁿᵍ。

⑥《广韵》力救切,中雷,神名。《集韵》力救切,《说文》屋水流也。《国音》音ㄌ丨又流去❶檐水下滴。❷檐下承雨水之器具。

骆	㧟*①	—	㧟*①	乐*⑨
198	—	摞*②	瘰	摞*②
lo	—	螺骡	—	勒*
	—	罗	攞*⑤	攞*⑤
	—	倮啰	砢⑥	咯洛*
	—	萝逻	挊*	烙*落*
	—	箩锣	裸	络*酪*骆
	—	蠃③蠃④	蠃③蠃⑦	雒
	—	脶	氇⑧	荦
	—	覼	—	—

①《广韵》郎古切,《集韵》龙五切,并音鲁。房掠。或从手(㧟)。《自迹集》有异读:㧟 lo¹丨lo³。《国音》1921年版单音ㄌㄨ平声,1949年版二音异读:㊀ㄌㄨ鲁上㊁ㄌㄨㄛ裸上(又读。)今单音 lǔ。

②《广韵》落戈、鲁过二切,理也。

③《广韵》落戈、郎果二切,螺蠃。蒲卢。郭璞云:细腰蜂也。《国音》二音:㊀ㄌㄨㄛ裸上;㊁ㄌㄨㄛ罗阳,同"螺"。

④《广韵》落戈切,骡马也。同骡。

⑤《集韵》良何、郎可二切,拣也。裂也。《国音》1921年版平、上二音,1949年版单音ㄌㄨㄛ罗阴,提拢。

⑥《广韵》来可切,磊砢,石皃。《集韵》三切:(1)丘何切,石,次玉。同珂。(2)郎可切,众石皃。《说文》磊砢也。(3)吕下切,磊砢,石皃。《国音》1921年版平(逻)、上(觭)、上(马)三音;1949年版二音:㊀ㄌㄨㄛ裸上㊁ㄎㄜ颗阴砢碜,犹言寒碜,醜也,辱也。

⑦《广韵》郎果切,同裸。赤体。《说文》曰:袒也。

⑧《康熙》毛部:《字汇》郎何切,音罗,氇氇,西番绒毛线者,吐番贡霞氎,即今红氇氇。又《篇海》郎古切,音鲁,义同。《国音》ㄌㄨ鲁上,氇氇。西藏所出之一种毛织品。

⑨异读字表198 LO列五音:乐 lo⁴丨lê⁴, yao⁴, yo⁴, yüeh⁴。这实际上是"音乐""快乐"两个"乐"的异读音之和。《国音》列四音:㊀ㄩㄝ阅去(入)❶音乐。❷六经之一。❸姓。㊁ㄌㄜ勒去(入)❶喜悦快愉。❷笑。❸谓声色……㊂ㄌㄠ潦去(入)乐亭,河北省县名;乐陵,山东省县名。

㈣丨幺要去 谓喜好，如"智者乐水，仁者乐山"，见《论语》。《现汉》仅存二音：lè、yuè。实不足应用矣。

陋	—	娄*	嵝④	陋
199	㧺*	楼蝼	搂*	漏瘘
lou	—	镂*① 缕*② 髅	篓	露*
	—	薮③	—	

①《广韵》卢候、力诛二切，彫镂。《集韵》龙珠、郎豆二切，属镂。剑名。《国音》《现汉》并音lòu。
②《集韵》郎侯切，《博雅》：袒谓之褛。南楚凡人贫衣破谓之褛裂，或作缕。又，陇主切，《说文》线也。《国音》《现汉》并单音lǚ。
③义不详。《集韵》陇主切，寋薮，带器。然遇摄而非流摄，且是上声而非平声。
④《广韵》郎斗切，《文字音义》云：山巅也。《国音》音ㄌㄡ又楼上，山巅。

律	—	娄*①	掠*⑤	—
200	—	屡*②	屡*	—
lü	—	镂*	褛*	褛*
	—	—	缕*	
	—	闾	吕侣	
	—	廬*③ 驴*	撼⑥	虑
	—	馿④	旅膂	菉⑨绿*
	—	—	袽⑦	鑢⑩
	—	—	陆*⑧	
	—	—	履*	律

①《广韵》力朱、落侯二切，《诗》曰：弗曳弗娄。传曰：娄亦曳也。《自迩集》娄 lü² | lou² 二音。《国音》三音：㈠ㄌㄨ又楼阳 ㈡ㄌㄩ吕上 ㈢ㄌㄩ驴阳。而《现汉》仅存一音：lóu。
②《广韵》良遇切，《集韵》龙遇切，并音吕，数也。疾也。《自迩集》阳平 lü²，可能是"屡屡"连读音变？
③《集韵》(1)凌如切（三等鱼韵），《说文》寄也，秋冬去，春夏居。一曰粗屋总名。又姓。亦州名。(2)龙都切（一等模韵），《说文》积竹矛，秋戟矜也。《国音》单音ㄌㄨ卢阳。

④《康熙》:《正字通》俗驢字。《自迩集》有合、撮异读:驴 lü² | lu²。《国音》单音ㄌㄩ吕阳。
⑤《康熙》:《唐韵》离灼切,《集韵》《韵会》《正韵》力灼切,并音略。《广韵》《集韵》又并力让切。抄掠劫人财物。《自迩集》三音:掠 lü³ | liang⁴, lüo²。《国音》1921年版二音:ㄌㄧㄛ、ㄌㄧㄤ;1949年版单音:ㄌㄩㄝ略去。
⑥《康熙》:攎,又《集韵》鲁故切,抄攎,收敛也。或误作摅。《国音》攎,音ㄕㄨ舒阴,与攎已分割清楚。《自迩集》此处攎 lü³ 之音义殊难确认。
⑦《广韵》力举切,祭山川名。案:《论语》只作旅。
⑧《广韵》《集韵》并力竹切,《自迩集》异读三音:陆 lü³ | liu⁴, lu⁴。《国音》二音:㈠ㄌㄨ鹿去(入)(读音。)㈡ㄌㄧ又遛去(入)"六"之大写字,(语音)。六,㈠ㄌㄨ鹿去(入)(读音);㈡ㄌㄧ又遛去(入)(语音)。
⑨本表 205 lu 菉重出,依例各加*。《广韵》力玉切,菉蓐草。《集韵》龙玉切,草名。《说文》王刍也。引《诗》:菉竹猗猗。或从绿(藀)。《国音》二音:㈠ㄌㄩ律去(入),与"绿"通。㈡ㄌㄨ鹿(入)❶(读音。)❷草名,即荩草。《现汉》二音:① lù 734 页 lù[菉豆]见【绿豆】。② 731 页 lù 梅菉(Méilù),地名,在广东。与"荩草"已全无关系。
⑩原字误作"鋼"。字当从金间声。《康熙》引《集韵》《正韵》:良据切,音虑。《说文》错铜铁也。

恋 — 挛① 娈③ 恋*⑤
201 — 癵② 孌④ —
lüan

①《广韵》吕员切,挛缀。《集韵》闾员切,《说文》係也。又龙眷切,手足曲病。《自迩集》谈论篇百章之九十八注4:挛 lien⁴,指手指僵直:拘挛 chü lien。然而(1)本表 193 lien 并未收"挛";(2)未见 lüan 的用例。但《国音》1921、1949年版同有此异读:㈠ㄌㄩㄢ挛阳❶互相牵系不绝。❷拳曲不能伸。㈡练去(又读)。《国音》与《自迩集》"不约而同",值得注意。不过,变到今音 luán,还有一段距离。本表 201 lüan 组各字,不太合古今演变规律:(1)皆中古合口三等,对应今音应是撮口韵,可是,后来多数变合口(挛娈孌),也有变齐齿的(恋)。(2)"娈孌"等字,本为上声,今则阳平。来母合口三等其他字(如 lün/lun)亦有类似情况。
②此字多异体。《广韵》作癵,又作癴;《集韵》又有癴等,且"通作挛",闾员切,病体拘曲也。《国音》1921年版:癵,ㄌㄩㄢ挛平。1949年版:癴,与前音同:ㄌㄩㄢ挛阳。
③《广韵》力兖切,美好。《集韵》力转切,《说文》顺也。《国音》1921年版ㄌㄩㄢ去、上二读;1949年版ㄌㄩㄢ挛上一读,❶美好貌。❷顺。❸娈童,供人玩弄之美男子。

④《广韵》力究切,《集韵》力转切,音同义亦同:《说文》臇也。一曰切肉脔也。《国音》1921年版为ㄌㄩㄢ上声一读;1949年版二读:㈠ㄌㄨㄢ鸾阳;㈡ㄌㄩㄢ挛上(又读)。

⑤《广韵》力卷切(线韵去声),慕也。《集韵》龙眷切,慕也。《国音》1921年版为ㄌㄩㄢ去一读;1949年版为ㄌㄧㄢ去一读(练去),❶爱慕。❷执着不舍。❸姓。

挙	—	—	挙*	挙*
202				
lüeh				

抡	—	伦*崙*	—	—
203		囵*②	囵*②	
lün	抡*	抡*	—	
	—	沦纶*		
	—	论*	—	论*
	轮*①	轮*	—	—
	—	淋*③	—	—

①《广韵》力迍切,车轮。《国音》㈠ㄌㄨㄣ伦阳。㈡ㄌㄨㄣ伦阴。同"抡"㈡,元明小说戏曲中多用此字。

②后起字。《康熙》圙;《字汇》龙春切,音伦。圐圙也。圐,《字汇》呼骨切,音忽。《俗书刊误》:物完曰圐圙。与浑仑同义。《自迹集》合撮两呼、平上二声共四音:囵 $lün^2$ | $lün^3$, lun^2, lun^3。所见用例为上声。圐圙 $hu^2 lun^3$……大量地,不分好坏地;整个儿地吞下一个水果;一般发音为 $hu^2 lun$。(第七章207)《国音》两版本并单音ㄌㄨㄣ平声。

③《广韵》力寻切,以水沃也。《集韵》犁针、力鸠二切,平、去二声,义同:以水沃也。《自迹集》三音:淋 $lün^2$ | lin^2, lin^4。中古只有齐齿韵,《自迹集》出现撮口韵($lün^2$)。《国音》1921年版:ㄌㄧㄣ平、去二音;1949年版三音,跟《自迹集》一致:㈠ㄌㄧㄣ 林阳,❶以水沃之。❷一种生殖器病……❸淋巴管……❹淋漓,霑濡貌。㈡ㄌㄧㄣ 吝去❶滤。❷(㈠❷又读。)㈢ㄌㄩㄣ伦阳,谓雨水浇湿。《现汉》lín、lìn二音。值得注意的有两点:(1)淋(病),《国音》1949年版阳平、去声两读,《现汉》则归去声一读。(2)$lün^2$ 音怎么"来"的?又怎么"去"的?现代老北京话里经常听到却未见于字书的"别让雨 lun^2 着",这个 lun^2,怎么"来"的?又将怎么"去"?

略 204 lüo	—	—	—	晷*	晷*
	—	—	—	—	掠*
路 205 lu	落*①	路*③	—	—	路*③
	—	卢庐*	卤		赂辂潞
	—	泸垆	滷磠④		露鹭
	—	胪芦	—		六*⑤
	—	舻颅	—		陆*
	嗠②	轳*鑪	房掳		箓*禄辂*⑥
	—	驴*鲈	—		碌*绿*
	—	—	—		录籙
	噜	—	鲁		氇
	—	—	橹		鹿樚⑦
	—	—	—		漉簏麓
	—	—	—		勠僇
	—	—	—		戮谬*⑧

①《广韵》卢各切，零落。草曰零，木曰落。又始也。聚落也。《左传》注云：宫室始成，祭之为落。亦姓。《康熙》：又《唐韵古音》读路。《晋·庾阐吊贾谊文》"张高弦悲，声激柱落"，叶下濩韵。但此处落 lu¹ 为阴平，并非去声。不知所指是否同一。《自迹集》异读四音：落 lu¹ | la⁴, lao⁴, lo⁴。《国音》亦四音：㈠ㄌㄨㄛ洛去；㈡ㄌㄜ勒去（㈠㈢又读）；㈢ㄌㄠ漯去；㈣ㄌㄠ剌去。《现汉》亦四音：luò, luō, lào, là。

②《集韵》卢谷切，笑也。一曰鸟声。《康熙》音禄。《汉语大字典》音 lù。

③《广韵》洛故切，道路。《国音》新老版皆ㄌㄨ露去一音。《自迹集》多一阳平异读。然遍查《自迹集》，路之使用频率很高，却只见 lu⁴ 而未见 lu²。

④《集韵》龙五切，砂也。《国音》ㄌㄨ鲁上，磠砂，即硇砂。

⑤《自迹集》：六 lu⁴ | liu⁴。《国音》：㈠ㄌ丨又遛去（语音。㈡ㄌㄨ鹿去（读音）1979 年《辞海（修订稿）》读音已改为 liù，原读音"lù"则仅存于地名"六安"。《现汉》二音：lù，六安；六合。另见 liù。《现汉-5》仅一音：liù。

⑥ 本表 205lu 去声无辘字。疑此轳为辘之讹。
⑦《广韵》辘、轆、樚，卢谷切；辘轳。圆转也。《集韵》卢谷切，樚轳，井上汲水木。《国音》为ㄨ鹿去，樚轳，即辘轳。
⑧《广韵》靡幼切，误也。诈也。差也。欺也。《集韵》眉救切，《说文》:狂者之妄言也。《国音》1921 年版单音ㄇㄧㄡ去声；1949 年版有异读：㊀ㄇㄧㄡ缪去；㊁ㄋㄧㄡ纽去（又读）。《自迩集》之 lu⁴，或是谬(～磟)之讹？

乱	—	峦栾	卵	乱*
206	—	滦銮*鸾*	—	—
luan				

论	—	伦*崘①崙*	—	—
207	—	囵*	囵*	—
lun	—	抡*纶*	—	—
	—	论*	—	论*
	—	轮*	—	—
	—	棆*②	—	—

① 字左旁模糊，有三种可能:（1）似从由，然字书无是字；（2）若说从田作畣，《集韵》缕尹切，垒土。或从土（埨）。上声;（3）若说从山作崘，《集韵》龙春切，崘崐，山兒。又同崙，崑崙，山名。《国音》崘崙互为异体，同音伦阳。似以崘为是。
② 义不详。

龙	昽	龙	垄	弄*③
208	—	爖①珑	拢陇	—
lung	—	碦茏	—	—
	—	聋䎛②	—	—
	—	笼*	笼*	—
	—	隆	—	—
	—	窿*	窿*	—

①《康熙》:《玉篇》鲁红切，音龙，火也。

②《广韵》卢红切，㰍头。《集韵》卢东切，马被具。通作䮃。
③《自迹集》有异读四音：弄 lung⁴ | nêng⁴, nung⁴, nou⁴。《国音》亦四音：㊀龙去㊁农去㊂能去㊃㭝去。二者完全相同。《现汉》仅存二音：lòng、nòng。其实，㊂能去㊃㭝去二音仍在北京话和普通话中使用着。

	马	沫*抹	麻	马	㐰骂
209	妈*	蔴痳	吗*	祃②	妈*
ma	吗*	—	码祃②	—	
	摸*①	玛*	玛*	—	
	蟆*	蟆*	蚂	蚂*	
	麽*	—	麽*	—	

①《广韵》莫胡、慕各二切，以手摸也。亦作摹。《自迹集》：摸 ma¹ | mao¹, mo¹, mou²。《国音》三音：㊀ㄇㄛ莫阴；㊁ㄇㄠ毛阴(㊀之又读。)；㊂ㄇㄛ摩阳，同[摹]。《现汉》二音：mō, mó。《现汉-5》单音：mō。
②《康熙》：《唐韵》《集韵》《韵会》《正韵》并莫驾切，音骂。师旅所止地祭名。自古至今皆去声，且为 206 韵一去声韵韵名。《自迹集》列于上声，显然是错了。而去声衣旁之"祃"，从《说文》到《康熙》《汉语大字典》不见是字，十分可疑。"祃"的位置应该给"䄩"。

	买	—	埋*	买	卖
210	麦*	霾	—	麦*	
mai	—	—	—	陌*①貊	
	—	—	—	脉*	
	—	—	—	脈	
	—	—	—	迈	
	—	—	—	貘②	
	—	—	—	霡*③	
	—	—	—	蕒	

① 本表 224 mo 亦有陌⁴，据补 210 mai、224 mo 两处陌⁴异读记号。
②《康熙》：又，《唐韵》《集韵》《韵会》并莫白切，音陌，《说文》北方豸种。
③《康熙》：脉，《正字通》俗脈字。霡、霢亦属正俗字。故，本表 210 mai 之霡与 224 mo 之霢构成异读关系，当各补*。

慢 211 man	顢 — — — — —	瞞謾 — 漫* 蔓*① 谩馒 埋* 蛮	满 — — — — — —	僈慢 墁幔 漫* 蔓*① — — —

① 本条 man² 与 man⁴，不存在异读关系，* 当删。本表 211 man 蔓² 蔓⁴ 作为异读而进入异读字表 211 MAN。其实，蔓菁之"蔓²"，古今只有平声音；去声之"蔓⁴"，皆"瓜蔓""葛属"义（《广韵》无贩切，《集韵》增莫半切）。今"瓜蔓""蔓延"即如上二音，皆去声。可知，"蔓"既有异读又有同形，当分而治之：异读字表 211 MAN 之蔓² ｜ man⁴. 当改为：蔓⁴ ｜ wan⁴.；蔓 man² 与 man⁴、wan⁴，不存在异读关系。

忙 212 mang	— — — 茫*	忙 邙汒 芒*恾 肓*①汒* 鋩 龙厐	莽 漭蟒 — — — —	— — — — — —

① 肓，此处乃"盲"之讹。

毛 213 mao	摸* — 貌* 猫* —	毛 旄髦 — 猫* 锚 矛*茅蝥	卯 昴茆 — — — —	芼 眊耄 貌* 茂 冒帽媚 贸*

美	—	梅莓	每	妹昧
214	—	没*	美	昧魅寐
mei	—	眉郿	浼①	媚
	—	嵋楣湄	—	墨*
	—	枚玫	—	袂*
	—	媒煤	—	—
	—	蘪	—	—

①《康熙》:《唐韵》武罪切,《集韵》《韵会》母罪切,并音每。扬子《方言》:浼也。东齐海岱之闲或曰浼。《孟子》尔焉能浼我哉。浼,《说文》水浊不流也。通污。

门	们*	门	们*	们*
215	扪*	扪*	—	闷*
mên	闷*	亹	懑*	懑*
	—	—	悗①	—

①《集韵》母本切,废忘也。《庄子》:"悗乎忘其言。"一曰无匹皃。

梦	—	蒙	蠓	—
216	濛*	濛*	猛	孟
mêng	矇	矇	懵	梦
	懵*	盲*①氓	懵*	—
	—	虻甿	—	—
	—	萌盟*	—	—
	—	黾*	—	—

① 盲,此处当是"盲"之讹。《康熙》:又叶谟蓬切,音蒙。《老子道德经》:五色令人目盲,五音令人耳聋。

米	—	迷怽①	米	觅覔幎
217	眯*	谜*	眯*	谜*

mi	弥*	弥*	芈	宓*
	篾*	獮④瀰	艨⑤	密蜜
	—	麋	弭	汨*
	—	—	—	糸②
	—	—	—	袂*③

①《集韵》怵，緜批切，心惑也。或从迷。
② 原字误作"系"，今径改。
③《广韵》弥毙切，袖也。与本表214mei 的去声"袂"为异读字。
④ 獮，今简作狝，音 xiǎn，《康熙》：《广韵》《集韵》《韵会》并息浅切，音藓。《尔雅·释诂》狝，杀也。《释文》秋猎为狝。《注》顺杀气也。又《周礼·夏官·大司马》中秋教治兵，遂以狝田。本表116先第三声已见，且"獮"无 mi 音，此处当是"猕(獼)"之讹。猕,《广韵》武移切，猕猴。
⑤《字汇》母彼切，音靡。哺小儿也。

	喵	苗	杪眇	妙
苗	—	描猫	渺缈	廟
218				
miao	—	—	淼	庙①
	—	—	藐	—

①《康熙》：《字彙》俗廟字。

灭	咩	乜*	—	灭
219	—	明*①	—	搣②篾*
mieh				

① 义不详。
②《康熙》：《唐韵》《集韵》并莫结切，音蔑。《博雅》击也。一曰搣揳，不方正也。作事不方正曰搣揳，木不方正曰橵楔，人不方正曰儳偰。

面	—	眠	愐缅	面麵
220	—	棉绵	汅眄	丏麪
mien	—	—	免俛*	—

	—	—	勉娩*冕	—	
	—	—	瞑①	—	
	—	—	澠*	—	

① 本表220、221、222各有一"瞑"字。俱无异读标记。亦不见于异读字表。瞑,《广韵》莫经、莫贤、莫甸三切。《自迩集》ming³ 与《集韵》母迥(上声开口四等)切相合,而 mian³、min² 二音与中古音未有合者。"瞑"字在当时的读音,看来有点儿乱。《国音》亦三音:ㄇㄧㄥ明阳、ㄇㄧㄥ茗上、ㄇㄧㄢ面去,分别与莫经、母迥、莫甸切相合。今单音 míng。

民	—	民	泯抿	—
221	—	岷珉	愍	—
min	—	緍缗	—	—
	—	旻		
	—	闽①	闵悯	—
	—	黾*	皿*黾*	—
	—		瞑	敏	—
	—	脜*②	脜*②	—

① 闽,《广韵》武巾(音旻)、无分(音文)二切。皆平声。《自迩集》单音 min²。《国音》民阳、敏上二音。今则单音 mǐn(上声)。
②《广韵》武尽切,脜合。

名	—	名	皿*	命
222	—	茗铭酩	—	—
ming	—	明*盟*	—	—
	—	冥	瞑	—
	—	溟*	溟*	—
	—	蓂螟	瞑	—
	—	鸣	—	—

谬	—	矛*	—	谬*
223	—	眸*	—	缪*①
miu				

①《广韵》武彪切，诗传云：绸缪，犹缠绵也。《说文》曰：枲十絜也。又目谬二音。

末	—	—	—	末
224	—	—	邈	沫*妹
mo	麼*	麼*	抹*	抹*
	摩*	摩*	—	秣
	—	磨	—	磨*
	—	魔鏌	—	脉*䘑
	—	—	—	没*
	—	—	—	陌*①
	—	—	—	墨*嘿默
	—	—	—	万
	—	—	—	麦*
	—	—	—	蚂*
	—	—	—	霡*②
	摸*	模	—	莫*幙
	—	谟	—	寞膜漠
	—	—	—	幕*暮*
	—	—	—	慕*蓦

① 本表210 mai 有陌⁴，据补224 mo 陌⁴异读记号*。

② 《康熙》：脉，《正字通》俗脈字。霡、霢亦属正俗字。故，210 mai 之霢与224 mo 之霡为异读，各补*。

谋	—	谋	某*	茂*
225	—	拇*	拇*	贸*

mou	—	摸*	牡*	—
	—	矛*	亩*	袤
	—	鍪	—	瞀
	—	牟侔	—	懋
	—	眸*鉾	—	—
木 226 mu	—	没*	母	没*
	—	殁*	拇*姆	殁*
	—	模	牡*	莫*墓
	—	—	某*	暮*募
	—	—	姥*	幕*慕*
	—	—	妈*	木
	—	—	亩*	沐霂
	—	—	—	目苜
	—	—	—	穆
	—	—	—	缪*
	—	—	—	鹜
	—	—	—	牧
	—	—	—	睦
那 227 na	那*	拿	那*②	那*
	哪*	哎*①	—	内*抐
	—	挐	—	衲纳
	—	—	—	捺

① 《集韵》女加切，唠~，喧也；尼交切，《说文》謹声也。

② 原表此处的"那*"和(228 奶)上声"那*"皆当作"那*"（今疑问代词"哪 nǎ"）。今径补之。

奶	—	—	那'*	那*
228	—	—	乃奶	奈奈萘
nai	—	—	鼐*	鼐*
	—	—	妳①	耐
	—	—	廼	—

①《正字通》：俗嬭字。今统作奶。

男	—	难*	—	难*
229	—	南	捕	摊*①
nan	喃*	喃*	暖*煖*	—
	—	楠	—	—
	—	男	—	—
	—	俺*	唵*	—
	—	—	赧	—

①《康熙》：又《唐韵》奴案切，《集韵》《韵会》《正韵》乃旦切，并难去声，按也。

囊	嚷	囊	攮	儾
230	哝	—	壤*①曩	齉
nang	—	—	暖*煖*	—

① 义不详。

闹	挠*	挠*	恼	闹
231	—	铙	瑙脑	淖
nao	—	呶*①	嫐*	—
	—	猱	—	—
	—	猺*	—	—

①《集韵》女加切，唠一，喧也；尼交切，《说文》讙声也。

附 录 765

内	—	—	馁	内*
232	—	—	那'*①	那*
nei				

① 本表 232、233、234 中上声"那*",情况如同(本表 227 那),今亦径补之。

嫩	—	—	那'*	那*
233	—	—	—	嫩*
nên				

能	能*	能*	那'*	那*
234	侬*	农*浓*脓	—	弄*挵
nêng	—	狞	—	宁*泞

你	—	尼怩	—	眤
235	呢*	呢*	—	弱*
ni	—	泥妮	—	搦*①溺*
	—	—	旎	匿慝暱
	—	—	你	逆*
	—	—	拟*	㜷*
	—	—	聻②	腻

① 《康熙》:搦,《正韵》女力切,音匿。义同《广韵》之女厄切,捉搦也。本表 235 ni^4、244 no^4 之"搦"皆无异读标记。今径补之。

② 《广韵》乃里切,指物皃也。

娘	—	娘	—	—
236	—	孃	—	酿
niang	—	梁*①	—	—

① 梁 $niang^2$,脊背;正音是 $liang^2$。脊梁,口语语流音变成 $chi^2 niang^2$,见本书第三章 475.。

鸟	—	—	鸟*	尿*
237	—	—	蔦	虐*谑*① 疟*
niao	嬲	—	裊	弱*
	—	—	嫋	溺*
	—	—	杳*	—
	—	—	嬲*	

① 谑，向来只有晓母音。此泥母音及242之nio、247之nüeh、248之nüo等，不知所据。

捏	捏	呆*①	—	涅
238	捻*	—	—	捻*
nieh	—	—	—	聂蹑镊
	—	—	—	怩②
	—	—	—	臬*
	—	—	—	厭③
	—	—	—	孽*

① 默呆之一读，参见异读字表238 NIEH：呆² | yeh², ai¹, tai¹。
② 义不详。
③ 义不详。

念	拈*	拈*	捻*	念
239	—	粘黏	辇*撵	嚵谶
nien	—	鲇	碾辗*	—
	—	年	撚	—
	—	言*	趁*①	—
	—	涎②	—	—

①《康熙》：又《广韵》《集韵》并尼展切，音蹑，践也。亦作碾。
② 义不详。

附 录

您 240 nin	—	您	恁	赁*①

① 参见本表 194 lin 注⑤。

甯 241 ning	—	宁*	—	宁*
	—	咛	—	泞
	—	拧*	拧*	甯
	—	凝*	颟	佞
	—	—	—	虐*①

① 义不详。

虐 242 nio	—	—	—	虐*
	—	—	—	瘧*
	—	—	—	谑*

牛 243 niu	妞	牛*	忸扭*	䶉
	—	—	杻*纽钮	拗
	—	—	—	缪*谬*

挪 244 no	哪	那*	—	懦糯
	—	挪	—	—
	—	娜*	娜*	—
	喏	踔	诺	诺
	—	傩	—	讷
	—	—	—	搦*

耨	—	—	—	弄*
245	—	—	—	耨
nou				

女	衵①	—	女*	絮*②
246				
nü				

①《广韵》鱼韵女余切,《易》曰：繻有衣袽。
②《广韵》御韵尼据切,姓也。汉有絮舜。

虐	—	—	—	虐*
247	—	—	—	瘧*
nüeh				謔*

虐	—	—	—	虐*
248	—	—	—	瘧*
nüo				謔*

奴	—	奴	努	怒
249	—	孥	弩	—
nu	—	駑	呶*①	—

①《现汉》通"努",～着嘴；～了腰。另音 náo ～～。另参见本表 227 na 注①、231 nao 注①。

暖	—	—	餪①	—
250	—	—	暖*煖*	—
nuan				

①《广韵》乃管切,女嫁三日送食曰餪。

附 录

嫩	—	—	—	嫩*①
251				
nun				

①《广韵》《集韵》并奴困切。合口一等。今音开口 nèn。《自迹集》开合二音：nun⁴, nên⁴;《国音》与同，然明确标明合口已降为"又读"。

浓	—	农*	—	㨜①
252	侬*	侬*	—	弄*
nung	浓*	浓*	—	—
	—	脓*	—	—

①"㨜"与"弄"，可能是一对儿"小冤家"。口语中有一动词，文读 nung⁴ 白读 nou⁴。本无字，便借了来母的"弄"。现今字典词典承认这个"弄nung⁴"却还不承认那个"弄nou⁴"。《集韵》收有"㨜"字，乃豆切，音耨。与"弄nou⁴"同音。词义虽不甚相合（挃也），但毕竟也是个动词。于是"㨜"字被启用，且与"弄"字同时使用：这个词的文白异读，既可写作"弄"，亦可写作"㨜"。此种社会语用状况反映在本表，不是很完美：252 nung⁴"㨜弄"并列，而 245 nou⁴ 非但不并列，且只有"弄"而无"㨜"。

讹	—	俄峩	我*①	饿*
253	哦*	哦*	—	恶*垩
o	阿*	娥*莪	—	愕鄂*
	疴	蛾*誐鹅*	—	尊谔*鹗*
	—	讹*	—	厄呃*
	—	㕵	—	—
	—	额*	—	额*
	—	—	—	搕②
	—	—	—	遏
	—	—	—	鳄*
	—	—	—	罨③
	—	—	—	鏊④

①《国音》㈠ㄨㄛ窝上（语音）；㈡ㄜ阿上。
②《广韵》合韵乌合切，以手盇（盍,盖）也。
③《广韵》衣俭、於劫、乌合三切，乌网。
④《广韵》五割切，《集韵》牙葛切，并疑母曷韵。

偶	沤*	—	—	沤*
254	妪*①	—	呕*	呕*
ou	欧	—	熰	怄
	殴*	—	殴*	—
	瓯*	—	瓯*	—
	眍*②	讴鸥	—	敺
	绶*③	—	偶耦	—
	—	藕*	藕*	—

① 义不详。
② 眍，《广韵》乌侯切，深目皃。《集韵》乌侯、墟侯二切，目深皃。《自迩集》《国音》并
　k'ou¹、ou¹ 二音，《现汉》单音 kōu。
③ 义不详。

罢	八*	八*	—	—
255	叭扒*①	—	—	—
pa	巴吧	—	—	玐
	把*	—	把*	把*
	芭	—	—	爸杷*
	疤	—	—	坝②
	笆豝	—	—	霸
	捌	拔	—	壩灞
	拨*	魃	—	罢

① 本表 255 pa 与 256 p'a 之"扒"，当补 *。
② 原表作坝。《康熙》:《字汇》忌遇切，音具，堤塘。《正字通》讹字。按堤塘无坝名。译按：
　是"壩"字之简俗体"坝"。今径改。

附 录 771

怕 256 p'a	趴* — 咑① — 琶葩	趴* 扒* — — 杷*爬耙	— — — — —	— — 怕 帕 —

①《康熙》口部:咑,《正字通》咟字之讹。咟,《玉篇》与嘈同。嘈,《玉篇》《集韵》并胡麦切,嘈啧,叫呼也。或作咟。与此"咑"音不合。

拜 257 pai	擘* 擗 — — —	白* 帛* — — —	伯*柏* 百*栢* 摆 — —	稗 帛* 败 拜 愈

派 258 p'ai	捭* 拍 — — —	捭* 牌 俳排 抔① 菩*②	— — — — —	— 抓③ 派 湃 —

①《广韵》芳杯切,又《集韵》铺枚切,并音胚,义同。《康熙》:《唐韵》薄侯切,《集韵》《韵会》《正韵》蒲侯切,并音裒,手掬物也。今音 póu。然 286 p'ou 未收抔字。

②《说文》草名。《广韵》薄亥切,《集韵》薄亥切。

③抓,无"派"音。疑是"梔"之讹。梔,《广韵》匹卦切,《集韵》普卦切,并音派。藤属。蜀人以其木皮织布。

半 259 pan	班*斑* 般扳* 搬*②	班*斑* 瘢*① 蟹	板 版 —	叛*半 伴拌 畔绊

		颁*	颁*	—	扮
		—	—	—	办瓣*辩*

① 原表瘢无异读记号,据《勘误表》补*。
②《康熙》:擎字重文。音盘。又《字汇》今俗音般,作搬移、搬演字。

盼	扳*	磻	—	—
260	瘢*	蟠	—	—
p'an	番*潘	繙*	—	判*泮*叛*
	拚①	磐盘	—	盼*
	攀	瓣*	—	

①《康熙》:《集韵》孚袁切,与翻同,或省作拚。按《广韵》普官切,音潘,今俗沿讹,用为拌弃之拌。

帮	邦帮	—	绑	—
261	唧梆	—	榜	傍*谤*
pang	挷①	—	綁	判*泮*叛*
	幫	—	膀	蚌*
	—	—	髈*	盼*
	—	—	—	拚*
	—	—	—	棒

①《康熙》引《唐韵》《集韵》,并音谤平声,捍也,卫也,又并也。

旁	—	旁	—	—
262	磅	傍*徬①	谤*	—
p'ang	滂*	滂*	髈*	胖
	胖	徬膀螃	—	—
	—	逄*②	—	—
	—	仿*	仿*	—
	—	庞	—	—

① 《康熙》:《集韵》蒲光切,音旁,惶恐貌。
② 当是逢之讹。逢,《广韵》薄江切,《集韵》《韵会》并音庞。逢,《唐韵》《集韵》《韵会》并符容切。《颜氏家训》: 逢逢之别,岂可雷同?

包	包	雹*①	饱	刨*抱
263	苞胞*	麃*	保	鲍
pao	褒褒	—	堡*	鲍*
	剖*剥*	—	褓	—
	—	—	葆	—
	—	—	宝	—
	—	薄*	—	暴*瀑*
	—	—	鸨	曝爆
	—	—	—	报
	—	—	—	豹

① 本表283po 雹有异读,此处当补*。

跑	泡*	刨*咆	—	泡*
264	胞*	庖脬	—	砲
p'ao	—	炮*	—	炮*
	—	袍	—	礮
	—	跑*	跑*	虣①
	—	匏狍*麃	—	—
	抛	麀*嚤	—	暴*瀑

① 《说文》从虍省,各声。《康熙》音高或告。

北	卑	罴*	俾	佩*珮*①
265	碑	—	—	婢*裨
pei	—	—	—	倍焙
	—	—	—	僻*臂避*

陂	—	彼*	被
背*	—	北*	背*
悲	—	—	邶秕辈
—	—	—	贝狈贔*
杯	—	—	旆
盃栝	—	悑	—
—	—	—	备
—	—	—	俗
—	—	—	悖
—	—	—	蒲*

① 佩、珮二字，《广韵》《集韵》并蒲昧切，並母去声，然二字今同音送气的 pèi。《自迩集》之 pei、p'ei 异读，正是其中古音到今音的过渡。

266
p'ei

陪	—	—	佩*珮*
—	—	—	沛霈
—	陪	—	配
醅	培赔	—	辔
—	—	—	帔
披*	—	—	披*
—	徘裴	—	—
坯*①	坯*①	伾	—
坏呸	—	—	—
怌胚	—	—	—

① 非"壞"之简体。《康熙》：《广韵》芳杯切，《集韵》《韵会》铺枚切，《正韵》铺杯切，并音胚。《尔雅·释山》山再成曰坯。一曰山一成。又山名。《吴会志》大坯、小坯山，在洮湖中。

附录 775

本	贲*	—	—	—
267	—	—	本	笨
pên	奔*	—	畚	奔*
	锛䥽	—	—	逩
	—	—	—	夯①
	犇*	—	—	犇*

①《汉语大字典》夯,(二)bèn 笨拙。元郑廷玉《忍字记》第一折:"你这般胖,立在我解典库门首,知的啰是个胖和尚,不知的啰,[唱]则道是个夯神儿来进宝。"《红楼梦》第六十七回:"俗话说的,夯雀儿先飞。"

盆	喷*	盆	—	喷*
268	—	溢	—	体*①
p'ên				

①《广韵》蒲本切,《集韵》部本切,并盆上声。劣也。又麤皃。与笨同。《康熙》强调:俗书四體之體,省作体,误。《自迩集》则逆《康熙》而予以承认:体 t'i³ ｜ p'ên⁴。《国音》体,㊀ㄅㄣ笨去,同[笨]。㊁ㄊㄧ體上,[體]之简写。

迸	岬	—	—	迸
269	崩玸	—	琫	輂*
pêng	痭绷	—	蚌*	堋

朋	烹	朋	—	掽碰
270	漰	棚	捧*	輂*
p'êng	硼*	硼*	—	—
	—	痭	—	—
	—	鹏	—	—
	澎	彭膨	—	—
	怦砰	蓬篷	—	—
	—	芃	—	—

必	—	—	—	辟*
271	—	荸*②	壁*	壁
pi	—	鼻	—	薜嬖避*璧
	—	罴*	鄙*	鄙*
	—	—	—	畀婢*萆
	—	—	—	痹髀
	—	必*	—	必*
	—	—	—	毖
	—	—	—	閟
	—	—	—	愎*①
	—	—	—	毕跸
	—	—	彼*	诐
	—	—	—	敝弊蔽獘
	—	—	毙*	毙*
	—	—	比*	比*
	—	蓖	妣*秕	庇陛
	—	箅*	匕	箅
	逼	—	—	愊福
	—	—	—	闭
	—	—	否*	费*
	—	—	—	贲*
	—	—	—	贔*
	—	—	—	碧
	—	—	筚	弼

① 原表无异读记号，今据《勘误表》补。
② 与本表284 p'o "荸⁴"构成异读，今俱径补加"*"。

皮	—	—	辟*	辟*
272	僻*	—	擗癖	僻*
p'i	劈*	—	劈*	擗鼙
	霹*	罴*	鄙*	霹*
	闢*	陴裨	—	闢*
	—	脾鼙	—	譬
	—	—	圮	—
	—	—	疕	愎*
	匹*	匹*	匹*	—
	披*	皮	披*	—
	—	疲	—	—
	—	—	缶*	—
	批*	比*	批*	—
	—	枇	庀*妣*	屁
	砒*	砒*	狴	—
	—	琵貔	—	—
	—	—	否*痞	—
	胚坯	—	—	—
表	摽	—	—	鳔
273	嫖标	—	—	—
piao	飘	—	—	—
	杓*①	—	—	—
	麃*臕	—	表	—
	髟	—	俵*	俵*
	彪	—	嫖裱	—

①《广韵》甫遥切，北斗柄星。又音漂。但本表所列"杓*"之"异读"不是 p'iao 而是 shao。这就不是本来意义上的"异读"了。

票	—	嫖	—	票
274	漂*	瓢	漂*	漂*
p'iao	飘	—	膘	勲
	鳔	—	—	—
	—	—	殍	—

别	出*①	别	粃②	—
275	憋*	—	—	憋*
pieh	鳖	—	—	—
	蟞*龞*	—	—	—

① 义不详。
② 粃,《集韵》补美切,音比,穀不成也。《广韵》卑履切,音同比,字作"秕",糠秕。

撇	撇*	—	撇*	—
276	擎*	—	擎*	—
p'ieh	潎*	—	嫳	潎*
	瞥*	—	—	瞥*
	—	—	—	蟞*龞*

扁	蝙	—	扁*	徧遍
277	编鯿	—	惼匾褊	卞忭
pien	—	—	—	抃汳
	鞭	—	缏①	便*
	边笾	—	—	弁
	—	—	贬	辨辩*辫
	砭	—	—	变
	—	—	𨂂*②	

①《广韵》方典切,《集韵》补典切,并音匾。褰裳。
② 据异读字表 pien³ 骿与 p'ien² 骿为异读。

片	偏	—	扁*	翩
278	篇	翩	—	谝骗
p'ien	—	—	—	片
	—	便*	—	—
	—	骿*①	—	—

①《广韵》先韵部田切,四面屏蔽妇人车。

宾	宾滨嫔*	—	—	摈*
279	槟镔缤*	—	—	傧膑
pin	频*嫔*	—	—	殡鬓
	蘋*颦*	—	—	并*①
	彬	—	—	鬓
	斌	—	—	—
	—	—	禀*	—

① 并,《广韵》畀政切,当音 bìng。《自迩集》有 pin⁴、ping⁴ 异读。《国音》亦有此异读。而据 2003 年《汉语方音字汇》(第二版重排本)今北京"并合并"仍有 bìn、bìng 异读。这可能是受南方官话影响形成的异读。

贫	摈*	—	—	嫔*
280	缤*	—	—	牝
p'in	—	频*嫔*	—	聘
	—	蘋*颦*	—	聘*
	—	—	品	—
	—	贫	—	—

兵 281 ping	兵 梹 冰冰 — — 并* — —	— — — — 凭* — — — —	丙柄 炳 — 禀* 秉 — 屏* 饼	— 病 — — — 并* 併 並

凭 282 p'ing	— — — 娉* — — — — —	平 坪枰萍评 屏*瓶 俜 凭* 抨* 澪憑 缾 蘋*	— — — — — — — — —	— — — 娉* 聘*① — — — —

① 聘,《唐韵》《集韵》《韵会》《正韵》并匹正切,当音 pìng。《自迩集》《国音》皆有 p'in⁴、p'ing⁴ 异读。《现汉》单音 pìn。

波 283 po	波 玻* 菠* 白* — — —	— — 菠 白* 伯 泊 —	跛 簸* — — — — 柏*箔迫舶	— 簸* — 帛白* 伯 泊 —

附　录　781

—	铂*	—	铂*	
—	百*	—	百*	栢*
不*	博*	—	博*	
剥*	搏	—	—	
钵	膊*	—	膊*	
葧*	薄*	—	—	
饽*	脖①	—	饽*	
拨*	—	—	鏺*	
—	—	—	跋	
—	钹*	—	钹*	
—	驳	—	魃	
—	—	—	擘	
—	—	—	北*	
—	—	—	亳	
—	—	—	雹*	
嶓嶓*	—	播*	播*	

① 本表"脖"与287 pu"脖"重出而无异读标记。今二处径补"*"。

破 284 pʻo	坡	—	破*	破*
	玻*颇	—	—	—
	婆*	婆*	—	蔢
	扑*	—	—	扑*
	朴*	—	—	朴*
	—	—	—	拍
	珀*	—	—	珀*
	—	—	—	粕魄*
	掊	—	—	僕*撲*

			璞樸*	
—	—	—	匍匐*	
浡*①	—	—	勃*③ 浡荸*④	
泼	—	叵	—	
—	—	笸	—	
—	—	吙②	—	
—	嶓*		—	

① 浡,《广韵》蒲没切,並母没韵(入声),今音声母一般不送气音(po),但方言有说送气音的,如山西文水(p'o)。与本表 287 pu 之"浡¹"为异读,今径补加"*"。《异读字表》284 P'O、287 PU 当分别补加:浡¹|pu¹、浡¹|p'o¹。

② "吙"之讹。《集韵》吙,普火切,声也。

③ 勃,《广韵》蒲没切,並母没韵(入声)。本表 287 pu 有"勃¹"为异读,今径补加"*"。今音声母一般不送气音(po),然有若干方言今声母为送气音(p'-)。参见《汉语方音字汇》(2003 年第二版重排本)。《异读字表》284 P'O、287 PU 当分别补加:勃⁴|pu¹、勃¹|p'o⁴。

④ 荸,《篇海类编》蒲没切,与"浡、勃"同音。本表 271 pi 有"荸²",为异读,今俱径补加"*"。《异读字表》284 P'O、271 PI 当分别补加:荸⁴|pi²、荸²|p'o⁴。

不	不*①	—	—	—

285
pou

① 诗词用音。

剖	裒①	—	剖*	—

286
p'ou

①《广韵》薄侯切,《集韵》《正韵》蒲侯切。並並母平声。今音阳平。

不	晡逋	—	圃补舖*	赇
287	—	—	卜	步
pu	勃*渤*①	脖	—	悖愂
	拨*	—	北*	布佈
	—	—	谱*	怖抪
	—	—	—	簿
	—	僕*濮	襃*	埠*
	—	—	—	部
	—	—	—	瀑*

① "勃渤脖悖愂"音 pu 诸字，《广韵》蒲没切，《集韵》薄没切，并並母臻摄合口没韵入声，今北京皆音 po 而无 p'o、pu 音。然而武汉、成都、长沙等则多音 p'u 或 p'o，或 p'u、p'o 异读。故有一种可能可以预设：在入声消变过程中，这些字曾经从没韵变 -u 韵（谚解《老乞大》从明中 1517 年到清 1795 年没韵"不没饽脖"诸字左右音同为 -u，只是左音带入声标记，右音全舒声），后来再走向 -o 韵。在此过程中，有些字就会形成 -u、-o 异读，例如：没 mu^2 | mu^4, mei^2, mo^4，脖 pu^2 | po^2。变得快的如 283 po "饽"已然完成 -u、-o 异读到 -o 韵的演变：饽 po^1 | po^4。

普	—	葡蒲	浦	舖
288	—	—	—	舗*
p'u	铺*	—	扑*	铺*
	—	菩*	—	堡*
	—	—	普	—
	—	—	潽谱*	—
	—	—	溥	—
	噗撲*	匍葡	樸*	—

撒	撒*	撒*	撒*	卅
289	跋*	瞰	洒*	跋*
sa	靸*	—	灑*	靸*

	飒*	—	—	飒*
	三*①	—	—	—
	萨*	—	—	萨*

① 本书第六章第三十一段注7：三鼻子眼儿多出口气儿，俗语，指爱管闲事或过分殷勤的人。
注意："三"音 sa¹，不读 san。《国音》仨，ㄙㄚ灑阴，三个。

赛	—	—	—	塞*
290	撴*	—	—	撴*
sai	偲	—	—	赛
	摋*	摋*	—	—
	腮鳃	—	—	—
	筛*①	—	—	—

① 本表 305 shai 有筛¹，据补*。

散	三*	—	—	三*
291	叁	—	散*	散*
san	—	—	馓	—
	鬖	—	糁	—
	珊*①	—	伞	

① 本表 306 shan 有珊¹，据补*。

桑	丧*	—	—	丧*
292	桑	—	磉搡	—
sang	—	—	嗓颡	—

扫	慅骚	—	扫*	扫*
293		搔	—	—
sao	艘*①	—	嫂	噪

附　录　785

	臊*	—	—	臊*
	缫	—	—	燥*譟*
	—	—	—	篲*②
	—	—	—	颹*

① 本表 298 sou 有艘¹，据补*。
② 《说文》扫竹也。《广韵》徐醉切，帚也。此处可能是误读为"扫帚"的"扫"。

啬	嘶*	嘶*	索*	色*
294	说*	瑟*	—	瑟*
sê				啬
	—	—	—	穑濇*
	—	—	—	涩*
	—	—	—	塞*
	虱*	—	—	—
	蝨*蝨*	—	—	—

森	森*	—	—	—
295				
sên				

僧	僧	—	—	—
296				
sêng				

索	索*	—	索*	—
297	搂*	—	搂*	搂*
so	蹜*缩*①	—	縩鏒	槊*槊
	莎挲娑	—	琐锁	素*

唆*梭	—	—	嗾*②	
蓑	颐*③	率	蟀	
些*④	—	所*	数*	

① 本表 314 shu，蹜缩二字当补*。
② 本表 298 sou 有嗾³，据补*。
③ 义不详。
④《康熙》：又《集韵》桑何切，音娑，挽歌声。（述古堂影宋钞本：减也。）又同娑。逻些，吐蕃城名；又麼些、秃光些，皆少数民族。

搜	嗖搜	—	叟	瘦*
298	溲艘*①	—	嗾*②	
sou	馊飕	—	擞籔	薮
	蒐	—	—	嗽漱③
	挍	—	—	

① 本表 293 sao 有艘¹，据补*。
② 本表 297 so 有嗾⁴，据补*。
③《广韵》苏奏切，又音瘦（所祐切）。漱口。《国音》有文白异读：㈠ㄙ又搜去❶谓盪口……㈡ㄕㄨ树去（㈠❶之语音）。《现汉》单音 shù。

素	—	束*	—	束*
299	—	速*疎	—	觫速
su	俗*	俗*	—	素
	酥	宿*	—	宿*
	搬*①	—	—	蓿
	蔬*②	粟*	—	粟*慄
	甦	肃*	—	肃*
	苏稣	—	—	骕
	—	—	—	诉*
	—	—	—	所*

附 录 787

—	—	—	夙*	
—	—	—	窣	
—	—	—	塑遬愬	
—	—	—	述*術*	
—	—	—	续*	
—	—	—	谡	

① 义不详。
② 据本表 314 shu 蔬¹ 补*。

算	狻	—	—	算
300	酸	—	—	蒜
suan				

碎	岁①	隋*	—	啐*碎
301	睢虽*	随*	髓	粹淬
sui	尿*	—	—	—
	荽*	—	—	荽*
	绥	—	—	喙*
	遂*	遂*	—	隧燧邃
	—	—	—	彗*②篲
	—	—	—	穗繐
	—	—	—	祟

① 岁，向无平声读法。存疑。
② 《广韵》徐醉切，帚也。一曰妖星。又音岁。又囚芮切。

孙	孙	—	笋*	逊*
302	狲荪	—	筍*	巽*
sun	飧	—	损	噀

送303 sung	松淞	—	悚*竦	讼
	菘鬆	—	耸*	颂
	—	—	—	宋
	诵*	—	—	诵*
	憽①	—	—	送
	嵩	—	—	诉*

①《广韵》苏公切,惺憽,了慧人也。《集韵》苏丛切,了惠皃。

杀304 sha	沙砂	—	—	刹
	裟纱鲨	—	傻	厦*嗄
	杀*	—	耍*	—
	—	—	洒*	—
	—	—	灑*	灑*
	—	—	—	唼翣霎*①
	歃*	—	—	歃*
	煞*	—	—	煞*
	杉*	—	—	—

① 据本表 315 shua 补加*。

曬305 shai	筛*①	—	色*	洒*
	摋	—	—	晒
	—	—	骰	杀*
	酾	—	灑*	曬

① 本表 290 sai 有筛¹,据补*。

山306 shan	山	—	疝*	疝*
	埏*	—	闪	讪
	羴	单*	陕	单*①

—	—	—	墠
—	禅*	—	禅*
—	蝉*	—	鱓
—	—	—	善膳缮
—	苫*	—	苫*
煽	—	—	扇
讪*	—	—	讪*
搧	—	—	骟
羶	澶	—	擅
蟾*	—	—	瞻*赡
杉*衫	—	—	掞
掺*	—	—	—
删珊*②姗	—	—	栅
潸	—	—	—

① 原表无异读记号，今据异读字表 306 SHAN 第二声"单"补。
② 本表 291 san 有珊¹，据补*。

赏	商	尚*	—	尚*
307	—	晌*	扄①晌*	上
shang	—	常*嫦	饷	—
	裳*	裳*	赏	—
	伤	苌	—	—
	惕*	—	—	惕*
	殇觞	—	—	—

①"扄"之讹。扄，《康熙》:《玉篇》书掌切，音赏。户耳也。从户向声，与从户同声者有别。

少	焇捎	—	少*	少*
308	梢	—	—	—

shao	稍筲艄*	—	艄*	—	
	—	勺*	—	绍	
	飑*鞘	芍*钓*①	灼*杓*	—	
	烧	韶	—	劭邵哨*	

① 义不详。木勺为"杓"，金属勺为"钓"？

舌	瑟*	舌	—	舍	
309	—	折*	捨*	捨*	
shê	赊	佘	—	色*	
	—	蛇	—	射*麝	
	奢	阇	—	葉*	
	—	歙*	—	设	
	涉*	—	—	涉*	
	—	—	—	赦	
	—	—	—	社	
	—	—	—	涩*	
	—	—	—	赕	
	—	—	—	滠*	
	—	—	—	辄①	
	—	—	—	摄	

① 本表16 chê 辄⁴、309 shê 辄⁴皆无异读标记。异读字表亦未收"辄"。辄shê⁴，不知所据。

身	身	—	审*	审*	
310	申*	申*	潘*	潘*	
shên	伸呻绅	神	姉*	姉*	
	—	甚*	—	甚*	
	深	—	—	鬶①	
	—	忱	沈*	沈*	

参*	—	—	谂②	
蔘	—	—	渗	
葠	—	哂*	哂*	
诜駪	—	—	矧詵	
娠*③	—	—	慎	
莘*	—	—	朕*	
森*	曑*	—	曑*	
痒*	—	—	肾	

① 椹，桑葚。
②《广韵》式荏切，告也。谋也。深谏也。
③ 参见本表19 chên 娠 chên⁴ 补*。《国音》㈠ㄕㄣ申阴；㈡ㄓㄣ震去（又读）。

生	生	渑*	眚	盛*	
311	牲笙甥	绳	省*	乘*剩	
shêng	猩*①	—	—	圣	
	胜*	—	—	胜*	
	升	—	—	賸	
	昇陞	—	—	—	
	森*	—	—	—	
	声	—	—	—	

①《广韵》（一）所庚切，猩猩，能言，似猿，声如小儿也。（二）桑经切，《说文》曰：猩猩，犬吠声。又音生。

事	史*	十	史*	式拭	
312	尸	拾	使驶	弑试轼	
shih	屍鳲	什	屎	寺*	
	师狮蛳	时	豕	侍恃	
	饰鲥	埘	始	澨	

诗	蒔*	—	蒔*
颸*虱*蝨*	鰤	—	势
施	弛*	弛*	事
湜湿	石柘*	—	妬硕
螫*	世*	—	世*
匙*	匙*	—	贳
酾	寔	—	是湜褆*
筮*	實	—	筮*
噬*	食*	—	噬*
—	蚀	—	市柿
失	矢*	矢*	士仕
—	掖*	—	逝誓
—	射*	—	—
—	室*	—	室*
—	植*①	—	殖
视*	视*	—	视*
—	释*	—	释*
—	—	诋④	氏
—	识*	—	识*
著	—	—	嗜
—	—	—	啻②
—	—	—	似*
—	—	—	日*③
—	—	—	示
—	—	—	豉
—	—	—	適*
—	—	—	闠

				諡諡
				奭

① 据本表 36 chih、312 shih 增补*。
② 《康熙》:《唐韵》《集韵》《韵会》并施智切,音翅。《六书故》:啻,犹止也,犹言何止。今吴方言凡已词加一啻字,犹言不但已也。……又与適通。译按,"啻⁴"当移至本表 37 ch'ih。
③ 义不详。
④ 义不详。

手 313 shou	收	熟*①	手	受
	—	—	—	授绶
	—	—	守	狩
	—	—	首*	首*
	—	—	—	寿
	—	—	—	售
	—	—	—	瘦*
	—	—	—	兽

①《国音》㈠ㄕㄨ叔ᵃⁿᵍ(入);㈡ㄕㄡ收ᵃⁿᵍ(语音)。

书 314 shu	书	孰	署*	署*
	梳	塾熟*	暑	—
	疏*	—	曙薯	疏*
	蔬*①	—	蜀	恕
	觎输	—	所*	沭
	—	尤	黍	述*術*
	疎	束*	鼠	束*
	殊	茱*铢	数*	数*
	叔*	叔*	菽	婌

紓	淑	—	庶	
舒	屬*	屬*	竪豎	
殳	属	—	蹜*缩*②	
—	忝③	—	戍	
—	贖	—	倏	
—	銃*④	—	树	
—	—	—	嗾⑤	
—	—	—	墅	

① 据本表299 su 蔬¹ 补*。
② 据本表297 so 蹜缩二字当补*。
③ 有误，疑为"忝"（通"菽"）之讹。
④《康熙》:又,《集韵》昌六切,音俶,义同（《说文》:斤斧穿也）。
⑤ 义不详。

刷	刷	—	耍*	—
315	唰*	—	—	唰*
shua	雯*①	—	—	—

① 据本表304 sha 补*。

衰	衰*	—	—	帅
316	摔*	—	摔*	率
shuai				

拴	拴*	—	—	涮
317	栓*	—	—	—
shuan	闩*	—	—	—

双	双*	—	爽	双*①
318	霜	—	—	—

shuang	孀孇	—	—	—
①《国音》㈠ㄕㄨㄤ霜阴；㈡ㄕㄨㄤ霜去。

水	虽*	谁	水	悦
319	衰*	—	—	税说*
shui	—	—	—	瑞*①
	—	—	—	睡

① 《广韵》是伪切，禅母字。《自迩集》二音：shui⁴, jui⁴。南方官话方言声母有 s-、sh- 者，参见《汉语方音字汇》(2003 年第二版重排本)。《国音》单音ㄖㄨㄟ锐去。《现汉》单音 ruì。

顺	—	醇鹑*	盾*①	顺
320	—	犉②	楯	舜
shun	—	唇*	—	蕣瞬
	—	蓴③	—	—
	—	纯	—	—

① 参见异读字表 320 SHUN 注③。
② 《玉篇》似训切。牛行迟也。又《广韵》食伦切，《集韵》船伦切，并音唇。
③ 《广韵》常伦切，蒲秀。《集韵》殊伦切，《说文》蒲丛屯。一曰蒲中秀。

说	说*	勺*	所*	烁铄
321	—	芍*杓*	—	朔*搠
shuo	—	妁灼*酌*	—	嗍溯槊
	—	着*	—	欶*
	—	—	—	数*

丝	司	祠*	死	伺*笥
322	丝	词*	—	饲嗣
ssǔ	蕬鸶	辞*	—	俟

斯嘶	—	涘*	涘*①	
撕澌	—	—	竢	
—	—	—	巳祀	
思*	—	—	思*	
罳緦	—	—	似*姒	
私	—	—	四泗驷	
蛳*	—	—	食*	
—	—	—	寺*	
—	—	—	兕	
—	—	—	肆	
—	—	—	耜	
—	—	—	赐*	

① 原表涘³涘⁴遗异读记号，今补*。

大	达*	达*	—	大*
323	哒	—	—	搨蹋*
ta	挞*	—	挞*	—
	繨*	—	打	繨*
	答*	答*	—	—
	—	搭*	—	搭*
	刕*	刕*①	—	沓墥踏
	嗒褡	妲	怛	—
	—	—	—	逻

①《集韵》刕，德合切，绚也。绚，缠绳。同音字有"答嗒褡"等。

他	塌	—	—	榻
324	蹋*	—	獭*	獭*

附 录 797

t'a	他*①	—	—	傝挞*闼	
	—	搭	塔	—	

① 原表"他"遗异读记号,今据本表 350 t'o 补 *。

歹	恺①	—	歹	大*
325	獃*	—	—	代岱玳
tai	呆*	—	—	袋贷*黛
	—	—	—	带瘵
	—	—	—	逮
	—	—	—	迨怠殆
	—	—	—	戴
	—	—	—	待
	—	—	—	瑇

①《广韵》苦亥切,《集韵》《韵会》《正韵》可亥切,并音凯。康也。乐也。此处 tai¹ 音不知所自。

太	—	臺	—	太*
326	—	擡	—	汏
t'ai	—	台	紿	贷*
	胎	抬	—	忕
	苔*	苔*	—	泰
	—	駘	—	態①

① 原表作"熊"。"態"之讹。今径改"態"。

单	单*	—	—	掸*
327	郸殚	—	—	弹*惮
tan	禅*襌	—	担胆	旦但
	眈耽	—	亶	诞

	眈酖	—	—	啖淡
	丹	—	撢*	簞*
	擔*	—	擔*	澹*
	—	—	膽	檐
	苕*	—	苕*	—
	石*	—	—	蛋石*①
	—	—	—	噉

① 召,容量单位,1召为10斗。今统作石。

炭	撣*	撣*	—	—
328	探*	弹*鐔	忐	探*
t'an	贪	—	坦袒	
	摊*滩瘫	坛檀	—	嘆歎
	—	痰谈	菼毯	炭
	坍	覃*潭燂谭	襌	撢*
	—	澹*	—	—
	—	昙	—	—
	—	—	窞	

当	当*	—	黛	当*
329	珰裆铛*	—	挡谠	档
tang	—	—	党	宕*
	—	—	—	砀荡蕩
	盪*	—	—	盪*

汤	堂*	堂*	儻	—
330	螳*	螳*①	倘躺	—
t'ang	镗	棠膛	帑	宕*

附　录　799

汤	鍚*	—	—	烫
盪*	唐塘	—	—	盪*
踼*	搪糖	踼*	—	踼*
—	—	—	—	鍚

① 螳¹螳² 当补*。

道	刀叨*①	捣*	捣*	稻蹈
331	忉舠	—	岛	到
tao	朵②	倒*	倒*	倒*
	—	—	—	悼
	—	—	—	道导
	—	—	擣祷	帱
	—	—	—	盗
	—	—	—	纛*

① 叨，遗落异读记号，今径补*。
② 朵*，古今皆无 tao 类音，疑"扐"之讹。扐，《广韵》都牢切，《集韵》都劳切，并音刀，木心也。
　　与 349 to 朵* 非异读关系，删*。

逃	滔搯韬	逃	讨	套
332	叨*	桃鼗	—	—
t'ao	啕掏	淘陶	—	—
	萄*	萄*	—	—
	涛	梼	—	—
	絛	—	—	—
	夲①	—	—	—
	饕	—	—	—

①《广韵》土刀切，《说文》曰：进趣也。从大十。大十者，犹兼十人也。

得	叨*	得*	—	得*	
333	—	德*悳	—	德*	
tê					

特	—	—	—	忒*	
334	—	—	—	忑*	
t'ê	—	—	—	特	
	—	—	—	愿	

得	镝①	—	得'*②	—	
335					
tei					

① 音义不详。异读字表338 TI 未收是音。
② 得,"得"之讹。今补"'"。

等	登	—	等	澄*邓	
336	灯簦	—	戥	凳磴	
têng	—	—	—	瞪*蹬镫	
	—	—	—	瞠*	

疼	腾*	腾*	—	櫈*①	
337	—	誊滕藤	—	—	
t'êng	—	—	疼		

① 櫈,凳(336 têng⁴)之异体、异读(声调练习:板凳 pan³ t'êng⁴,凳 t'êng⁴,本音 têng)。今径加异读标记*。

低	低羝	嫡	坻	嚏*	
338	隄堤*提*	適*	底弤	適*	
ti	敌*	敌*	牴	—	

滴	镝*	邸	镝*	
的	抵*	抵*	—	
—	狄荻	诋	帝褅	
碑	翟*	蒂	缔谛	
—	籴*	籴*	殢*	
—	覿*	覿*	弟悌*娣	
—	邃*	—	睇*第	
—	迪	—	地	
—	笛	—	杕①	
—	涤	—	逮	
—	—	—	递	

① 《广韵》特计切,木盛皃。《集韵》大计切,《说文》树皃。引《诗》有杕之杜。

替	—	—	体*①	嚏*
339	—	堤*提*	體	—
t'i	剔	—	—	惕
	倜	褆*踶	—	薙
	—	题醍*	—	屉
	—	啼蹄	—	逖
	—	替*	—	替*
	—	羺*	—	殢*
梯	稊绨鹈	—	剃悌*	
睇*	—	—	涕苐	

① 参见本表 268 p'ên 注①。音 t'i 之体,当是體之简体(《国音》确认)。

弔	刁叼	—	鸟*	钓*
340	貂	—	—	吊铞

tiao	凋刵	—	—	佻*窕
	啁彤	—	—	调*
	雕鵰	—	—	掉*
	—	—	—	弔

挑	挑*	迢岧	挑*	眺
341	跳*	髫笤	祧	跳*
t'iao	佻*桃	条	—	窠
	—	蜩调*	—	—
	—	—	掉*	—

叠	爹	喋*	喋*	—
342	—	蝶*	—	—
tieh	—	碟*	碟*	碟*
	—	蹀*	—	蹀*
	—	堞牒谍	—	跕*
	—	睫*	—	凸*
	—	迭瓞	—	苜①
	跌*	跌*	—	軼②
	—	垤咥绖	—	—
	—	疊曡叠	—	𢶍
	—	耋	—	—

① 义不详。
② 軼,《广韵》:夷质切,车过,又突也。又同结切。

贴	—	—	—	喋*
343	怗	—	蝶*	—
t'ieh	帖*	—	帖*	帖*

	贴*	—	—	贴*
	—	—	—	呫
	—	—	蜨*	—
	—	—	铁*	铁*
	—	—	—	僣①
	—	—	—	饕

① 《康熙》：僣，《广韵》《集韵》并他结切，音铁。僣偒，狡猾也。《佩觿集》俗以僣偒之僣为踰僭之僭，非是。字表原作"僭"，今径改作"僣"。

店	—	—	跕*①	玷坫
344	—	—	点	店惦
tien	掂*	—	點	掂*
	滇填	—	典	填*窴*
	颠	—	—	佃甸钿*
	巅癫	—	—	淀*靛
	—	—	—	磹簟*
	—	—	—	电
	—	—	—	殿
	—	—	—	垫
	—	—	—	奠

① 《康熙》仅有《广韵》《集韵》《韵会》帖韵音，《国音》亦只有蝶音。现代之跕 diǎn，初假借跕 tieh⁴ 而令其有了异读音 tien³。《自迩集》较早反映了这一语音/文字现象。

天	添	—	忝	捵
345	天	—	舔	—
t'ien	—	恬甜	餂	—
	—	填*窴*	—	琪
	悿*	田畋钿*	悿*	—

		—	—	醏*	醏*
		—	—	䊲殄	—
		—	—	蜓	—
		—	—	靦	—
定 346 ting	丁叮 疔酊 — 钉*	— — — —	鼎 顶 — —	定淀*腚锭 挺 订 钉*	
聽 347 t'ing	汀𣏻 廷* 庭* 蜓* 霆* 梃 聼* 厅 听*①	廷* 庭* 蜓* 霆* 亭停 渟婷 — —	— 挺* 艇 — — — — — —	— 挺* — — — — 聼* — —	

① 《康熙》:《唐韵》宜引切。《集韵》拟引切。《说文》笑貌。又《集韵》鱼斤切,义同。《正字通》俗借为聼字省文。

| 丢 348 tiu | — | 吺*① | — | 吺*① | |

① 义不详。

多 349 to	多* — — — — — — — — — —	多* — 度* — — — 掇* — — — 铎 夺 —	— — — — — — — 朵① 垛 跢* 躲躲 — —	— 柂*鸵 度* 披踱 惰堕 驮* 掇* 啜褖* 剁 跢* 泽② 大* 咄*

① 原表朵*，* 当删。参见本表331 注②。
② 《集韵》达各切，格泽，星名。一曰妖气。一曰泽索，张掖县名。

妥 350 t'o	佗* 斥*①挓 托託 脱* 他* 拖 — — — —	佗* 柂*驼 陀沱 — 堶* 驮* — 锤③ — — 鼍	妥 — 庹 脱* 堶* 隋* — — — — —	佗* 杝 — 梲 蜕 拓 哪*② 唾* 魄* 橐 箨

①《集韵》闼各切，挥斥，放纵也。

② 义不详。
③ 疑是浾之讹。浾,《集韵》土禾切,《说文》河津也。在西河西。

豆	都*	—	斗*	豆
351	兜	—	抖蚪	荳
tou	挽	—	陡	痘逗
	—	—	—	篼饾
	—	—	—	鬥鬭
	—	—	—	窦
	—	—	—	读*

头	斗*①	投	骰③	透
352	头*②	头*	—	—
t'ou	偷	—	—	—

① 义不详。
② 义不详。
③ 译按,骰,《广韵》度候切,骰子。博陆采具。出《声谱》。今当音 t'ou²。本表列上声。《国音》㈠ㄕㄞˇ筛上(语音)㈡ㄊㄡˊ头阳(读音)。《现汉》博陆采具作"色子 shǎi•zi","有的地区叫'骰子 tóu•zi'"。

妒	都*	—	堵赌	—
353	嘟	—	睹靓	突*
tu	凸*	—	—	土*杜
	塗*	—	肚*	肚*
	纛*	毒*	殰	毒*
	—	读*	匵渎	碡*
	—	犊	犊	妬妒
	—	—	牍黩	蠹
	督*	—	笃	督*

	—	独*	—	独*	
	—	—	—	呐*①	
	—	—	—	度*渡镀	
	—	—	—	啄②	
	—	—	—	斀	

① 《广韵》呵也。当没切，又丁括切。
② 《广韵》竹角切，鸟啄也。又丁木切。

土 354 t'u	秃瘀 突* 脱*① 塗* 忑* 兔② 菟* — —	图 途荼 — 塗* — 酴 菟* 徒 屠	— — 土* 吐* — — — — —	唾* — — 吐* — — — — —

① 义不详。
② 兔，向属去声字。疑误列上平。第六章第三十九段注7：兔死狐悲物伤其类，兔 t'u⁴，兔子。即去声。

短 355 tuan	耑* 端 —	— — —	短 — —	段 煅缎 断

团 356 t'uan	湍 —	团 漙抟槫	痪*① —	彖 —

①《广韵》吐缓切,《集韵》土缓切,并音疃。痪瘓,病皃。瘓之"换"音,《康熙》无而始见于《自迩集》(huan⁴ | t'uan³ 异读)。《国音》单音"换去"。

对	堆*	—	—	碓
357	—	—	—	对
tui	—	—	—	怼*①
	—	—	—	兑锐*②
	—	—	—	队

① 据本表 72 chui 补*。
② 锐,《广韵》杜外切,矛也。又弋税切。

退	推*魋	—	腿	退
358	忒*	—	—	—
t'ui	太*	—	—	—
	颓①癞	—	—	蜕

① 原表有异读记号,今据《勘误表》删。

敦	敦	—	趸	燉*
359	惇*	—	—	盾*遁
tun	墩撴	—	—	沌囤
	蹲*①	钝②	盹	钝*
	—	—	—	顿

①《唐韵》《广韵》《集韵》《韵会》《正韵》并徂尊切,同音存。《说文》踞也。《自迩集》异读:蹲 tun¹ | ts'un²;《国音》文白异读:㈠ㄉㄨㄣ阴(语音);㈡ㄘㄨㄣ阳(读音)。《现汉》单音 dūn(所谓"另见 cún"词义已非"踞也"。)
② 义不详。异读字表钝之 tun⁴、t'un² 异读,与 tun² 无干。

吞	暾	燉*	—	—
360	吞	屯*迍	—	褪

t'un	—	—	—	—
	—	坉*① 魨	—	饨
	—	豚	—	遯
	—	臀	—	—

① 坉,向来只有 tun⁴ 一读,t'un² 异读？不详。

冬	东	—	董	冻栋
361	崠*	—	懂	崠*
tung	—	—	—	洞䂞*
	—	—	—	动働*
	—	—	—	燻①
	冬	—	—	—

① 燻,《康熙》单音许云切。疑有误。

同	—	同仝	—	—
362	—	恫桐	—	—
t'ung	痌*	痌*	—	衕*①
	通	筒*	筒*	恸*
	捅*	铜	捅*	痛
	—	—	桶	—
	—	—	统	—
	鏊	佟	—	—
	—	童	—	—
	—	僮潼	—	—
	—	瞳幢	—	—
	—	瞳艟	—	—
	—	彤	—	—

①《唐韵》徒红切《集韵》《韵会》徒东切,并音同。《玉篇》下也。亦通街也。又《广韵》

徒弄切，音洞。义同。《国音》《现汉》并音 tòng。由音同、音洞到音 tòng，《自迩集》乃一过渡：衕 tung⁴ ｜ t'ung⁴。

杂 363 tsa	咂 咋 紥 臢* —	帀 砸 偺* 揌① 雜	咱* — — — —	匝 — — — —

① 《康熙》无是字，疑是"襟（雜）"字。

擦 364 ts'a	擦 礤	— —	— —	— —

在 365 tsai	在 哉栽 灾災 跌*①	— — — —	宰 — 载* 仔* —	在 再 载* — —

① 疑似"栽跟头"之"栽"的假借字。抑或，"栽跟头"之"栽"是跌（tsai）的假借字？见异读字表 342 TIEH 跌 tieh¹ ｜ tieh²，tsai¹。

才 366 ts'ai	才 — 猜* — —	— 材财豺* 栽 纔 —	才 採綵 猜* 跐* 跴①	采彩 菜 蔡 — — —

① 今"踩"字异体。《康熙》未收"踩"而有"跴"，但音义与今不同：《篇韵》音葵，跳也。又音歹，义同。《国音》跴专ㄘㄞ上❶以足践，如"你把我的帽子给跴坏了"❷引申用之，如言跴访、跴缉，亦取践迹之义。《国音》无踩字。《现汉》踩（跴）。

赞	簪*	咱*	—	赞
367	—	—	攒*	攒*
tsan	—	—	趱*	瓒*
	—	偺*	拶*	揝
	—	—	—	賺*
	—	—	—	暂*鏨

惭	参*	蚕	惨	謲
368	糸	诶*	黪	傪*
ts'an	骖	—	—	粲
	飡殘餐	—	灿*	灿*
	—	残	—	栈*
	—	惭*	惭*	讖*

葬	臧赃(贓)①	偺*	—	藏*
369	臟*	喒	—	臟*
tsang	賸*②	咱*	—	葬
	髒*	—	髒*	髒*
	牂	—	—	—

① 原书误作"臟",与本组"臟*¹、臟*⁴"重。今径改为"贼(贓)"。
② 原作臢,今据《勘误表》改。

仓	仓	藏*	—	—
370	伧沧	—	—	—
ts'ang	苍舱	—	—	—
	锵*	—	—	—

早 371 tsao	遭鄛 糟蹧 — — —	凿* — — — —	早 澡藻 蚤 枣 — —	皁*皂 懆燥* 譟*躁 造* 灶 竈
草 372 ts'ao	嘈 操* —	曹漕 槽蠐 —	皁* 草 騲	— 操* 造*愺糙
则 373 tsê	— — — — — — — — — — — — — —	责* 择* 擇泽* 宅* 则* 贼* 磔 — — — — — — —	— — — — — — — — — — — — — —	责* 啧帻 — 侧* 厕 贼* 蟨 戢 摘*谪* 窄*蚱*舴 仄*昃 拙* 輟* 这* 椊 翟 栍

策 374 ts'ê	欣*①	—	—	坼*拆*
	—	—	—	策
	—	—	—	册*
	铡	—	—	侧*恻测
	—	—	—	筴*

① 义不详。𢾅之讹？《集韵》耻格切，音坼。𢾅皱也。

贼 375 tsei	—	贼*	—	—

怎 376 tsên	参*	—	怎*	这*
	—	—	—	譖*

参 377 ts'ên	参*	岑	顉	榇*
	蓁	浠	硶*	衬*瞡
	—	—	—	龀
	—	—	—	讖*

增 378 tsêng	曾*	—	怎*	—
	憎*	—	—	憎*
	增	—	—	—
	甑*	—	—	甑*
	曾①曾缯	—	—	赠
	—	—	—	这*
	—	—	—	综*

① 义不详。曾的异体？

层 379 tsʻêng	蹭* — — —	曾* 层 嶒 丛*	— — — —		蹭* — — —
作 380 tso	鹺* 作* 咋 — 撮*	— 作* 昨* 凿* —	— 左 佐 拶* 纔		— 作*①酢 阼*怍*柞 坐座 纔 做* 啜 歠 攒

① 据异读字表 380 TSO 补*。

错 381 tsʻo	搓磋 蹉 — 蹉* 撮*	嵯瘥 鹺* 矬 — 撮*	— — — — —		厝*措* 错 剉挫脞 蹉* 撮*
走 382 tsou	陬緅 诹鲰 租* 骤* 邹掫 诌驺	足* 卒* 族* — — —	走 — 阻* 祖* — —		奏 做* 甃 骤* 皱绉 —

附　录　815

湊	—	—	—	湊輳
383	麤*	—	—	醋*
ts'ou	粗*	—	—	簇*
祖	租*	卒*	爼	倅*啐*
384	趡*	足*	阻*祖*	摔殈阻*
tsu	—	—	組诅*	做*
	—	—	—	祚阼*昨*
	—	—	—	蹴*
	—	—	—	蹙
	—	族*	—	簇*镞
	—	—	—	踧
粗	粗*	—	—	猝崒踤
385	皻	—	—	促
ts'u	麤*	—	—	厝*措*
	—	—	—	错*醋*
	—	—	—	蹴*
	—	—	—	㯟
	—	—	—	蔟
揝	钻*	—	钻*缵	钻*
386	—	—	鐏*①	揝
tsuan	—	—	醔	—
	—	—	纂	—
	—	—	熽	—

① 本表 390tsun 有鐏¹，与此鐏³ 皆无异读记号。《集韵》魂韵祖昆切，戈戟底。又缓韵祖管切，戈柄下铜。典型的异读，当补*。

窜	揌*	攒*	—	竄*
387	驙*	穳	—	驙*
ts'uan	炊*①	—	—	厝*②
	—	—	—	篡*
	—	—	—	爨*

① 今作"氽"?
② 义不详。

嘴	堆*	—	觜*	最蕞
388	—	—	嘴	罪
tsui	—	—	—	醉

催	崔	随*①	璀	脆
389	催摧	—	—	倅*淬
ts'ui	啐*	—	—	啐*
	縗	—	—	悴萃
	—	—	—	焠瘁翠

① 原表无异读记号,今据《勘误表》补。

尊	尊	—	撙	俊*唆*③
390	樽遵鱒*①	—	—	竣*畯*
tsun	僎②	—	—	馂*骏*
	—	—	—	雋*儁

① 见本表 386 tsuan 注①。
②《康熙》:又《广韵》子伦切,《韵会》踪伦切。《六书故》僎,通作遵。
③ 义不详。

附 录 817

	寸	村	存	忖	寸
391	邨	蹲*①	—	—	刌
ts'un	皴	—	—	—	—

① 《广韵》魂韵徂尊切,坐也。《说文》踞也。

	宗	宗	—	—	粽
392		棕踪	—	终*	从*
tsung		综*鬃骔	—	怂*	耸*
		纵*	—	纵*	纵*
		蹤*	—	总	蹤*
		椶騣	—	—	鞍
		种*①	—	—	—

① 参见第三章 525. 种 chung⁴,播种;栽培。读 chung³-'rh(种儿),是种子。种 chung³(口语音 tsung¹),指一类或一组。(译按:"口语音 tsung¹"所指的应该是"宗":大~贸易。一~心事。《康熙》尚无此量词用法。)

	葱	琮	淙*	—	—
393		从*	从*	—	—
ts'ung		苁	—	怂*	—
		匆葱	从*	—	—
		聪骢	—	—	—

	子	子*	—	子*	字
394		孜耔*①	—	仔*耔*①	—
tzǔ		訾貲	—	紫	—
		姕*	—	姕*	—
		觜*訾齜	—	—	—
		咨恣	—	—	—

姿资	—	—	—
粢趑谘	—	—	自
兹*	—	—	—
滋孳	—	梓	—
孳镃	—	滓	—
则*②	—	姊	—
鼒③	—	—	渍

① 原表无异读记号。今补*。
② 参见异读字表 373 TSÊ 注③。
③《广韵》之韵子之切,《尔雅·注》:鼎敛上而小口。又音兹。

次	—	祠*词*	—	伺*束
395	差*	—	—	差*刺*蝲
tz'ǔ	疵*	疵*	此*	此*
	—	雌	跐*	赐*
	—	茨①茨瓷	—	次
	—	辞*	—	—
	—	兹*慈磁	—	—

① 茨,自来只有巨险切(今音 qiàn)。

瓦	哇洼	剜*	瓦	斡*
396	娲*	娃*	—	袜
wa	蛙*跬*①	—	—	韈
	窪黿	—	—	—
	凹*	—	—	—
	挖	—	—	—

① 跬,此音不知所自。

	外	歪*	—	歪*	外
397	喎①	—	舀*②	—	
wai	竵*③	—	—	—	—

①《康熙》：同喎。喎，《广韵》苦緺切，《集韵》空娲切，并音跬。《说文》口戾不正也。《汉语大字典》据《广韵》苦緺切给出的音是 wāi，释义"歪斜。"

②《广韵》有以周、以沼切等多音。《说文》：抒臼也。挹彼注此谓之舀。即今所谓"舀水"。此 wai³ 见于《国音》：㊀ㄧㄠ上；❶谓以杓取水。❷舀子，取水之具。㊁ㄨㄞ外上（㊀(1)之语音又读）；㊂ㄎㄨㄞ快上（㊀(1)之语音又读）。表明已进入官话系统。《现汉》单音 yǎo。《现汉-5》增"搲 wǎi"，〈方〉动舀：从水缸里~了一瓢水。搲，新造字，《康熙》《汉语大字典》皆未收；故舀 wai³，与本表 408 yao 之舀³ 可建异读关系。补*。

③《广韵》二切：乌娲（蟹摄佳韵）、乌瓜（假摄麻韵）切。

	完	—	刓园①	—	玩脘翫
398	剜*豌	完*	盌宛*椀	腕	
wan	—	岏顽	挽娩*	萬	
	弯湾	—	晚輓	蔓*②	
	—	—	绾	—	

① 此非"囝"简体。《康熙》：《唐韵》五丸切，《集韵》《正韵》五官切，并音岏，与刓同。《正韵》圭角泯铄也。《庄子·齐物论》：五者园而几向方矣。

② 本表 211 man 蔓⁴ 与去声"蔓 wan⁴"，皆"瓜蔓""葛属"义（《广韵》无贩切，《集韵》增莫半切）。今"瓜蔓""蔓延"即如上二音，皆去声。此"蔓"当补*而与"蔓 man⁴"为异读：异读字表 211 MAN 之蔓² | man⁴.当改为：蔓⁴ | wan⁴。蔓 man² 为"蔓菁"之"蔓"，与去声之"蔓"无异读关系。

	往	尩	王	枉	旺
399	汪	芒*	往*	往*	
wang	亡	忘*	冈	忘*	
	—	硭	惘网	望妄	
	—	—	辋魍	—	

为 400 wei				
	伟*	韦	伟*	伟*
	违*	违*	苇	卫
	—	帏围闱	纬*	纬*
	—	—	—	未味
	偎隈	—	猥	畏喂
	煨葨	危*	危*	濊秽①
	—	桅	—	—
	倭*② 逶	—	委萎	餧
	嵬*	嵬*	痿诿	魄
	巍*	巍*	—	魏
	伪*	—	伪*	位
	—	为*	—	为*
	—	—	亹③	胃渭
	蝟*	—	—	蝟*
	—	谓*	—	谓*
	威葳	—	—	彙*④
	—	维潍	唯	遗*
	—	惟帷	—	硊
	—	—	尾*娓	锐*⑤
	—	—	—	睿*⑥
	微*	微*	—	尉*慰蔚*
	—	薇	鲔	洧⑦

①《广韵》於废切,至《康熙》《中华大字典》(1915)仍未见今音 huì。《国音》二音:㊀ㄏㄨㄟ会去;㊁ㄨㄟ位去(又读)。

②倭,《广韵》於为切,慎皃;乌禾切,东海中国。《国音》二音:㊀ㄨㄛ窝阴;㊁ㄨㄟ威阴。

③原表作斖,《广韵》许觊切,斖(亹)之俗体。乃亹之讹,据改。亹,《广韵》无匪切,美也。

④《广韵》于贵切,类也。《自迩集》有异读:彙 hui^4 | lei^3, wei^4。《国音》《现汉》单音 huì。

⑤《广韵》以芮切,利也。

⑥《广韵》以芮切,圣也。
⑦《广韵》荣美切(云母旨韵上声),水名,在郑。今上声wěi,洧川,在河南。

文	—	文	扻①	汶
401	—	蚊纹雯	—	紊②
wên	温*	—	搵*③	搵*③
	煴瘟	—	刎吻脗*④	愠蕴*
	—	闻	稳	问
	—	—	诨⑤	繸⑥

①原表作抧,今统作扻。扻,《广韵》武粉切,拭也。
②《广韵》亡运切,乱也。到《康熙》《国音》仍是去声。今音上声。
③《广韵》《集韵》并乌困切,《说文》:没也。有去声,无上声。
④《广韵》武尽切,脗合。《集韵》弭尽切,又武粉切,脗合,无波际皃。与异读字表
  221MIN 脗为异读关系。当补*。
⑤《广韵》五困切,《集韵》吾困切,弄言。《康熙》《国音》亦皆去声。此处列上声,疑有误。
  此字中古疑母,到《国音》方变同今音 hùn(晓母)。
⑥《广韵》母官切,亡辨切,又音问(亡运切),连也。中古多音字。

翁	翁	—	螉	雍*①
402	嗡	—	—	瓮
wêng				

①《广韵》於容、於用二切,《集韵》增委勇切,与异读字表大体对应。

我	倭*踒	訛*	我*①	卧
403	阿*呵*	—	—	握*龌
wo	涡莴窝*	—	—	—
	—	—	—	沃*

①《自迹集》有异读:我 wo³ | ê³,o³;《国音》㊀ㄨㄛ窝上(㊁①自称、④亲之之词,如"窃
  比於~老彭"之语音);㊁ㄛ阿上。《现汉》单音 wǒ。

武 404 wu	吾* 汙 圬洿污 弧*① 温* — — — — 乌呜 — — — 巫 誣* 屋 喔* 渥*	吾* 圉*捂梧 鹋* 吴 蜈 — 无 芜 毋* — — — — — — — —	五伍 武 鹋* — — — 舞* 庑怃妩 — 侮* — 午 忤忤 — — — — 握*③	悟晤 牾寤 勿物 恶* 悞误愠*② 兀杌 舞* 骛务雾 毋* 侮* 邬坞 戊 迕 沃* 誣* 嫵 — 喔

①《广韵》户吴切,弓也。《集韵》洪孤切,《说文》木弓也;又汪胡切,曲也。
② 温,"焐"的假借字?《广韵》到《字汇》等皆无"焐"字,《汉语大字典》:用热的东西接触凉的东西使变暖……元·李文蔚《燕青博鱼》第三折:"你便杀了我,到那寒冬腊月害脚冷,谁与你焐脚?"
③《集韵》乌谷切,小皃。《易》:"若號一握"。郑氏读。

牙 405 ya	呀* 枒* 鸦 娅*	牙 枒* 芽 涯	雅 亚* 哑痖 —	迓讶 亚* 娅*

扎*①	徻	—	轧	
押*	耶*	押*	擖②	
鸭	—	—	—	
丫	—	—	—	
压*	—	—	压*	
魘*③	—	—	—	

①《广韵》一音侧八切，拔也。《集韵》增一音：乙黠切,《说文》拔也。或作擖。
② 与本表409 yeh 擖，存在异读关系？不见于异读字表，暂存疑。
③《广韵》恶梦。於葉切。又於琰切。与本表410 yen 之魘构成异读。当补*。

涯	—	涯*	—	隘*
406	—	挨*	—	—
yai				

羊	—	羊	痒*	恙
407	—	佯徉洋	养癢	漾样
yang	央	阳	—	怏
	殃秧	—	—	—
	詇鸯	炀*	—	炀*
	鞅*	扬杨	—	鞅*
	—	旸疡飏	仰	—

要	喓腰	徭摇	咬*皛	要
408	幺吆	窑瑶	杳*	崾*
yao	凹*	猺遥	窅*①	鹞
	邀	飘谣	拗*窈	曜*爠*耀*
	约*	—	—	约*
	哟	—	—	药*

夭妖	殀*	殀*	—	乐*藥*
尧*	尧*	—	—	若*
—	肴*殽餚	—	—	岳*
—	姚	—	—	佻*
—	爻*②	—	—	溺*
—	—	—	—	疟*
—	—	—	—	钥*

① 据本表 397 wai 补*。
② 据异读字表 114 HSIAO 补*。

夜
409
yeh

夜	爷*	爷*	也	业邺
	擷	耶*	野	靥
	噎	琊	冶	葉*
	—	呆*	—	澌*
	—	—	—	浥*
	咽*	—	—	咽*
	掖*	—	—	夜腋
	—	—	—	碣①谒
	—	—	—	臬*
	—	—	—	孽
	—	—	—	蘖
	—	—	—	凹*
	—	—	—	泄*
	—	—	—	拽*
	—	—	—	射*
	—	—	—	页*
	—	—	—	揠

附录　825

—	—	—	硈	
—	—	—	眸	

① 《集韵》乙辖切，硈磍，劲怒皃。与本表 32 chieh 硈（硈石）不构成异读关系。

| 言 410 yen | 咽* 烟胭 厌* 恹 焉鄢 嫣*蔫 燕* 臙 奄淹 醃閹 煙 菸 渷 炎* — — — — — — — — | 沿*㳂*① 铅* 延埏*涎* 蜒筵 严巌 岩 喦碞 檐*櫊簷 研姸 — — — 炎* 缘* 闫 颜 言* 塩鹽 阎 — — — | 沿*㳂*① 魇*② — — 俨 衍 兗 掩腌 — — — — 剡 偃魇 眼 演 黶 — — 验* — — | 沿* 厌* 嘕 — — 燕* 彦谚* 巚谳* — — — — 燄 缘* 晏宴 — 唁 雁鴈 焰熖 验* 艳灩 砚 |

① 《康熙》：《玉篇》以喘切，音兗，行也。
② 补*。参见本表 405 ya 注③。

益
411
yi   见 i.（本表 127）

音 412 yin	因姻 氤茵 音喑 阴 堙潭 裡闉 殷慇 姻③ 京*⑤	淫 婬霪 寅夤 垠银龈 唫崟 吟 听*② 蟫④ 狺*	引蚓 尹 饮 隐瘾 — — — — —	媵* — —① 廕荫 孕* 恁* 印 — —

①此处应有去声"饮"。饮，自古上去二声，至今犹然。
②《广韵》一音牛谨切，笑皃。《集韵》增鱼斤切，义同。《康熙》：《说文》"笑貌"，"并音龂"。
③《集韵》伊真切，《说文》婿家也。女之所因，故曰姻。或作媚，籀作䄸。
④《广韵》馀针切，白鱼虫。《集韵》夷针切，《说文》鱼也。
⑤义不详。

迎 413 ying	盈* 应* 鹰䧹 莹* 莺 英瑛 — 蝇* 婴嘤	盈* 楹 荧*莹*萤* 莹* 营 赢瀛 籝赢 蝇* 迎	郢 甬*① 颖 影 — — — — 瘿	— 应* — — — 映 硬 媵* —

嫛②瓔	凝*	—	—	
樱鹦鸎	—	—	—	

① 义不详。
② 原书作"嘤",与上之"嘤嘤"有重。当是"嫛"之讹。今径改。

约	约*	—	—	药*
414	—	—	—	乐*藥*
yo	—	—	—	喔喔*
	—	—	—	握*渥*躍①
	—	—	—	龠瀹*禴*
	—	—	—	籥*钥*
	—	—	—	嶽
	—	—	—	虐*疟*
	—	—	—	耀*②跃*
	—	—	—	若*
	—	—	—	岳

① 躍,《集韵》乙角切,与趯同,趯躅,迫也。一曰小皃。
② 传统字书韵书"耀"只有效摄笑韵音。它不是宕江摄入声字,故不当有 yo 音。可能是因"跃"(躍)而类推误读。

鱼	—	俞愉	羽	喻
415	—	愈*	禹	愈*
yü	—	揄榆	—	—
	—	媮瑜	—	—
	—	逾*	—	逾*
	—	鱥	—	踰諭
	於*	於*	於*	玉
	瘀淤	—	雨*	雨*
	—	—	—	狱嶽*

—	予妤	—	预豫
—	与*	与*	—
—	玙旟欤	屿*	—
誉*	誉*	—	誉*
—	舆	圄*	礜①
—	鱼渔	语*	语*
—	—	—	聿
—	臾	女*	女*
—	庾*	庾*	峪欲浴
—	腴萸諛	—	慾裕鵒
—	娱	—	煜
—	虞騵	—	芋
吁	于汙	宇	御禦
迂	盂竽	圉	澳*② 燠*③
纡*	余*	—	妪*
伛	畲馀	—	尉*慰*熨*蔚*
—	禺	—	寓遇
愚*	愚*	—	育
—	嵎	—	彧域棫蜮
—	舁	—	遹
—	雩	—	驭
—	—	—	疫*
—	—	—	郁
—	—	—	飫
—	—	—	菀*④
—	—	—	毓
—	—	—	鬱
—	—	—	鬻

①《集韵》御韵羊茹切,舁车也。
②《广韵》於六切,隩也。水内曰澳。《集韵》乙六切,《说文》隈厓也。其内曰澳,其外曰隈。
③《广韵》乌晧切,甚热。又音郁(於六切)。
④《广韵》纡物切,药草。又音苑(於阮切),紫菀,药名。

原	京*①	原	—	愿願
416	—	源	—	—
yüan	—	员*圆	—	—
	—	捐*	—	眩
	—	缘*椽	—	—
	鸢*	鸢*	—	—
	渊*	渊*	—	—
	—	袁園	远	—
	—	猿辕	—	—
	—	元	—	院
	—	阮*	阮*	—
	宛*	沅芫黿	惋	—
	鸳鵷	爰援媛	宛*	怨
	冤	言*	婉琬	苑
	—	垣	菀*②畹箢③	—

① 京 yüan²,《康熙》京:又与"原"同;京:《正字通》:俗"原"字。这种通假关系不同于异读关系,故*当删。
②《广韵》於阮切,紫菀,药名。又纡物切,药草。
③《集韵》委远切,竹器。

月	曰*	—	—	曰*
417	哕*	哕*	—	月
yüeh	—	—	—	悦

—	—	—	阅
—	—	—	乐*藥*
—	—	—	钺越
—	—	—	曜*① 燿*②
—	—	—	耀*③ 跃*
—	—	—	嶽*
—	—	—	约*葯*
—	—	—	岳
—	—	—	粤
—	—	—	軏
—	—	—	瀹*禴*
—	—	—	籥*钥*
—	—	—	逾*④

① 曜,《广韵》弋照切,日光也;《集韵》弋笑切,光也。非宕江摄入声字,不当有 yüeh 音。如本表 414 yo 注②所说,属类推误读。这一误读,《国音》仍有反映(要去,又读阅去)。今则独音 yào。

② 燿,《广韵》弋照切,熠燿也。《说文》照也。《集韵》增弋灼切,烙也。一曰销也。《国音》二音:要去,又读阅去。《现汉》:同"耀"。

③ 耀,如前所说,亦不当有 yüeh 音。

④ 《广韵》羊朱切,越也。"越"之讹体?

雲	—	员*①	陨殒	韵
418	—	云芸	允*	运郓
yün	晕*	纭耘	狁	晕*
	氲	匀筠	—	煴緼
	—	雲	—	蕴*酝韫
	—	—	—	孕*
	—	—	—	尉*

①《广韵》员,王分切,益也。《说文》作員,物数也。又音圆,又音運,姓也。

有	忧	犹猷	酉	楢①
419	优耰	蕕蝤䲕	—	右佑祐
yu	攸悠	由	有	侑宥圃
	幽	油蚰	允*②	柚
	麀	尤疣	友	琇
	鍫*	牛*	莠*	莠*
	—	游遊蝣	—	诱
	呦	繇	黝	幼
	—	邮	—	又
	—	—	—	羑
	—	—	—	牖

① 《广韵》余救切，积薪烧之。
② 义不详。

用	雍*	莹*	雍*	莹*
420	壅饔	荧*荣*	塋拥	—
yung	庸佣	荥*①萤*	甬*	用
	廱墉	縈*瀠	俑涌	—
	邕噰	容*溶	勇惥	—
	痈	榕*蓉镕*	湧踊衞	—
	—	融*	永	泳詠②
	—	喁	—	—

① 荥，《广韵》户扃切；《集韵》增娟营、乌迥、萦定三切，《现汉》有xíng、yíng二音。《国音》ㄒㄧㄥ形阳、ㄧㄥ蝇阳二音。
② 泳詠二字，从《广韵》到《康熙》，一直是去声，《自迩集》仍是去声，到《国音》方列为上声（包括"咏"）。

3. 北京话异读字表

(TABLE OF CHARACTERS SUBJECT TO CHANGES OF SOUND OR TONE)

译按：原书《北京话异读字表》(简称《异读字表》)在第三卷附录175—198页，列有1525字、约2415字次。420个音节，其中10个无异读。此次校注，于249 NU 补一异读例。本表未列后鼻音声母 ng- 的异读，附录中的《北京话声韵配合表》《北京话音节总表》亦未列 ng- 的异读，值得注意。《异读字表》，译本第一版未及收入。本次再版前，做了三方面的工夫，即(一)本表内部校勘；(二)与《北京话音节总表》(简称《音节总表》)互校；(三)部分条目，上溯中古音、下联1949年版《国音字典》(简称《国音》)和《现代汉语词典》1978年版(简称《现汉》)、2005年第5版(简称《现汉-5》)以现其历史音变轨迹。某些异读，与上下不能衔接的，也不见得是讹误，而属未知，故标以"义不详"。凡校勘处，逐一出校注。字音与今音相同的，一般不出注；字头首次出现处出注，其他异读音出现时一般就不再出注。讨论字音，本不应不管词义，但为节省篇幅，此次一般只注音不注义。原表420个音节，并无顺序码，今依原序加顺序码，如 1 A、2 AI。

1 A
阿¹ | a³, a⁴, ê¹, o¹, wo¹.①
腌¹ | ang¹.②
呀² | hsia¹, ya¹.③

①《广韵》乌何切。《集韵》於何、倚可二切。《国音》㈠ㄜ疴；㈡ㄚ啊去(入)；㈢ㄚ啊去；㈣ㄚ啊上；㈤ㄚ啊阴。《现汉》ā、ē、a 三音。

②《广韵》於严、於辄、於业三切。盐渍鱼也。《自迩集》之"腌"是假借以表"腌髒"之 a¹、ang¹。《国音》是"照顾"了前后两层意思：㈠尢肮；㈡ㄚ啊阴(㈠之又读)；㈢丨ㄢ淹阴，同"醃"。《现汉》音 ā、yān。

③《广韵》五加、许加二切。《国音》㈠丨ㄚ鸦；㈡ㄒ丨ㄚ虾阴。《现汉》单音 yā。

2 AI

呆¹ | tai¹, nieh², yeh². ①
挨 | ai², yai². ②
嗳 | ai³. ③
唉¹ | ai³. ④
獃² | tai¹. ⑤
呃⁴ | o⁴. ⑥
隘⁴ | yai⁴, i⁴. ⑦
涯² | ya², yai², i². ⑧

① nieh², yeh² 二读，据本表 238NIEH、325 TAI、409YEH 补。《国音》㈠ㄞ哀阳；㈡ㄉㄞ獃阴，同"獃"。《翻译老乞大》等"呆人""呆厮"之呆，左右音同为 ie。《现汉》dāi、ái 二音；《现汉 -5》单音 dāi。

② 《广韵》於骇、於改二切。《集韵》增英皆切。《国音》《现汉》并 āi、ái 二音。

③ 《集韵》於盖切。气也。去声。《国音》㈠ㄞ矮上；㈡ㄞ爱去。《现汉》āi、ǎi、ài 三音。

④ 《广韵》乌开、於骇、於来、於其四切。《国音》单音ㄞ哀阳。《现汉》āi、ài 二音。

⑤ 《广韵》五来切。《国音》㈠ㄞ哀阳；㈡ㄉㄞㄞ阴（又读）。《现汉》呆（獃）dāi、ái 二音。《现汉》呆（獃）单音 dāi。

⑥ 《广韵》乌界切。《国音》ㄜ過去(入)。《现汉》亦单音 è。由舒声转入声，《自迹集》异读可谓"过渡存照"。

⑦ 《广韵》《集韵》并乌懈切。《国音》㈠ㄞ爱；㈡ㄜ厄去(入)与"阨"通。《现汉》单音 ài。

⑧ 涯² | ya², yai², i².，据音节总表 2 ai、127 i、405 ya、406 yai 补。《广韵》鱼羁、五佳二切。《国音》《现汉》单音 yá。

3 AN

按¹ | an⁴, ên⁴. ①
俺¹ | nan³. ②
俺³ | nan². ③
谚⁴ | yen⁴. ④

① 《广韵》乌旰切。《国音》《现汉》并音 àn。

② 《广韵》乌感切。手进食也。《国音》《现汉 -5》并音 ǎn。

③ 《广韵》於验、於剑二切。大也。《蒙古字韵》在十二覃韵去声，与平声"淹阉"、上声"奄掩"相承。《国音》㈠ㄢ庵上，我；㈡ㄧㄢ厌去 大，见说文。人称代词"俺"，是近代汉

语新生词，只是假借了《说文》"俺"字。《现汉》单音 ǎn。俺 nǎn，河北方言多有此音。nan²，河北方言叠加于北京话？

④《集韵》鱼旰、鱼战二切。《国音》㊀丨ㄢ雁去；㊁ㄢ岸去，与"唵"通。《现汉》单音 yàn。"唵"亦音 yàn。

4 ANG

昂¹ | ang². ①
腌¹ | a¹.

①《广韵》五刚切。《国音》《现汉》并音 áng。

5 AO

咬¹ | chiao², chiao³, yao³. ①
熬¹ | ao².
凹² | wa¹, yao¹, yeh⁴. ②
嚣² | hsiao¹. ③
拗³ | yao³. ④
澳⁴ | yü⁴. ⑤
燠⁴ | yü⁴. ⑥
鄂⁴ | o⁴, ê⁴. ⑦

① yao³，据音节总表 408yao 补。《广韵》古肴切，鸟声；於交切，淫声。《集韵》增五巧切，"亦作啮咬"。《国音》㊀丨ㄠ要上；㊁ㄐ丨ㄠ交阴，咬咬，鸟声……《现汉》单音 yǎo。

②《国音》四音：㊀ㄠ熬阴；㊁ㄨㄚ蛙阴(㊀又读)；㊂ㄨㄚ瓦去；㊃丨ㄠ腰阴(㊀又读)。《现汉》二音：āo、wā。

③《广韵》许娇切，又牛刀切。《集韵》虚娇、牛刀二切。《国音》单音 T丨ㄠ枵阴。《现汉》xiáo、áo 二音。

④《国音》五音：㊀ㄠ奥去；㊁ㄠ袄上；㊂丨ㄠ要去；㊃ㄋ丨ㄡ牛去(㊀之语音)；㊄ㄩ预去。《现汉》三音：ǎo、ào、niù。

⑤《广韵》乌到、於六二切。《国音》㊀ㄠ奥去；㊁ㄩ预去。《现汉》单音 ào。

⑥《广韵》乌到、於六二切。《国音》㊀ㄩ浴去(入)；㊁ㄠ奥去。《现汉》单音 yù。

⑦ 鄂⁴ | ao⁴, ê⁴.，据音节总表 5 ao、79 ê、253 O 增补。《广韵》五各切。宕江摄入声字北京话近现代多有"萧豪歌戈两韵异读"。《自迩集》多见"遗存"。"鄂"，即其一。《国音》《现汉》单音 è。

6 CHA

扎¹ | cha², cha³, ya¹. ①
咱¹ | tsa³, tsan², tsang². ②
痂 | chia¹. ③
喳¹ | ch'a¹.
茁² | cho⁴, chü², chua⁴. ④
劄² | ta¹, ta². ⑤
诈³ | cha⁴.
眨³ | chan³. ⑥
蚱³ | tsê⁴, cha⁴. ⑦
怍⁴ | tso⁴. ⑧

① 《广韵》侧八切，拔也。《集韵》增一音：乙黠切，《说文》拔也。或作扷。《国音》㈠ㄓㄚ 炸阴(入)；㈡ㄓㄚ炸阳(入)；㈢ㄓㄚ炸上(入)。《现汉》三音：zā、zhā、zhá。
② 《康熙》:《篇海》子葛切；又《中州音韵》兹沙切，音查。《国音》㈠ㄗㄢ簪阳；㈡ㄗㄚ杂阳。
③ 《广韵》古牙切。《国音》《现汉》并音 jiā。
④ 茁，草初生皃。《广韵》五切：邹笔切，又邹律、莊月二切；侧劣切，又侧滑切。《国音》《现汉》并音 zhuó。
⑤ 该组异读是将"劄"和"劄"当作异体而合并了。它们这本是两个词:劄，《广韵》竹洽切，刺著。劄，《集韵》德合切，音答。钩也。而后它们又与"简札、奏事之劄（札）子"通用（见《释名》《正字通》等）。到了《自迩集》时代，便有了这样一组异读。
⑥ 《广韵》侧洽切。《国音》《现汉》并音 zhǎ。
⑦ 《集韵》侧驾、助驾、侧格、实窄四切。《国音》《现汉》并音 zhà。
⑧ 《集韵》疾各切，憨也；助驾切，怍作，多姦也。《国音》《现汉》随疾各切并音 zuò。《自迩集》cha⁴ | tso⁴ 二音不是典型的异读。

7 CH'A

喳¹ | cha¹. ①
差¹ | ch'ai¹, ch'ih¹, ch'ih², tz'ǔ². ②
岔³ | ch'a4. ③
扠³ | ch'ao³. ④

① 《广韵》《集韵》未见是字。《国音》ㄔㄚ叉阴。《现汉》chā、zhā 二音。参见第三章 649. 喳 cha¹，与其说是 cha¹ 不如说是 dja¹，满洲话的一个音，相当于：是，先生，或太太。
② 《广韵》(1)次也。不齐也。等也。楚宜切，又楚佳、楚懈二切；(2)简也。楚皆切，又楚

宜、楚牙、楚懈三切；（3）病除也。楚懈切，又楚宜、楚皆、楚牙三切。《国音》㈠ㄔㄚ
叉阴；㈡ㄔㄚ诧去；㈢ㄔㄞ钗阴；㈣ㄍ雌阳；㈤ㄘㄨㄛ搓阴❶渐，见《礼记》。❷与"蹉"
通。《现汉》chāi、chā、chà、cī 四音。

③《康熙》:《字彙补》丑亚切，音虵。三分路也。与汉同。《国音》㈠ㄔㄚ诧去；㈡ㄔㄚ茶阳 与
"碴"通。《现汉》单音 chà。

④《广韵》丑佳切。《集韵》增初佳、初麻二切。《国音》㈠ㄔㄚ叉阴；㈡ㄓㄚ渣上（译按，今
作"拃"）。《现汉》音 chā。 ch'ao³，不知所自。

8 CHAI

侧¹ | chai³, tsê⁴, ts'ê⁴. ①
摘¹ | tsê⁴. ②
斋¹ | chai². ③
谪¹ | tsê⁴. ④
宅² | tsê². ⑤
责² | tsê², tsê⁴. ⑥
择² | tsê². ⑦
泽² | tsê². ⑧
翟² | ti².
仄³ | chua³, tsê⁴. ⑨
窄³ | tsê⁴. ⑩
这⁴ | chê⁴, chei⁴, tsê⁴, tsên⁴, tsêng⁴. ⑪

①《广韵》阻力切。《集韵》札色切。并莊母职韵。近代多有"皆来歌戈两韵异读"，又莊母
多有卷舌与平舌异读，如《自迩集》之"侧"。《国音》㈠ㄘㄜ策去(入)；㈡ㄗㄜ仄去(入)。《现
汉》三音：cè、zè、zhāi。

②《广韵》《集韵》并陟革切。知母麦韵。《国音》㈠ㄓㄜ折阳(入)；㈡ㄓㄞ宅阴(入)（语音）。
《现汉》单音 zhāi。"文白易位"。

③《广韵》侧皆切。《集韵》莊皆切。并莊母平声。《国音》《现汉》并音 zhāi。 chai²，不知何
由。

④《广韵》陟革切，又丈厄切。知、澄母麦韵。于《自迩集》可知曾有"皆来歌戈两韵异读"。
《国音》《现汉》并单音 zhé。

⑤《广韵》场伯切。澄母陌韵。《国音》㈠ㄓㄜ浙去(入)；㈡ㄓㄞ斋阳(入)（语音）。《现汉》
单音 zhái。完成"文白易位"。

⑥《广韵》侧革切。莊母麦韵。《自迩集》tsê²、tsê⁴、chai²，即"皆来歌戈'两韵异读'"兼卷

舌平舌两声异读。《国音》㈠卩さ则阳(入)；㈡业艻债去古"债"字。《现汉》与同。但古"债"字，乃《集韵》侧卖切，只是假借"责"字，并非源自侧革切。

⑦《广韵》场伯切。澄母陌韵。《国音》㈠卩さ则阳(入)；㈡业艻宅阳(入)(语音)。《现汉》同。

⑧《广韵》场伯切。澄母陌韵。《国音》《现汉》并音 zé。

⑨《广韵》阻力切。《集韵》札色切。同为莊母职韵。近代入声消失过程中，可能出现"皆来歌戈'两韵异读'"，如《自迹集》然(chai³, tsê⁴)。《国音》《现汉》音 zè。chua³，不知所自。

⑩《广韵》侧伯切。《国音》㈠卩さ则阳(入)；㈡业艻斋上(入)(语音)。《现汉》单音 zhǎi。"文白易位"。

⑪《国音》㈠业さ宅去(入) 此，如"三十六峰犹不见，况伊如燕這身材"……按古用"者"作"此"字义，唐以后用"這"者始多。㈡业乁近指，盖"这一"之合。㈢丨乃雁去迎也，见《玉篇》。《现汉》音 zhè、zhèi。

9 CH'AI

拆¹ | tsʻê⁴. ①
差¹ | chʻa¹, chʻih¹, chʻih², tzʻŭ².
豺² | tsʻai². ②
册³ | tsʻê⁴. ③
眦³ | tsʻai³, tzʻŭ³. ④

①《集韵》耻格切。徹母陌韵。近代入声消失过程中会发生皆来、歌戈两韵异读。"拆"正是。《国音》㈠彳さ撤去(入)；㈡彳艻钗阴(语音)。《现汉》chāi、cā 二音 (cā，方音，吴语"拆烂污")。从《国音》到《现汉》，chāi 经历了一轮"文白易位"。

②《广韵》士皆切。崇母平声。《自迹集》之异读，表明崇母平声字可发生卷舌与平舌之两声异读。《国音》《现汉》并音 chái。

③《广韵》楚革切。初母麦韵。近代音变模式与陌韵同。《国音》㈠彳さ策去(入)；㈡彳艻钗上。《现汉》单音 cè。

④《广韵》蹈也。雌氏切，又阻买切。《国音》㈠ち此上；㈡ち艻彩上；㈢ち雌阴。《现汉》cǐ、cī 二音。

10 CHAN

占¹ | chan⁴.
章¹ | chang¹. ①

瞻¹ | shan⁴. ②
眨³ | cha³. ③
辗³ | ch'ên³, nien³. ④
栈⁴ | ts'an⁴. ⑤
暂⁴ | tsan⁴. ⑥
瓒⁴ | tsan⁴. ⑦
颤⁴ | ch'an⁴. ⑧

① "章" 之 chan1 音不知所自。章，《广韵》诸良切。《国音》《现汉》并音 zhāng。
② 疑将 "瞻" "赡" 二字合一。瞻，《广韵》职廉切。《国音》《现汉》并音 zhān。
③ 原字讹作 "眨"，今径改。眨，《广韵》侧洽切。《国音》《现汉》并音 zhǎ。
④《广韵》知演、女箭二切。《集韵》知辇、女箭、尼展三切。《国音》《现汉》俱二音：zhǎn、niǎn。
⑤《广韵》士限、士免、士谏三切。《国音》《现汉》并音 zhàn。ts'an⁴，不知所据。
⑥《广韵》藏滥切。从母去声。依例今音 zàn。《国音》㈠ 业马占去；㈡ 卩马瓚去（读音）。《现汉》单音 zàn。zhàn，当属一时误读。看来，此 "一时误读" 持续有年，至今仍能听到把 "暂时" 说到 zhàn shí 的。
⑦《广韵》藏旱切。从母上声。情况类似 "暂"。参见本条注⑥。
⑧《广韵》之善切。四支寒动。《集韵》旨善、之膳二切。并章母。ch'an⁴ 音後起。《国音》《现汉》并音 zhàn、chàn。

11 CH'AN

儳¹ | ts'an⁴. ①
谗¹ | ts'an². ②
禅² | shan², shan⁴, tan¹. ③
蝉² | shan². ④
蟾² | shan². ⑤
赚 | chuan⁴, tsan⁴. ⑥
颤⁴ | chan⁴.
䜛 | ts'an⁴, ch'ien¹, ts'ên⁴. ⑦

①《广韵》儳，多音。其中楚鉴切，可演生出 ch'-、ts'- 类异读。ch'an¹，疑为 ch'an⁴ 之误。
②《广韵》谗，二切，皆崇母，无与 ch'an¹ 对应者；与 ts'an² 对应者有士咸、士衔二切。崇母平声可演出 ch'-、ts'- 异读。《国音》《现汉》同音 ch'án。

③《广韵》市连、市战二切。禅母。《国音》《现汉》并音 chán、shàn。tan¹，可能是"禅（都寒切，禅衣）"字误入。

④《广韵》市连切。禅母。《国音》《现汉》并音 chán。

⑤《广韵》视占切，又职廉切。《国音》《现汉》并音 chán。

⑥《广韵》直陷切。开口二等。《国音》《现汉》并音 zhuàn、zuàn。《自迩集》乃开口转合口时的开合并存。

⑦ 这里可能是把譏、懴的字音合一了。譏，《广韵》楚譜切。懴，楚鉴切。

12 CHANG

账¹ | chang⁴. ①
掌¹ | chang³. ②
章¹ | chan¹.
长³ | chang⁴, ch'ang². ③
怅⁴ | ch'ang⁴. ④

①《广韵》知亮切。《国音》《现汉》并音 zhàng。

②《广韵》诸两切。《国音》《现汉》并音 zhǎng。

③《广韵》直良切，又直向、知丈二切。《国音》《现汉》与《自迩集》三音并同。

④《广韵》丑亮切。《集韵》仲良、丑亮二切。《国音》《现汉》并音 chàng。chang⁴ 音不知所据。

13 CH'ANG

倡¹ | ch'ang⁴. ①
长² | chang³, chang⁴. ②
常² | shang². ③
场² | ch'ang³. ④
畅³ | ch'ang⁴. ⑤
怅⁴ | chang⁴.

①《广韵》尺良切，又音唱（尺亮切）。《国音》㈠彳尢唱去；㈡彳尢昌阴。《现汉》单音 chàng。

②《集韵》仲良、展两、直亮三切。《国音》㈠彳尢常阳；㈡业尢掌上；㈢业尢丈去。《现汉》cháng、zhǎng 二音。《现汉 -5》增加 cháng ❺（旧读 zhàng）多余；剩余：~物。

③《广韵》市羊切。《集韵》辰羊切。并禅母阳韵。《国音》《现汉》并音 cháng。

④《广韵》直良切。《国音》《现汉》并音 cháng、chǎng。

⑤《广韵》《集韵》并单音丑亮切。《国音》《现汉》并音 cháng。ch'ang³ 音不知所据。

14 CHAO

召¹ | chao⁴. ①
酌¹ | chê¹, cho², shuo², chê². ②
朝¹ | ch'ao².
著² | chê¹, cho², chu⁴, chê². ③
着² | chê¹, cho¹, cho², shuo², chê². ④
爪³ | chua³. ⑤
抓³ | chua¹. ⑥
找³ | hua¹. ⑦
棹⁴ | cho¹. ⑧
帆³ | chao⁴. ⑨

① 《广韵》直照、寔照二切。《集韵》时照、直笑二切。并澄、禅母笑韵。《国音》《现汉》并音 zhào、shào。

② 《广韵》之若切。《集韵》职略、实若二切。在《蒙古字韵》十萧入声，与平声"昭招钊"、上声"沼"、去声"照诏"相承。在《中原音韵》萧豪韵"入声作上声"。《国音》《现汉》并单音 zhuó。《自迩集》异读即其新旧音叠加而成。

③ 《广韵》直鱼切，又直略、陟虑、陟略三切。遇摄鱼、御韵，宕摄藥韵。在《蒙古字韵》十萧入声，与平声"昭招钊"、上声"沼"、去声"照诏"相承。《国音》㈠ㄓㄨ住₍去₎；㈡ㄓㄨㄛ卓₍阳(入)₎；㈢ㄓㄠ招₍阳₎；㈣ㄓㄠ招₍阴₎；㈤·ㄓㆤ遮₍轻₎。《现汉》zhù、zhuó 二音。

④ 旧同"著"。《国音》㈠ㄓㄨㄛ卓₍阳(入)₎；㈡ㄓㄠ招₍阳(入)₎；㈢ㄓㄠ招₍阴₎；四·ㄓㆤ遮₍轻₎。《现汉》zhāo、zháo、zhe、zhuó 四音。

⑤ 《广韵》侧绞切。《集韵韵》侧绞、阻教二切。《国音》《现汉》并 zhǎo、zhuǎ 二音，与《自迩集》同。zhuǎ，後起音，目前所知，《自迩集》首见。

⑥ 《广韵》侧交、侧绞、侧教三切。《国音》㈠ㄓㄨㄚ搲₍去₎；㈡ㄔㄨㄚ欻₍上₎；㈢ㄓㄠ招₍阴₎(㈠之读音)。《现汉》单音 zhuā。从《自迩集》到《现汉》，完成了一轮"文白易位"。

⑦ 《集韵》胡瓜切，舟进竿谓之划。或从手。《洪武正韵》拨进船也。又俗音爪。补不足曰找。明沈榜《宛署杂记·民风二·方言》：寻取曰找。《国音》《现汉》并音 zhǎo。

⑧ 《广韵》直教切。櫂也。後起"桌椅"的"桌"假借"棹"字，令"棹"有了 cho¹ 之异读。《国音》㈠ㄓㄨㄛ卓₍阴(入)₎，同"桌"；㈡ㄓㄠ召₍去₎，同"櫂"。《现汉》单音 zhào，不再假借为"桌"。

⑨ 帆³ | chao⁴.，据音节总表 14 chao 补。《廣韻》侧绞切。帆头。《国音》《现汉》未收是字。

15 CH'AO

吵¹ | ch'ao³. ①
钞¹ | ch'ao⁴. ②
绰¹ | ch'o⁴, ch'uo⁴. ③
朝² | chao¹.
㧑³ | ch'a³. ④

① 《广韵》初爪切，声也。本音眇。《集韵》初交、楚绞二切。《国音》《现汉》并音 chǎo。
② 《广韵》楚交、楚教（去）二切。《国音》㈠ㄔㄠ抄阴；㈡ㄔㄠ抄去。《现汉》单音 chāo。
③ 《广韵》昌藥切。寬也。昌母藥韻。此类字可有"萧豪歌戈两韵异读"。《国音》ㄔㄨㄛ戳去（入）。《现汉》chāo、chuò 二音。
④ 《广韵》丑佳切。《集韵》初佳、㰉佳、初加三切。《国音》㈠ㄔㄚ叉阴；㈡ㄓㄚ渣上。《现汉》单音 chā。㧑 ch'ao³, 义不详。

16 CHÊ

著¹ | chao², cho¹, chu⁴, chê².
着¹ | chao², cho¹, cho², shuo², chê².
螫¹ | shih¹. ①
酌¹ | chao¹, cho², shuo², chê².
折² | cho², shê². ②
蛰² | chih². ③
辙² | ch'ê⁴. ④
柘⁴ | shih².
这⁴ | chai¹, chei¹, tsê⁴, tsên⁴, tsêng⁴. ⑤

① 《广韵》施隻切。《国音》㈠ㄓㄜ折阴（入）；㈡ㄕˋ去（入）（读音）。《现汉》"螫""蜇"合一为"蜇"，音 zhē、zhé。
② 《广韵》旨热切，又常列切。《国音》㈠ㄓㄜ摺阳（入）；㈡ㄕㄜ舌阳（入）（语音）㈢ㄓㄜ摺阴（入）。《现汉》zhē、shé、zhé 三音。
③ 《广韵》直立切。《国音》㈠ㄓˊ直阳（入）；㈡ㄓㄜ折阳（入）（语音）《现汉》单音 zhé。從《国音》到《现汉》，zhé 完成了一轮"文白易位"。
④ 《广韵》直列切。澄母薛韵。《国音》㈠ㄔㄜ彻去（入）；㈡ㄓㄜ折阳（入）（语音）。《现汉》单音 zhé。從《国音》到《现汉》，zhé 完成了一轮"文白易位"。
⑤ 《广韵》鱼变切。迎也。产生于近代的指示代词"这"，只是假借"这"字，与其原本音

义无关。《自迩集》"这"的各项异读音,皆属指示代词,属各种语流音变的摹写。《国音》㊀ㄓㄜ宅去(入);㊁ㄓㄟ去声,近指,盖"这一"之合;㊂ㄧㄢ雁去,迎也。

17 CH'Ê
车¹ | chü¹.
掣⁴ | ch'ih⁴. ①
辙⁴ | chê².
①《广韵》尺制切,又尺折切。《国音》《现汉》并单音 chè。

18 CHEI
这 | chai⁴, chê⁴, tsê⁴, tsên⁴, tsêng⁴. ①
①《国音》㊀ㄓㄜ宅去(入);㊁ㄓㄟ去声,近指,盖"这一"之合。

19 CHÊN
怔¹ | chêng¹, chêng⁴. ①
诊¹ | chên³. ②
贞¹ | chêng¹. ③
桢¹ | chêng¹. ④
祯¹ | chêng¹. ⑤
甄¹ | chiên¹. ⑥
斟¹ | chên³. ⑦
簪¹ | tsan¹. ⑧
朕⁴ | chêng⁴, shên⁴. ⑨
譖⁴ | tsên⁴. ⑩
娠⁴ | shên¹. ⑪

①《广韵》诸盈切。《国音》㊀ㄓㄥ征阴;㊁ㄌㄥ冷去,同"愣"❶。《现汉》zhēng、zhèng 二音。
②《广韵》直刃切,又之忍切。《国音》㊀ㄓㄣ疹上;㊁ㄓㄣ珍阴(又读)。《现汉》单音 zhěn。
③《广韵》知清切。梗摄清韵。《国音》《现汉》并音 zhēn。古后鼻音韵变今前鼻音韵。《自迩集》之异读反映了这一变化的交替阶段。
④《广韵》知清切。梗摄清韵。《国音》《现汉》并音 zhēn。古后鼻音韵变今前鼻音韵。同上,《自迩集》反映了这一变化的交替阶段。
⑤《广韵》知清切。《国音》㊀ㄓㄣ珍阴;㊁ㄓㄥ征阴(又读)。《现汉》单音 zhēn。同上。

⑥《广韵》职深切。章母平声。《国音》《现汉》并音 zhēn。
⑦《广韵》章邻、居延二切。《国音》《现汉》并音 zhēn。
⑧《广韵》作含切，又侧岑切。侧岑切，莊母，《自迩集》时卷舌 chên¹，到《国音》变为舌尖前的 ㄗㄣ：㊀ㄗㄢ咱阴；㊁ㄗㄣ怎阴（又读）。《现汉》单音 zān。
⑨《广韵》直稔切。澄母寑韵。上声。《国音》《现汉》并音 zhěn。
⑩《广韵》莊蔭切。有些莊母字，于近代先变舌尖后音，再变舌尖前音。《国音》《现汉》并音 zèn。《自迩集》反映了这一变化的前后交替阶段。
⑪ 娠⁴ | shên¹.，据音节总表 19chên、310 shên 补。《广韵》失人切，又脂刃切。《国音》同《自迩集》。《现汉》单音 shēn。

20 CH'ÊN

橙² | ch'êng². ①
辗³ | chan³, nien³. ②
磣³ | ts'ên³. ③
称⁴ | ch'êng¹, ch'êng⁴. ④
趁⁴ | nien³. ⑤
闯⁴ | ch'uang³. ⑥
榇⁴ | ts'ên⁴. ⑦
衬⁴ | ts'ên⁴. ⑧

①《广韵》宅耕切。《国音》《现汉》并音 chén、chéng。《现汉 -5》单音 chéng。
②《广韵》知演切。《集韵》知辇、尼展二切。《国音》《现汉》并音 zhǎn、niǎn。
③《广韵》初朕切，食有沙磣。《国音》《现汉》并音 chěn。
④《广韵》处陵切，又昌證切。并曾摄平、去声。《国音》《现汉》与《自迩集》全同。
⑤《广韵》《集韵》并尼展、丑刃二切。《国音》《现汉》并音 chèn。
⑥《广韵》丑禁切。《国音》㊀ㄔㄣ趁去；㊁ㄔㄨㄤ窗上；㊂ㄔㄨㄤ窗去。《现汉》单音 chuǎng。
⑦《广韵》《集韵》并音初觐切。初母字。有些莊组字，于近代先变舌尖后音，再变舌尖前音，有的或形成舌尖前、后之异读。之后异读调整，或前或后。《国音》《现汉》并音 chèn。
⑧ 衬，与榇同类。

21 CHÊNG

贞¹ | chên¹. ①
侦¹ | ch'êng¹. ②
桢¹ | chên¹. ③

瞠¹ | têng⁴. ④
瞪¹ | têng⁴. ⑤
祯¹ | chên¹. ⑥
挣¹ | chêng⁴. ⑦
峥¹ | ch'êng¹. ⑧
铮¹ | ch'êng¹, ch'iang¹. ⑨
正¹ | chêng³, chêng⁴. ⑩
怔¹ | chêng⁴, chên¹.
徵¹ | chih³. ⑪
柽³ | ch'êng².
朕⁴ | chên⁴, shên⁴.

① 《广韵》陟盈切。清韵字。《国音》《现汉》并音 zhēn。由古清韵到今 -en 韵,《自迹集》反映此两韵并存从而形成异读。

② 《广韵》丑贞切,又丑郑切。清、劲二韵异读。并徹母。《集韵》痴盈切,又知盈切。知、徹二母异读。并梗摄清韵。《国音》统归不送气的知母：㊀ㄓㄣ珍阴；㊁ㄓㄥ征阴（又读）但出现了前後鼻音韵之异读。《现汉》单音 zhen, 完成了由古後鼻音韵到今前鼻音韵的转变。

③ 《广韵》陟盈切。清韵字。《国音》《现汉》并音 zhēn。古清韵转变为今 -en 韵。

④ 瞠,《广韵》丑庚切,当对 ch'êng¹ 而非 chêng¹, 与同为"直视皃"之"瞠(《广韵》宅庚切)"似有瓜葛。存疑。

⑤ 《广韵》直陵、直庚、丈證三切。《国音》《现汉》并音 dèng。dèng, 後起音, 先见于《自迹集》异读。

⑥ 《广韵》陟盈切。清韵字。《国音》㊀ㄓㄣ珍阴；㊁ㄓㄥ征阴（又读）《现汉》单音 zhēn。古清韵转变为今 -en 韵。

⑦ 《集韵》初耕切。初母。平声。《字彙》侧迸切。音诤。《国音》《现汉》与《自迹集》相同。是字音,至近代,有两项变化:(1)《集韵》初耕切声母由送气的"初"变为不送气的"莊";(2)增加了去声一读。

⑧ 《广韵》助庚切,又士耕切。ch'êng¹ 当为 ch'êng²。《国音》㊀ㄓㄥ争阴；㊁ㄔㄥ成阳（又读）《现汉》单音 zhēng。

⑨ 《广韵》楚耕切。《集韵》楚耕、甾茎二切。《国音》单音ㄓㄥ征阴。《现汉》音 zhēng, 又 zhèng(一亮)。

⑩ 《广韵》《集韵》《国音》《现汉》并平、去二音:zhēng、zhèng。《自迹集》全书无"正

zhěng"之用例。

⑪ 徵 chêng¹ 与 徵 chih³，为同形字，音义皆异，并非异读关系。本条当删。异读字表中多有相类者，读者当留意辨别。

22 CH'ÊNG

侦¹ | chêng¹.
峥¹ | chêng¹.
铮¹ | chêng¹, ch'iang¹.
称¹ | ch'êng⁴, ch'ên⁴.
铛¹ | tang¹. ①
澄² | têng⁴. ②
橙² | ch'ên². ③
乘² | ch'êng⁴, shêng⁴. ④
盛² | shêng⁴. ⑤
惩² | ch'êng³. ⑥
拯² | chêng³. ⑦

①《广韵》都郎、楚庚二切。《国音》《现汉》并音 dāng、chēng。
②《集韵》持陵、唐亘二切。《国音》《现汉》并音 dèng、chéng。
③《广韵》宅耕切。《国音》《现汉》并音 chéng、chén。《现汉 -5》单音 chéng。
④《广韵》实證切，又食陵切。并船母。《国音》㈠ㄔㄥ成阳；㈡ㄕㄥ生去。《现汉》（1）chéng ❷利用（机会等）：一势……注意：口语里多说"趁 chèn"。——今按，《自迩集》时代则说 ch'êng。
⑤《广韵》盛受也。黍稷在器也。是征切，又时正切。并禅母。平、去声。近代声母分化，平声配船母，去声配书母。词义亦分工，平声盛受也，去声多也、茂也。于《自迩集》时代已然。
⑥《广韵》直陵切。《集韵》持陵切。并澄母平声。《国音》《现汉》并音 chéng。上声读法，今口语时而能听到。
⑦《广韵》拯，救也。助也。无韵切，音蒸上声。《集韵》同。《国音》《现汉》并音 zhěng。《自迩集》ch'êng² 乃一时误读？

23 CHI

几¹ | chi³. ①
奇¹ | ch'i². ②

吃¹ | ch'i¹, ch'ih¹. ③
期¹ | ch'i¹, ch'i². ④
極¹ | chi². ⑤
激¹ | chi², chi⁴. ⑥
幾¹ | chi³. ⑦
击¹ | chi⁴. ⑧
绩¹ | chi⁴. ⑨
挤¹ | chi³, ch'i². ⑩
勣¹ | chi⁴. ⑪
积¹ | chi². ⑫
迹¹ | chi⁴. ⑬
其¹ | ch'i². ⑭
箕¹ | ch'i². ⑮
稽¹ | ch'i¹. ⑯
亟² | chi⁴. ⑰
殛² | chi⁴. ⑱
级² | chi⁴. ⑲
藉² | chi⁴, chieh⁴. ⑳
籍² | chi⁴. ㉑
剧² | chi⁴. ㉒
髻² | chi⁴. ㉓
稷² | chi⁴. ㉔
纪³ | chi⁴. ㉕
给³ | chi⁴, kei³. ㉖
鲫³ | chi⁴. ㉗
济³ | chi⁴.
骑⁴ | ch'i².
技⁴ | ch'i⁴. ㉘
溉⁴ | kai⁴. ㉙
繋⁴ | hsi⁴.

①《广韵》案属。居履切。见母旨韵。上声。《国音》㈠ㄐㄧ己ᴸ;㈡ㄐㄧ鸡ᵅ(语音)。《现汉》单音 jī。完成了一轮"文白易位"。

②《广韵》不偶也。又亏也。居宜切，又渠羁切。《自迩集》《国音》《现汉》全同。此异读历史悠久、稳定。
③《广韵》居乞切。《集韵》又欺讫切。《国音》㈠彳尺阴(入)，同"喫"；㈡ㄐㄧ及阳(入)，口吃。《现汉》单音 chī。
④《广韵》渠之切。《国音》㈠ㄑㄧ其阳；㈡ㄑㄧ其阴；㈢ㄐㄧ鸡阴。《现汉》音 jī、qī。
⑤《广韵》讫力、竭憶二切。《国音》《现汉》并音 jí。
⑥《广韵》古历切。《国音》《现汉》并音 jī。
⑦《广韵》近也。渠希切，又居依、居岂二切。《自迩集》《国音》《现汉》全同。此异读历史悠久、稳定。
⑧《集韵》古诣、吉歴二切。《国音》ㄐㄧ及阳(入)。《现汉》音 jī。
⑨《广韵》《集韵》并则歷切。《国音》《现汉》并音 jī。
⑩《广韵》子计、将西二切。《集韵》牋西、子礼、子计三切。《国音》《现汉》并音 jǐ。
⑪《广韵》《集韵》并则歷切。《国音》《现汉》并音 jī。
⑫《广韵》子智、子昔二切。《集韵》子智、资昔、则歷三切。《国音》《现汉》并音 jī。
⑬《广韵》《集韵》并资昔切。《国音》《现汉》并音 jī。《现汉 -5》音 jì。
⑭《广韵》渠之、居之二切。《国音》《现汉》并音 qí。
⑮《广韵》《集韵》并居之切。《国音》《现汉》并音 jī。ch'i², 可能是随"其"的类推误读。
⑯《广韵》古奚、康礼二切。《国音》《现汉》并音 jī、qǐ。ch'i¹，当为 ch'i³ 之误。
⑰《广韵》去吏切，又纪力切。《国音》《现汉》并音 jī、qì。chi⁴, ch'i⁴ 之误标？
⑱《广韵》纪力切。《集韵》竭憶、讫力二切。《国音》《现汉》并音 jí。
⑲《广韵》居立切。《国音》《现汉》并音 jí。
⑳《广韵》慈夜、慈亦二切。《国音》《现汉》并音 jí、jiè。
㉑《广韵》秦昔切。《国音》《现汉》并音 jí。
㉒《广韵》奇逆切。《国音》㈠ㄐㄩ局去(入)；㈡ㄐㄧ及阳(入)（又读）。《现汉》单音 jù。
㉓《广韵》古诣切。《国音》《现汉》并音 jì。
㉔《广韵》子力切。《国音》《现汉》并音 jì。
㉕《广韵》居理切。《国音》《现汉》并音 jì、jǐ。
㉖《广韵》居立切。见母缉韵。《国音》《现汉》并音 gěi、jǐ。《老乞大新释谚解》(1763 年) 和《老乞大重刊谚解》(1795 年) 方出现"给"字（之前多用"与"），左音 kiə, 右音 chi。尚未见 kei 音。
㉗《广韵》资昔、子力二切。《国音》《现汉》并音 jì。
㉘《集韵》巨绮、翘移二切。《国音》《现汉》并音 jì。
㉙《广韵》居豙、古代二切。《国音》《现汉》并音 gài。

24 CH'I

吃¹ | chi¹, ch'ih¹.
崎¹ | ch'i². ①
期¹ | ch'i², chi¹.
萁¹ | ch'i⁴. ②
缉¹ | ch'i⁴. ③
妻¹ | ch'i⁴.
凄¹ | ch'i².
悽¹ | ch'i².
栖¹ | hsi¹. ④
戚¹ | ch'i⁴. ⑤
溪¹ | hsi¹. ⑥
漆¹ | ch'ü⁴. ⑦
稽¹ | chi¹.
圻¹ | ts'ê⁴. ⑧
乞² | ch'i³, ch'i⁴. ⑨
奇² | chi¹.
骑² | chi⁴.
岂² | ch'i³. ⑩
挤² | ch'i¹, chi³.
其² | chi¹.
箕² | chi¹.
杞² | ch'i³. ⑪
刺⁴ | tz'ŭ⁴. ⑫
卻⁴ | ch'io⁴, ch'üeh⁴. ⑬
技⁴ | chi⁴.
契⁴ | hsieh⁴. ⑭

① 《广韵》去奇、渠希二切。《国音》㈠く丨其阳；㈡く丨欺阴。《现汉》单音 qí。
② 《广韵》七入切。《国音》《现汉》并音 qì。
③ 《广韵》七入切。《集韵》七入、即入二切。《国音》㈠く丨七去(入)；㈡く丨七阴(入)。《现汉》音 jī、qī。
④ 《广韵》先稽切,鸟栖。《国音》㈠く丨妻阴;㈡丅丨西阴(又读)。《现汉》qī(栖息),xī(栖栖)。

⑤《广韵》仓歷切。《集韵》仓歷、趋玉二切。《国音》㈠ㄑㄧ七阴(入)；㈡ㄘㄨ促去(入)。《现汉》单音 qī。
⑥ 原表误作 ch'i⁴，今据本表 111 HSI 径改。《广韵》苦奚切。《国音》㈠ㄒㄧ希阴；㈡ㄑㄧ欺阴(又读)。《现汉》单音 xī(旧读 qī)。
⑦《广韵》亲吉切。《国音》㈠ㄑㄧ七阴(入)；㈡ㄑㄩ趣去。(一黑)《现汉》单音 qī(一黑，作 殿 qū 黑)。
⑧ 圻 ch'i¹，误，《广韵》渠希切，今音当 ch'i²；ts'ê⁴ 乃圻字，与圻非异读关系。本条当删。
⑨《广韵》去讫、去既二切。《国音》㈠ㄑㄧ泣上；㈡ㄑㄧ泣去。《现汉》单音 qì。
⑩《广韵》祛狶切。平声。《集韵》去几、可亥二切。上声。《国音》㈠ㄑㄧ起上；㈡ㄎㄞ开上(入)。《现汉》音 qǐ。〈古〉又同"恺""凯"。
⑪《广韵》木名。姓。墟里切。《国音》《现汉》并单音 qǐ。
⑫《广韵》《集韵》并七赐、七迹二切。《国音》㈠ㄘ次去；㈡ㄑㄧ缉去。(㈠②⑤⑥⑪⑭ 之又读。)《现汉》音 cì。另见 cī(拟声词)。
⑬ 卻与却、郤互为异体，ch'i⁴ 则郄(乞逆切)也。疑卻、郤相混而误。本条似当删。
⑭《广韵》苦计、苦结、去讫三切。《集韵》诘计、欺讫、讫黠、诘结、私列五切。《国音》㈠ㄑㄧ氣去(入)；㈡ㄒㄧㄝ泄去(入)；㈢ㄑㄧㄝ切去(入)。《现汉》qì、xiè 二音，与《自迩集》相同。

25 CHIA

夹¹ | ch'ia¹. ①
挟¹ | chia², chieh², hsieh². ②
铗¹ | chia⁴, chieh¹, chieh⁴, hsieh². ③
甲¹ | chia³. ④
猳¹ | cha¹. ⑤
袈¹ | chia⁴. ⑥
傢¹ | chia⁴. ⑦
嘎¹ | ka¹, ka², ka³, ka⁴. ⑧
揩¹ | ch'iai³, chieh¹. ⑨
颊² | chia⁴. ⑩
假³ | chia⁴.
贾³ | ku³.
罤³ | chia⁴.
①《广韵》古洽切。《集韵》讫洽切。《国音》㈠ㄐㄧㄚ甲阳(入)；㈡ㄐㄧㄚ甲阴(入)(又读)；㈢ㄐㄧㄚ甲去(入)(一竹桃)。《现汉》jiā、jiá、gā 三音。一竹桃，jiā 竹桃。送气 ch'ia¹，不知所自。

②《广韵》胡颊切。《集韵》吉协、即协、尸牒、讫洽、子洽等五切。《国音》㊀ㄒㄧㅔ协阳(入)；㊁ㄐㄧㄚ夹阳(入)(又读)；㊂ㄒㄧㄚ匣阳(入)(㊀之又读)。《现汉》xié、jiā 二音。

③《广韵》古协切。《国音》《现汉》并音 jiá。

④《广韵》古狎切。入声。《国音》㊀ㄐㄧㄚ夹上(入)；㊁ㄐㄧㄚ夹去(入)(语音，如甲鱼)。《现汉》单音 jiǎ。

⑤《广韵》疷痂。古牙切。见母麻韵开口二等。《国音》《现汉》并音 jiā。口语实有 cha¹ 音。《现汉》作"嘎 gā"(【嘎渣儿】❶痂。)

⑥《广韵》袈裟。古牙切。《国音》《现汉》并音 jiā。

⑦后起字。《康熙》备考·子集列出。《国音》《现汉》并音 jiā。

⑧《广韵》古黠切。与 chia² 音切合。ka¹ 等乃新词新音。《国音》㊀ㄍㄚ旮阴；㊁ㄍㄚ旮阳。《现汉》三音：gā、gá、gǎ。

⑨《广韵》古谐、古八二切。古八切对应 chia¹；古谐切与 chiai¹, chieh¹ 对应；ch'iai¹, 不知所据("楷"之类推误读？)。《国音》《现汉》并音 jiē。

⑩《广韵》古协切。《国音》《现汉》并音 jiá。

26 CH'IA

卡¹ | ch'ia³, k'a¹, k'a³.
夹¹ | chia¹.
洽⁴ | hsia⁴. ①

①《广韵》侯夹切。《国音》㊀ㄒㄧㄚ匣阳(入)；㊁ㄑㄧㄚ卡去(入)。《现汉》单音 qià。

27 CH'IAI

楷³ | k'ai³. ①
稭³ | chia¹, chieh¹.

①原表误作 ka'i³, 今据音节总表 145 k'ai 径改。《广韵》古谐切，又苦骇切。《国音》㊀ㄎㄞ凯上；㊁ㄐㄧㄝ皆阴(㊁❸(木名，曲阜孔林有之)又读)。《现汉》音 kǎi；另见 jiē(黄连木)，释义与《国音》有不同。《自迹集》此组异读只与苦骇切相关，ch'iai³ 音，乃 k'ai³ 之异读。这表明今日"楷模""楷书"之楷，曾有过声母颚化为 ch'iai³ 的异读。这种"新音"，有的活下来了，有的并未存活多久。

28 CHIANG

将¹ | chiang⁴, kang¹. ①
浆¹ | chiang³. ②

虹⁴ | hung², kang⁴. ③
降⁴ | hsiang².
强⁴ | ch'iang², ch'iang³. ④

①将, chiang¹ 与 chiang⁴ 为异读, 但不与"刚 kang¹"构成异读。本书声调练习 148 刚 kang "刚纔"注云: "才刚; 刚刚。有人认为'刚'字讹变于'将 chiang¹'。"译者认为, 此观点有待商榷: 将, 精母字。精母字未有变 k- 的。即以宕江二摄精母字为例, "将将来浆蒋奖桨酱将大将"等无一字有 kang 类之异读; 而今音 chiang 的见母字则有"疆僵薑礓缰江豇讲耩降下降虹"等众多二三等字。"刚 kang¹"是唐韵一等字, 可以有 chiang¹ 音, 今北京话"才刚"仍能听到口语异读音 cái jiāng。在一些北方话里还能听到 [ts'ai³ kiang³], 例如译者家乡胶东文(登)荣(成)话。而见母二等江韵有 kang、chiang 异读的, 有"豇豇豆虹"(异读字表本条: 虹⁴ | hung², kang⁴.); "港",《自迩集》时代尚音 chiang³, 胶东文荣话有异读 [tsiang³ | kang³], 今《现汉》单音 gǎng。本条当改为: 将¹(chiang¹) | chiang⁴; 同时再增加一条: 刚¹(chiang¹) | kang¹。
②《广韵》浆水。即良切。《集韵》资良切。《国音》《现汉》并音 jiāng。
③《广韵》户公切, 又古巷切。《国音》㊀ㄏㄨㄥ红阳; ㊁ㄍㄤ钢去; ㊂ㄐㄧㄤ绛去(㊀之语音又读)。《现汉》hóng、jiàng 二音。
④《广韵》巨良切。《集韵》渠良、巨两、举两三切。ch'iang³ 音后起。《国音》《现汉》与《自迩集》全相同。

29 CH'IANG

戕¹ | ch'iang⁴. ①
誚¹ | ch'iang³. ②
鎗¹ | chêng¹, ch'êng¹.
鎗¹ | ts'ang¹, ch'iang³. ③
强² | ch'iang³, chiang⁴.
鲸² | ch'ing², ching¹. ④

①《集韵》初良切。对应今音当是 ch'uang¹。然《国音》《现汉》《自迩集》并音 ch'iang¹、ch'iang⁴。为何由合口韵变齐齿韵?
②《集韵》语轻也。千羊切。对今音阴平。《国音》《现汉》未收是字。
③据音节总表 29 ch'iang 径加 ch'iang³。
④《集韵》渠良、渠京二切。《国音》㊀ㄐㄧㄥ京阳; ㊁ㄑㄧㄥ擎阳(又读)。《现汉》单音 jīng。

30 CHIAO

角[1] | chiao³, chio², chio³, chüeh². ①
侥[1] | chiao³. ②
浇[1] | hsiao¹. ③
教[1] | chiao⁴.
娇[1] | chiao³. ④
燋[1] | chiao⁴. ⑤
醮[1] | chiao⁴. ⑥
咬[2] | chiao³, ao¹, yao³. ⑦
爵[2] | chio², chio³, ch'io², chüeh², chüo². ⑧
嚼[2] | chiao⁴, chio³, ch'io³. ⑨
觉[2] | chiao⁴, chio², chio³, chüeh². ⑩
较[3] | hsiao⁴. ⑪
饺[3] | hsiao⁴. ⑫
腳[3] |
脚[3] | }chio², chio³. ⑬
校[4] | hsiao⁴. ⑭
觳[4] | ho¹, ho⁴. ⑮

①《广韵》(1) 古岳切, 芒也。竞也。触也。(2) 卢谷切, 又音觉(古岳切)。角里先生。《国音》㈠ㄐㄧㄠ饺上(语音); ㈡ㄐㄩㄝ决阳(入)(㈠之读音); ㈢ㄌㄨ鹿去(入), ~里, 古地名。译按, 今作"角里"。《现汉》jiǎo、jué 二音。

②《集韵》坚尧、倪幺、而由、吉了等四切。《国音》《现汉》并音 jiǎo、yáo。

③《广韵》(1) 古尧切, 沃也。薄也。(2) 五吊切, 韩浞子名, 又音枭。按,《自迩集》大约是据此而标出"浇 chiao¹ | hsiao¹"异读。其实,《广韵》时"枭"还是"古尧切"。"枭"何时有了晓母萧韵音(hsiao¹)? 可参见音节总表 114 hsiao 注 ⑪。

④《广韵》举乔(平)、居夭(上)二切。《国音》《现汉》并音 jiāo。

⑤《集韵》有兹消、子肖二切。《国音》单音 jiāo。

⑥《集韵》慈焦、子肖二切。《国音》《现汉》并音 jiào。

⑦ yao³, 据音节总表 408yao 补。《广韵》(1) 古肴切, 鸟声。(2) 於交切, 淫声。《国音》㈠ㄧㄠ幺上; ㈡ㄐㄧㄠ交阴。《现汉》单音 yǎo。

⑧《广韵》即略切。宕摄药韵。该韵字, 元以後多萧豪、歌戈异读(两韵并收)。"歌戈"又有 -io、-üo、-üeh 之异读。《国音》《现汉》归为一读: jué。

⑨《广韵》在爵切。《集韵》子肖、才笑、疾雀切。《国音》㈠ㄐㄩㄝ爵阳(入);㈡ㄐㄧㄠ焦阳(入)(语音);㈢ㄐㄧㄠ嚼去,倒嚼。《现汉》jiáo、jiào、jué三音。

⑩《广韵》(1)睡觉。古孝切,又音角(古岳切);(2)晓也。大也。明也。寤也。知也。古岳切,又古孝切。《国音》㈠ㄐㄩㄝ绝阳(入);㈡ㄐㄧㄠ饺上(入)(㈠之又读);㈢ㄐㄧㄠ教去。《现汉》jiào、jué二音。

⑪《广韵》古效切,又音角(古岳切)。《国音》㈠ㄐㄧㄠ教去;㈡ㄐㄧㄠ饺上(㈠之又读);㈢ㄐㄩㄝ决阳(入)与"角"通。《现汉》单音jiào。hsiao⁴,不知所由。

⑫《集韵》居效切,音教。饴也。《康熙》引《正字通》:今俗饺饵,屑米面和饴为之,干湿小大不一。水饺饵,即段成式食品,汤中牢丸。或谓之粉角。北人读角如矫,因呼饺饵,讹为饺儿。饺,非饴属。教,非饺音。hsiao⁴,不知所由。

⑬《广韵》居勺切。见母藥韵。《国音》㈠ㄐㄧㄠ饺上;㈡ㄐㄩㄝ决阳(入)(读音)。《现汉》jiǎo、jué二音。

⑭《广韵》胡教切,又音教(古孝切)。《国音》《现汉》与《自迩集》完全相同。此异读亦历史悠久。

⑮《集韵》诘吊、恨竭、下革三切。《国音》单音ㄏㄜ合阳(入)。《现汉》作为"核²"的异体字,单音hé。

31 CH'IAO

雀¹ | ch'iao³, ch'io³, ch'io⁴, ch'üêh⁴. ①
敲¹ | k'ao¹. ②
鹊¹ | ch'iao³, ch'io³, ch'io⁴, ch'üêh⁴. ③
蹻¹ | ch'iao². ④
鞽¹ | ch'iao². ⑤
诮⁴ | hsiao⁴. ⑥
哨⁴ | shao⁴. ⑦

①《广韵》即略切。精母藥韵。今音声母全变为送气音。《国音》㈠ㄑㄩㄝ鹊去(入);㈡ㄑㄧㄠ俏上(语音);㈢ㄑㄧㄠ敲阴,~斑。《现汉》同。

②《广韵》苦教切,又苦交切。平、去二声。《国音》《现汉》并单音qiāo。

③《广韵》七雀切。清母藥韵。《国音》㈠ㄑㄩㄝ雀去(入);㈡ㄑㄧㄠ俏上(又读)。《现汉》单音què。

④《广韵》去遥、其略二切。《国音》㈠ㄑㄧㄠ敲阴;㈡ㄐㄧㄠ饺上;㈢ㄐㄩㄝ决阳(入)。《现汉》qiāo、jué二音。

⑤《广韵》起嚻切。《集韵》丘袄、讫约二切。《现汉》单音qiāo。

⑥《广韵》《集韵》并才笑切。对应今音当是 jiào。然《国音》《现汉》并音 qiào。hsiao⁴，不知何由。

⑦《集韵》有七肖、所教等切。《国音》《现汉》并音 shào。

32 CHIEH

且¹ | ch'ieh³, chü¹. ①
铗¹ | chieh⁴, chia¹, chia⁴, hsieh².
界¹ | chieh⁴. ②
结¹ | chieh². ③
街¹ | kai¹. ④
嗟¹ | chüêh¹. ⑤
綊¹ | chieh⁴. ⑥
歇¹ | hsieh¹. ⑦
楷¹ | chia¹, ch'iai³. ⑧
隔² | chieh⁴, ko². ⑨
挟² | chia¹, chia², hsieh². ⑩
节² | chieh³. ⑪
胁² | hsieh², lei⁴. ⑫
捷² | chieh⁴. ⑬
睫² | tieh², t'ieh³. ⑭
截² | chieh⁴. ⑮
協² | hsieh². ⑯
羯² | hsieh⁴. ⑰
絜² | chieh⁴, hsieh². ⑱
叶² | hsieh². ⑲
解³ | chieh⁴, hsieh⁴. ⑳
浹⁴ | hsieh². ㉑
藉⁴ | chi², chi⁴. ㉒
页⁴ | yeh⁴. ㉓
垓² | kai¹. ㉔

①《广韵》子鱼、七也二切。《国音》㈠ㄑㄧㄝ妾ˊ；㈡ㄐㄩ疽ᴵ；㈢ㄑㄩ趣ₜ。《现汉》qiě、jū 二音。

②《广韵》境也。垂也。古拜切。《集韵》居拜切。并见母怪韵。《国音》《现汉》单音 jiè。
③《广韵》古屑切。见母屑韵。入声。《国音》《现汉》并 jiē、jié 二音。
④《广韵》古谐切，又古膎切。蟹摄皆佳二韵。《国音》《现汉》并 jiē。西南官话今仍音 gai¹。
⑤《广韵》子邪切。《国音》㈠ㄐㄧㄝ姐阴；㈡ㄐㄧㄝ借去。《现汉》jiē，又 juē。《现汉-5》单音 jiē。
⑥《集韵》续缕也。即涉切。精母叶韵。《国音》《现汉》未收是字。
⑦《广韵》气泄也。休息也。又竭也。许竭切。《国音》《现汉》并音 xiē。chieh⁴ 音，当缘自对《尔雅·释诂》"歇，竭也。"的误会。
⑧ 字头"稭"原表误作"楷"，今据本表 25 CHIA、27 CH'IAI 改正。稭，《广韵》古谐切，又古八切。《国音》《现汉》单音 jiē。
⑨《广韵》古核切。见母麦韵。《国音》㈠ㄍㄜ格阳（入）；㈡ㄐㄧㄝ揭阴（入）；㈢ㄐㄧㄝ结阳（入）；㈣ㄍㄜ割阴（入）。《现汉》单音 gé。
⑩《广韵》胡颊切。《集韵》吉协、即协、尸牒、讫洽、子洽五切。《国音》㈠ㄒㄧㄝ协阳（入）；㈡ㄐㄧㄚ夹阳（入）；㈢ㄒㄧㄚ匣阳（入）（㈠之又读）。《现汉》音 xié、jiá。
⑪《广韵》子结切。《国音》《现汉》并音 jié。
⑫《广韵》虚业切。《国音》《现汉》并音 xié。chieh⁴、lei⁴ 二音来源不详。
⑬《广韵》疾叶切。从母叶韵。《国音》《现汉》并音 jié。
⑭《集韵》或作蝶。达协、悉协二切。《国音》《现汉》并音 dié。北京话"蝴蝶儿"，今仍有说 hú tiěr 的。
⑮《广韵》昨结切。《国音》《现汉》并音 jié。
⑯《广韵》胡颊切。《国音》《现汉》并音 xié。
⑰《广韵》居竭切。《国音》《现汉》并音 jié。
⑱《广韵》胡结切，又古节切。《国音》《现汉》并音 jié、xié。
⑲《广韵》胡颊切。《国音》单音ㄒㄧㄝ协阳（入）。《现汉》亦音 xié。chieh² 音，未详。
⑳《广韵》胡买、佳买、古卖三切。《自迩集》《国音》《现汉》三者相同。
㉑《广韵》子协切。《集韵》即协、讫洽、辖夹三切。《国音》ㄐㄧㄚ裌阳（入）。阳平。《现汉》jiā。阴平。
㉒《广韵》慈夜、慈亦二切。《集韵》慈夜、祥亦、秦昔三切。《国音》《现汉》并 jiè、jí 二音。
㉓《广韵》头也。胡结切。《国音》㈠ㄧㄝ叶去；㈡ㄐㄧㄝ协阳（入）。《现汉》单音 yé。
㉔ 垓² ｜ kai¹。，今据音节总表 32 chieh、144 kai 增补。《广韵》古哀切。蟹开一。《集韵》居谐（蟹开二）、柯开（蟹开一）二切。居谐切之音变，类于"街"。《国音》《现汉》并单音 gāi，随一等音走；而二等音 chieh（居谐切）则被"自然删汰"。

33 CH'IEH

切¹ | ch'ieh⁴.
趄¹ | ch'ieh⁴, chü¹, tsu¹. ①
瘸² | ch'üeh². ②
且³ | chieh¹, chü¹. ③
笑⁴ | ts'ê⁴. ④
箧⁴ | hsia². ⑤

①《广韵》七鱼切。清母。《国音》㈠ㄐㄩ疽阴；㈡ㄑㄧㄝ切去，欹斜之意，如"欹珊枕把身躯儿趄"，见西厢记。《现汉》同。

②《广韵》巨靴切。合口三等。《国音》《现汉》并音qué。

③《广韵》七也、子鱼二切。《国音》㈠ㄑㄧㄝ妾上；㈡ㄐㄩ疽阴；㈢ㄑㄩ趣去。《现汉》qiě、jū 二音。

④《广韵》楚革、古协、古洽三切。《国音》ㄘㄜ策去(入)。同"策"。

⑤《广韵》苦协切。《集韵》诘叶切。并溪母怗韵。《国音》《现汉》并音qiè。

34 CHIEN

间¹ | chien⁴.
监¹ | chien⁴.
镌¹ | ch'üan¹. ①
甄¹ | chen¹. ②
缄¹ | hsien². ③
渐¹ | chien⁴. ④
锏³ | chien⁴. ⑤
俭³ | chien⁴. ⑥
搴³ | ch'ien¹, hsien¹. ⑦
蹇³ | ch'ien¹. ⑧
拣³ | lien⁴. ⑨
谏³ | chien⁴. ⑩
见⁴ | hsien⁴.
槛⁴ | hsien², hsien⁴, k'an³. ⑪
阚⁴ | hsien². ⑫
舰⁴ | hsien⁴. ⑬

建⁴ | chin⁴. ⑭
隽⁴ | tsun⁴. ⑮
脸³ | lien³. ⑯

①《集韵》将廉、遵全二切。《国音》《现汉》并音 juān。
②《广韵》居延、章邻二切。《国音》《现汉》并音 zhēn。
③《广韵》古咸切。《国音》《现汉》并音 jiān。
④《广韵》子廉切,又慈染切。《国音》㊀ㄐㄧㄢ尖去;㊁ㄐㄧㄢ尖阴。《现汉》单音 jiàn。
⑤《广韵》古晏切。《国音》《现汉》并音 jiǎn、jiàn。
⑥《集韵》居奄、巨险二切。《国音》㊀ㄐㄧㄢ减上;㊁ㄐㄧㄢ剑去(又读)。《现汉》单音 jiǎn。
⑦《广韵》九辇切。《集韵》丘虔、九件、巳仙三切。《国音》《现汉》并单音 qiān。
⑧《广韵》九辇、居偃二切。《国音》《现汉》并音 jiǎn。
⑨《广韵》古限、郎甸二切,《集韵》贾限、郎甸二切,并见来二母异读。《国音》《现汉》并舍来母而取见母单音 jiǎn。《自迩集》之异读对应中古音。
⑩《广韵》古晏切。《国音》《现汉》并音 jiàn。
⑪《广韵》胡黯切。《集韵》户黤切。《国音》《现汉》并 kǎn、jiàn 二音。
⑫《广韵》古闲切,又音闲(户閒切)、涧(古晏切)。《国音》《现汉》并三音:xián(同"闲")、jiān(同"间")、jiàn(同"间")。
⑬《广韵》胡黯切。匣母。《国音》《现汉》并音 jiàn。由匣母转见母,《自迩集》之匣、见母异读乃其过渡。
⑭《广韵》居万切。《集韵》纪偃、居万二切。《国音》单音ㄐㄧㄢ见去 ❶设立。❷谓月份,如大建小建等是(北平语亦读ㄐㄧㄣ)。……《现汉》单音 jiàn。
⑮《广韵》徂兖切。《国音》《现汉》并 juàn、jùn 二音。
⑯据《北京话音节总表》34 chien、193 lien 补。《国音》脸㊀ㄌㄧㄢ敛上;㊁ㄐㄧㄢ减上(读音)《现汉》单音 liǎn,"语音"取代"读音"。

35 CH'IEN

缠¹ | ch'ien⁴. ①
钤¹ | ch'ien². ②
铅¹ | yen².
黔¹ | ch'ien². ③
嵌¹ | ch'ien⁴. ④

谶¹ | ts'ên⁴, ts'an⁴, ch'an⁴. ⑤
搴¹ | chien³, hsien¹.
褰¹ | ch'ien³.
骞¹ | hsien¹. ⑥
前² | ch'ien³. ⑦
乾² | kan¹.
倩⁴ | ch'ing⁴. ⑧

①《广韵》苦坚切。《集韵》轻烟切。并溪母平声。对应今音当阴平。《国音》《现汉》并音去声 qiàn。《自迩集》存其新旧声调交替之踪迹。
②《广韵》巨淹切。群母平声。《国音》《现汉》并音 qián。
③《广韵》巨金切，又巨炎切。《国音》《现汉》并音 qián。
④《集韵》丘衔、苦滥二切。《国音》㈠ㄑㄧㄢ牵阴；㈡ㄑㄧㄢ欠去(㈠❶又读；北平语亦读ㄑㄧㄢ欠上，如狐嵌。)㈢ㄎㄢ看去(㈠❶之又读)。《现汉》二音 qiàn、kàn。
⑤《广韵》楚谮切。《集韵》楚谮、叉鉴二切。《国音》《现汉》并音 chèn。
⑥《广韵》去乾切。《国音》㈠ㄑㄧㄢ牵阴；㈡ㄐㄧㄢ简上。《现汉》单音 qiān。
⑦《广韵》昨先切。《集韵》才先、子浅二切。《国音》《现汉》并音 qián。译按，"跟前儿"北京口语有说 gēn qiǎnr 的。
⑧《广韵》七政切，又七见切。《国音》㈠ㄑㄧㄢ千去；㈡ㄑㄧㄥ青去(㈠❸❹又读)。《现汉》单音 qiàn。

36 CHIH

知¹ | chih². ①
炙¹ | chih⁴. ②
值¹ | chih², chih⁴. ③
识¹ | chih⁴, shih², shih⁴. ④
贽¹ | chih⁴. ⑤
掷¹ | chih⁴, jêng¹. ⑥
鸷¹ | chih⁴. ⑦
炽¹ | ch'ih⁴. ⑧
只¹ | chih³, chih². ⑨
秩¹ | chih⁴. ⑩
质² | chih³, chih⁴. ⑪

植² | chih⁴, shih². ⑫
蛰² | chê². ⑬
侄² | chih⁴. ⑭
徵² | chih³, chêng¹.
祉³ | ch'ih³. ⑮
治⁴ | ch'ih². ⑯

① 《集韵》珍离、知义二切。《国音》㈠ㄓ之阴；㈡ㄓ志去, 同"智"。《现汉》单音 zhī。〈古〉又同"智"。

② 《广韵》之石切。《国音》《现汉》并音 zhí。

③ 《广韵》直吏切。《集韵》直吏、丞职、逐力三切。《国音》㈠ㄓ直阳（入）；㈡ㄓ志去。《现汉》单音 zhí。

④ shih⁴, 据本表 312 shih 补。《广韵》职吏切。本音式。《集韵》增式吏、昌志二切。《国音》《现汉》并音 shí、zhì。

⑤ 《广韵》《集韵》并脂利切。章母。去声。《国音》《现汉》并音 zhì。

⑥ 这里可能是把"掷""扔"二字合一了。《广韵》直炙切。《国音》单音ㄓ直阳（入）。《现汉》zhī、zhì 二音。《现汉 -5》单音 zhì。《自迩集》jêng³, 可能因与"扔"动作相同而类推误读？

⑦ 《广韵》之日切。《集韵》职日、竹力二切。《国音》《现汉》并音 zhì。

⑧ 《广韵》昌志切。《国音》《现汉》并音 chì。

⑨ 《广韵》章移、之尔二切。《国音》㈠ㄓ止上；㈡ㄓ之阴, "隻"之简写。《现汉》同上。

⑩ 《广韵》直一切。《集韵》直质切。并澄母质韵。《国音》《现汉》并音 zhí。

⑪ 《广韵》陟利切, 又之日切。《国音》㈠ㄓ直阳；㈡ㄓ志去。《现汉》单音 zhì。

⑫ 据音节总表 36 chih、312shih 增补 shih²。《广韵》直吏、市力、常职三切。《国音》《现汉》并音 zhí。

⑬ 《广韵》《集韵》直立切。《国音》㈠ㄓ直阳（入）；㈡ㄓㄜ折阳（入）。《现汉》单音 zhé。

⑭ 此"侄"即"姪",《广韵》兄弟之子。直一切, 又音迭。《国音》《现汉》单音 zhí。

⑮ 《广韵》敕里切。《集韵》丑里、渚市二切。《国音》《现汉》单音 zhǐ。

⑯ 治 ch'ih², 原表误标 3 声, 今据本表 37 ch'ih 径改。《广韵》直利切, 又直之切。《国音》㈠ㄓ志去；㈡ㄔ池阳（❷❹❺之读音）。《现汉》单音 zhì。

37 CH'IH

吃¹ | chi¹, ch'i¹.
笞¹ | ch'ih², ch'ih³. ①
赤¹ | ch'ih⁴. ②
侈¹ | ch'ih³. ③
差¹ | ch'ih², ch'a¹, ch'ai¹, tz'ǔ¹.
嗟¹ | tso¹, ts'o². ④
嗤¹ | ch'ih³. ⑤
痴¹ | ch'ih². ⑥
癡¹ | ch'ih². ⑦
勅¹ | ch'ih⁴. ⑧
饬¹ | ch'ih⁴. ⑨
治² | chih⁴.
恃² | shih⁴. ⑩
匙² | shih¹, shih². ⑪
祉³ | chih³. ⑫
敕⁴ | shuo⁴. ⑬
掣⁴ | ch'ê⁴. ⑭
斥⁴ | t'o¹. ⑮
炽⁴ | chih¹.

① 《广韵》丑之切。捶击。平声。《国音》《现汉》并音 chī。
② 《广韵》昌石切。入声。《国音》《现汉》并音 chì。
③ 《广韵》尺氏切。昌母纸韵。上声。《国音》《现汉》并音 chǐ。
④ 《广韵》昨何切。《集韵》才何切。并從母歌韵。《国音》《现汉》并音 cuó。
⑤ 《广韵》赤之切。《集韵》充之切。平声。《国音》《现汉》并音 chī。
⑥ 《广韵》丑之切。痴癡不达之皃。《国音》㈠彳蚩阴；㈡彳池阳。《现汉》单音 chī。
⑦ 《广韵》丑之切。不慧也。《国音》《现汉》同"痴"音 chī。
⑧ 《广韵》恥力切。《集韵》畜力切。并徹母职韵。入声。《国音》《现汉》并音 chì。
⑨ 《广韵》恥力切。《集韵》畜力切。并徹母职韵。入声。《国音》《现汉》并音 chì。
⑩ 《广韵》依也。赖也。时止切。《集韵》上止切。并禅母止韵。《国音》《现汉》并音 shì。
⑪ 《广韵》是支切。《集韵》常支切。并禅母平声。《国音》《现汉》并音 chí、shi。
⑫ 《广韵》福也。禄也。敕里切。徹母止韵。《集韵》渚市切，章母止韵；丑里切，徹母止韵。

《国音》《现汉》并音 chǐ。

⑬《广韵》同"勅"。shuo⁴，不知所自。

⑭《广韵》尺制切，又尺折切。《国音》《现汉》并音 chè。

⑮《广韵》昌石切。《集韵》昌石切，又闛各切，挥斥，放纵也。《国音》《现汉》并单音 chì。

38 CHIN

觔¹ | kên¹.①

肋¹ | lê⁴, lei⁴.②

津¹ | ching¹.③

浸¹ | chin⁴, ch'in⁴.④

荆¹ | ching¹.⑤

禁¹ | chin⁴.

猎³ | yin².⑥

劲⁴ | ching⁴.⑦

建⁴ | chien⁴.

尽⁴ | ching⁴.⑧

① 后起字。本书谈论篇百章之二十四"一个仰面的觔斗"，原注：觔 chin¹，严格地讲，跟部首69"斤"相同；这里读作 kên¹：为什么 kên tou 的意思是"筋斗"，或跌倒，无法解释；常用，不论人、兽都用。《国音》音ㄐㄧㄣ津ₐ；词面"觔斗"。《现汉》作：【斤斗】jīndǒu〈方〉跟头；【跟头】gēn·tou。

②《广韵》卢则切。《集韵》(1) 举欣切，《说文》肉之力也。(2) 歷德切，《说文》胁骨也。卢则、歷德切，曾摄德韵，近代可演化出皆来歌戈两韵异读，如"肋"之 lê⁴、lei⁴。

③《广韵》将邻切。《集韵》资辛切。并臻摄真韵。《国音》《现汉》并音 jīn。

④《广韵》浸淫也。七林切，又子鸩切。《国音》㊀ㄐㄧㄣ尽ₐ；㊁ㄐㄧㄣ津ₐ（又读）。《现汉》单音 jìn。

⑤《广韵》举卿切。梗摄庚韵。《国音》《现汉》并音 jīng。

⑥《广韵》犬争。语斤切。《集韵》鱼斤切。并疑母欣韵。《国音》《现汉》并音 yín。

⑦《广韵》劲健也。居正切。《集韵》坚正切。并梗摄劲韵。《国音》《现汉》并音 jìn、jìng 二音。jìn 音後起，目前所见最早记录，是《自迩集》?

⑧《广韵》慈忍切，又即忍切。從、精二母异读。ching⁴，参见本书第六章第一段注6（成天家尽是耍排子摆架子）：注意"尽"用于表示"仅、止"时，读 ching⁴。译按，後分化为"盡、儘"二字。《国音》盡ㄐㄧㄣ进ₐ；儘ㄐㄧㄣ尽ᵃ。《现汉》"盡、儘"简化、合并为"尽"，"尽"

便成为 jìn、jǐn 二音异读字。

39 CH'IN
亲¹ | ch'in⁴, ch'ing⁴. ①
衾² | ch'in³. ②
浸⁴ | chin¹, chin⁴.
沁⁴ | hsin¹. ③

①《广韵》(1)爱也。近也。七人切，(2)亲家。七遴切，又七邻切。《国音》《现汉》并 qīn、qìng 二音。"亲（家）"音 qìng 起于何时？目前所见，《自迩集》最早。

②《广韵》单音去金切。《国音》㊀ㄑㄧㄣ钦阴；㊁ㄑㄧㄣ琴阳（又读）。《现汉》单音 qīn。

③《集韵》多音，其中有（1）七鸩切；（2）思林切。俱水名。《国音》《现汉》单音 qìn。

40 CHING
更¹ | kêng¹, kêng⁴. ①
耕¹ | kêng¹. ②
荆¹ | chin¹.
鲸¹ | ch'ing², ch'iang².
茎¹ | hêng². ③
经¹ | ching⁴. ④
京¹ | yüan², yin¹⑤
津¹ | chin¹.
穽³ | ching⁴. ⑥
耿³ | kêng³. ⑦
请³ | ch'ing³. ⑧
颈³ | kêng³. ⑨
劲⁴ | chin⁴.
尽⁴ | chin⁴.
甑⁴ | tsêng⁴, tsêng¹. ⑩

①《广韵》古行切，又古孟切。《广韵》居行、居孟、古青三切。《国音》与《自迩集》同：㊀ㄍㄥ庚阴；㊁ㄐㄧㄥ京阴（㊀❸之语音）；㊂ㄍㄥ庚去。《现汉》gēng、gèng 二音。

②《广韵》《集韵》并古茎切。见母耕韵开口二等。《国音》㊀ㄍㄥ庚阴；㊁ㄐㄧㄥ京阴（语音）。《现汉》单音 gēng。

③《广韵》户耕、乌茎二切。《国音》《现汉》并音 jīng。古匣母、影母而今 j-,《自迩集》乃其"桥梁"。

④《广韵》古灵切,又音径(古定切)。平、去二声。《国音》单音ㄐㄧㄥ京阳《现汉》jīng、jìng 二音。

⑤ 京 yüan²,《康熙》京:又與"原"同;京:《正字通》:俗"原"字。《礼·檀弓》:赵文子曰:是全要领以从先大夫于九京也。《国音》㈠ㄐㄧㄥ经阳;㈡ㄩㄢ圆阳,与原㈠❺通,如九原,语见《礼记》。然而,这种通假关系不同于异读关系,故 yüan² 当删。京 yin¹,义不详。

⑥《广韵》疾郢切。从母上声。今音当去声。《国音》《现汉》并上声 jǐng。《自迩集》衔接古今。

⑦《广韵》《集韵》并古幸切。今音当为齐齿韵。《国音》《现汉》并音 gěng。《自迩集》适为过渡。

⑧《广韵》疾盈切,又在性、七井二切。《国音》㈠ㄑㄧㄥ青上;㈡ㄑㄧㄥ青阳,~室,监狱。见《汉书》;㈢ㄑㄧㄥ情阳,❶同"情";❷同"擎";㈣ㄐㄧㄥ净去,汉制,诸侯朝见天子,春曰朝,秋曰请。《现汉》单音 qīng。

⑨《广韵》巨成、居郢二切。《集韵》渠成、吉成、九领三切。见系三等韵。今音当为齐齿韵。《国音》《现汉》并音 jǐng、gěng。与《自迩集》同。

⑩ tsêng¹,据本表 378 tsêng 增补。《集韵》慈陵、子孕二切。今音当为齐齿韵。《国音》《现汉》并音 zèng。

41 CH'ING

情¹ | ch'ing².
顷¹ | ch'ing³, ch'iung³. ①
倾¹ | ch'iung¹, k'êng¹. ②
鲸² | ch'iang², ching¹.
请³ | ching³.
倩⁴ | ch'ien⁴.
亲⁴ | ch'in¹, ch'in⁴. ③

①《广韵》去营、去颍二切。并合口三等。《国音》《现汉》并齐齿:qǐng、qīng。

②《广韵》去营切。溪母清音。合口三等。《国音》㈠ㄑㄧㄥ轻阳;㈡ㄑㄧㄥ擎阳(又读);㈢ㄎㄥ坑阴,~家荡产;~人。《现汉》单音 qīng。由古合口细音到今齐齿韵,《自迩集》尚存合口"遗迹"(ch'iung¹)。

③ 原表 ch'in¹, 韵尾 n 倒植如 u, 今径改。

42 CHIO

角² | chio³, chiao¹, chiao³, chüeh².
脚² | chio³, chiao³.
爵² | chio³, chiao², ch'io², chüeh², chüo².
觉² | chio³, chiao², chiao⁴, chüeh².
腳³ | chio², chiao³. ①
嚼³ | chiao², chiao⁴, ch'io².
催⁴ | ch'io⁴. ②

① chio², 据本表 30 chiao 增补。脚腳异体，应如 30 chiao 标示。
②《广韵》古岳切。《国音》《现汉》并音 jué。

43 CH'IO

却¹ | ch'io⁴, ch'üeh⁴, ch'üo⁴. ①
爵² | chiao², chio², chio³, chüeh², chüo².
嚼² | chiao², chiao⁴, chio³.
雀³ | ch'io⁴, ch'iao¹, ch'iao³, ch'üeh⁴. ②
鹊³ | ch'io⁴, ch'iao¹, ch'iao³, ch'üeh⁴. ③
卻⁴ | ch'i⁴, ch'üeh⁴.
碏⁴ | ch'üeh⁴, hsi². ④
催⁴ | chio⁴.
确⁴ | ch'üeh⁴. ⑤

①《广韵》去约切。溪母药韵。《国音》ㄑㄩㄝ碏₍去(入)₎。"卻/却"同。《现汉》亦单音 què。
②《广韵》即略切。药韵精母。《国音》《现汉》并 què、qiǎo、qiāo 三音。由不送气的精母到送气的 q-(ch'-)，《自迩集》时已完成。
③《广韵》七雀切。药韵清母。《国音》㊀ㄑㄩㄝ雀₍去(入)₎；㊁ㄑㄧㄠ俏₍上₎(又读)。《现汉》单音 què。
④《广韵》七雀切。《集韵》七约、仓各、思积三切。《国音》《现汉》并音 què，但释义不同：前者"石杂色"，七雀、七约切，对今音 què，不误；后者"用于人名，石碏，春秋(时)卫国大夫"。"人名"义《集韵》音仓各切，对今音当为 cuò，对 què 则误。
⑤据音节总表 43 ch'io、57 ch'üeh 补。确，《广韵》苦角切。《国音》《现汉》并音 què。

44 CHIU

咎¹ | chiu⁴, kao¹. ①
究¹ | chiu⁴. ②
赳¹ | chiu³. ③
纠¹ | chiu³. ④

① 咎 kao¹,《广韵》古劳切,皋陶,舜臣,古作咎䍃。《集韵》居劳切,姓也。通作皋。姓之"咎"与"既往不咎"之"咎",乃同形字关系而非异读关系,故本条中 kao¹ 当删。《国音》㈠ㄐㄧㄡ白去;㈡ㄍㄠ高阴,同"皋"。《现汉》单音 jiù。

②《广韵》居祐切。《集韵》居又切。俱宥韵去声。《国音》㈠ㄐㄧㄡ白去;㈡ㄐㄧㄡ纠阴(又读)。《现汉》单音 jiū。

③《广韵》居黝切。《集韵》居虬、吉酉、祁祐、古幼等四切。《国音》ㄐㄧㄡ九上。《现汉》音阴平 jiū。

④ 纠,原作"糾"。《广韵》居黝切。《国音》㈠ㄐㄧㄡ又究阴;㈡ㄐㄧㄡ又九上(又读)。《现汉》单音 jiū。

45 CH'IU

鞦¹ | yu¹. ①
仇² | ch'ou².
囚² | hsiu². ②

①《广韵》七由切。《国音》《现汉》并音 qiū。yu¹,不知所由。儿语谓"荡鞦韆"曰"荡悠悠"之"悠"?

②《广韵》似由切。《集韵》徐由切。邪母所致?南方官话影响?

46 CHIUNG

穷² | ch'iung². ①
迥³ | ch'iung³, hsiung³. ②
窘³ | chün³. ③

① 穷,中古平声羣母,在近代南北官话多个区域曾有声母送气与不送气之异读。《自迩集》保存有此类异读,穷² | ch'iung²,即其一例。

②《广韵》户顶切。匣母合口四等上声。《集韵》户茗(合四上)、胡鎣(开四去)二切。并匣母细音。今音当对应 hsiung⁴。然《国音》《现汉》并音 jiǒng。与《自迩集》前一音同。《自迩集》之异读,反映新旧音之并存。

③《广韵》渠殒切。轸韵字。《国音》㈠ㄐㄩㄥ迥上；㈡ㄐㄩㄣ均上（又读）。《现汉》单音 jiǒng。由轸韵到梗韵，《自迩集》—《国音》适为过渡阶段。

47 CH'IUNG

倾¹ | ch'ing¹, k'êng¹.
穷² | chiung².
顷³ | ch'ing¹, ch'ing³.
恐³ | k'ung³. ①
迥³ | chiung³, hsiung³.

①《广韵》丘陇、丘用二切。溪母通摄三等字。今当对音 qiǒng 或 qiòng。然《国音》《现汉》并音一等之 kǒng。《自迩集》之异读，为新旧音之并存、叠加。

48 CHO

拙¹ | tsê⁴. ①
棹¹ | chao⁴.
着¹ | cho², chao², chê¹, shuo², chê². ②
折² | chê², shê².
梲² | tsê⁴. ③
著² | chao², chê¹, chu⁴, chê². ④
酌² | chao¹, chê¹, shuo², chê².
茁⁴ | cha², chü², chua⁴.
缀⁴ | chui⁴. ⑤
辍⁴ | tsê⁴. ⑥

①《广韵》职悦切。《国音》ㄓㄨㄛ卓阳(入)。《现汉》音 zhuō。tsê⁴ 当时的口语音？
②《国音》《现汉》并 zhāo、zháo、zhuō、·zhe 四音。
③《广韵》他骨切，又音拙（职悦切）。《国音》ㄓㄨㄛ卓阳(入)。《现汉》zhuō。
④《广韵》直鱼切，又直略、陟虑、陟略三切。《国音》㈠ㄓㄨ住去；㈡ㄓㄨㄛ卓阳(入)；㈢ㄓㄠ招阳；㈣ㄓㄠ招轻；㈤ㄓㄜ遮轻。《现汉》单音 zhù。助词之功能一并转交"着"。
⑤《广韵》陟略切，又竹芮切。《国音》《现汉》并音 zhuì。
⑥《广韵》陟劣切。知母薛韵。《国音》《现汉》并音 chuò。由知母变彻母，在《自迩集》之後、《国音》之前？

49 Ch'O

裰⁴ | chui⁴, to⁴. ①
触⁴ | ch'u⁴, ch'uo⁴. ②
绰⁴ | ch'ao¹, ch'uo⁴. ③
黜⁴ | ch'u¹, ch'u⁴. ④

① 《广韵》丁括切。《国音》ㄉㄨㄛ夺阳(入)。《现汉》阴平 duō。裰，古来只有端母末韵一读。此处三音疑是裰 to⁴、辍 ch'o⁴、缀 chui⁴ 三字音混而为一。

② 《广韵》尺玉切。《集韵》又昌句切。《国音》《现汉》并音 chù。

③ 《广韵》昌约切。《国音》ㄔㄨㄛ戳去(入)。《现汉》二音：chuò、chāo（藥韵之萧豪歌戈两韵并收）。

④ 《广韵》丑律切。《国音》ㄔㄨ触去(入)。《现汉》音 chù。

50 CHOU

粥¹ | chu¹. ①
妯² | chu⁴. ②
轴² | chu⁴. ③
杻³ | ch'ou³, niu³. ④

① 《广韵》糜也。之六切。又余六切，鬻也。《国音》㈠ㄓㄨ祝去(入)；㈡ㄓㄡ轴阴(入)（㈠之语音）；㈢ㄩ浴去(入)，同"鬻"。《现汉》zhōu、yù 二音。

② 《广韵》妯娌。直六切。《国音》㈠ㄓㄨ竹阳(入)（读音）；㈡ㄓㄡ轴阳(入)。《现汉》单音 zhóu。

③ 《广韵》车轴。直六切。《国音》㈠ㄓㄨ竹阳(入)（读音）；㈡ㄓㄡ州阴(入)（㈠之语音）；㈢ㄓㄡ昼去(入)。《现汉》zhóu、zhòu 二音。

④ 《广韵》敕久切，杻械；女久切，木名。《国音》《现汉》并 chǒu、niǔ 二音。

51 CH'OU

仇² | ch'iu².
杻³ | chou³, niu³. ①
扭³ | niu³. ②

① niu³，据本表 50 chou、243 niu 增补。《广韵》女久、敕久二切。《国音》《现汉》并 niǔ、chǒu 二音。

② 《广韵》陟柳切，又音纽（女久切）。《国音》《现汉》并音 niǔ。

52 CHÜ

且¹ | chieh¹, ch'ieh³.
趄¹ | ch'ieh¹, ch'ieh⁴, tsu¹.
车¹ | ch'ê¹.
跔¹ | chü⁴. ①
菊¹ | chü². ②
矩¹ | chü³. ③
俱¹ | chü⁴. ④
虚¹ | hsü¹. ⑤
觑¹ | chü⁴, ch'ü⁴. ⑥
足² | tsu². ⑦
苴² | cha², cho⁴, chua⁴.
举³ | chü⁴. ⑧
钜⁴ | ch'ü³. ⑨
屡⁴ | lü², lü³. ⑩
聚⁴ | hsü³. ⑪

① 《广韵》渠玉切。入声。《国音》《现汉》并音 jú。
② 《广韵》居六切。入声。《国音》《现汉》并音 jú。
③ 《广韵》俱雨切。入声。《国音》《现汉》并音 jǔ。
④ 《广韵》举朱切。平声。《国音》㊀ㄐㄩ居阴；㊁ㄐㄩ巨去（又读。）《现汉》Jū, 姓；jù〈书〉全，都……jù，在《国音》是"又读"；Jū，在《现汉》只用于"姓"。
⑤ 《广韵》朽居、去鱼二切。《国音》《现汉》并音 xū。
⑥ 《广韵》七虑切。《国音》音ㄑㄩ趣去。《现汉》qù、qū 二音。
⑦ 《广韵》趾足也。又满也。止也。即玉切。又将喻切。《国音》㊀ㄗㄨ族阳(入)；㊁ㄐㄩ聚去过，太甚。《现汉》单音 zú。
⑧ 《广韵》居许切。《国音》《现汉》并音 jǔ。
⑨ 《广韵》其吕切。《集韵》白许切。并羣母语韵。《国音》《现汉》并音 jù。
⑩ 《广韵》良遇切。《集韵》龙遇切。并来母遇韵。去声。《国音》《现汉》并音上声 lǚ。chü⁴，不知所由。
⑪ 《康熙》：《唐韵》《正韵》慈庚切，《集韵》《韵会》在庚切，并上声，《说文》会也。《五方元音》咀去声，又徐上声。《自迩集》音 hsü³、又音 chü⁴。《国音》《现汉》并音 jù。

53 CH'Ü

曲¹ | ch'ü³. ①
麴¹ | ch'ü². ②
衢¹ | ch'ü². ③
钜³ | chü⁴.
去⁴ | k'o⁴. ④
漆⁴ | ch'i¹.
觑⁴ | chü¹, chü⁴.

① 《广韵》丘玉切。《自迩集》《国音》《现汉》并音 qū、qǔ。
② 《广韵》驱匊切。《国音》ㄑㄩ屈阳。《现汉》音 qū。
③ 《广韵》其俱切。《国音》《现汉》并音 qú。
④ 方言里有 k'o, k'ê, 但《自迩集》未见其用例。

54 CHÜAN

捐¹ | yüan². ①
卷³ | chüan⁴. ②
捲³ | ch'üan². ③
圈⁴ | ch'üan¹, ch'üan⁴. ④

① 《广韵》与专切，弃也。《集韵》余专切。并以母。《国音》《现汉》并音 juān。由以母转见母。《自迩集》反映了转变前后新旧两母之异读。《汉语大字典》又音 yuán，[捐毒] 汉西域国名。
② 《广韵》卷舒。居转、居倦二切。又，曲也。巨员切。《国音》㈠ㄐㄩㄢ绢去；㈡ㄐㄩㄢ捲上；㈢ㄑㄩㄢ拳阳。《现汉》二音 juǎn、juàn。
③ 《广韵》巨员、居转二切。《国音》《现汉》并音 juǎn。
④ 《广韵》渠篆切，又求晚切。养畜闲也。《集韵》逵去爱切。屈木也。《自迩集》三音与《国音》有不同：㈠ㄑㄩㄢ拳阴；㈡ㄑㄩㄢ劝去；㈢ㄐㄩㄢ捐阴。《现汉》又有不同：juān、juàn、quān。

55 CH'ÜAN

圈¹ | ch'üan⁴, chüan⁴.
镯¹ | chien¹.
攛¹ | ts'uan¹. ①

捲² | chüan³.
攢² | ts'uan². ②
窜⁴ | ts'uan⁴. ③
驥⁴ | ts'uan¹, ts'uan⁴. ④
爨⁴ | ts'uan⁴. ⑤

① 《集韵》七九、取乱二切。《自迩集》时撮口与合口异读（声母相应变化）。《国音》《现汉》并音 cuān。
② 《广韵》则旰、在玩二切。翰、换二韵。并去声。《国音》《现汉》并音 cuán、zǎn。
③ 《广韵》七乱切。《国音》《现汉》并音 cuàn。
④ 各书俱未收录是字。
⑤ 《广韵》七乱切。《集韵》七九、取乱二切。《国音》《现汉》并音 cuàn。

56 CHÜEH

嗟¹ | chieh¹.
角² | chiao¹, chiao³, chio², chio³.
爵² | chiao², chio², chio³, ch'io², chüo².
觉² | chiao², chiao⁴, chio², chio³.

57 CH'ÜEH

瘸² | ch'ieh².
卻⁴ | ch'i⁴, ch'io⁴.
却⁴ | ch'io¹, ch'io⁴, ch'üo⁴.
碏⁴ | ch'io⁴, hsi².
雀⁴ | ch'iao¹, ch'iao³, ch'io³, ch'io⁴.
鹊⁴ | ch'iao¹, ch'iao³, ch'io³, ch'io⁴.
络⁴ | lo⁴, lao⁴. ①
確⁴ | ch'io⁴. ②

① 《广韵》卢各切。《集韵》歷各切，又克各切（絮也。一曰生丝）。《国音》《现汉》并音 luò、lào。
② 確⁴ | ch'io⁴，据音节总表 43 ch'io、57 ch'üeh 补。《广韵》苦角切。《国音》《现汉》并音 què。

58 CHÜN

竣¹ | chün⁴, tsun⁴. ①
菌³ | chün⁴. ②
窘³ | chiung³.
俊⁴ | tsun⁴. ③
畯⁴ | tsun⁴. ④
馂⁴ | tsun⁴. ⑤
骏⁴ | tsun⁴. ⑥

①《广韵》《集韵》并七伦切。清母平声。《国音》《现汉》并音 jùn。由清母转为精母,《自迩集》时业已完成,然而声调和四呼(合、撮)上,仍处于平去声并存、-un-ün(连带着声母腭化与否,有如"俊 chün⁴ | tsun⁴")并存。

②《广韵》渠殒切。《国音》ㄐㄩㄣ郡去。《现汉》jūn、jùn 二音。

③《广韵》子峻切。精母稕韵。合口三等。《国音》㈠ㄐㄩㄣ竣去;㈡ㄗㄨㄣ尊去(又读)。《现汉》单音 jùn。

④《广韵》子峻切。《国音》《现汉》并音 jùn。

⑤《广韵》子峻切。《国音》《现汉》并音 jùn。

⑥《广韵》子峻切。又音峻(私闰切)。《国音》《现汉》并音 jùn。

59 CH'ÜN

— | ——

60 CHÜO

爵² | chiao², chio², chio³, ch'io², chüeh².

61 CH'ÜO

却⁴ | ch'io¹, ch'io⁴, ch'üeh⁴.

62 CHU

主¹ | chu², chu³. ①
咮¹ | chu⁴. ②
茱¹ | shu². ③
蛛¹ | chu². ④

粥¹ | chou¹.
祝² | chu⁴. ⑤
篴² | ti². ⑥
属² | shu², shu³. ⑦
嘱² | chu³. ⑧
瞩² | chu³. ⑨
阻³ | tsu³, tsu⁴, tsou³. ⑩
助³ | chu⁴. ⑪
诅³ | tsu³. ⑫
伫⁴ | ch'u³. ⑬
著⁴ | chao², chê¹, cho².
妯⁴ | chou².
竚⁴ | ch'u³. ⑭
轴⁴ | chou².
碡⁴ | tu⁴. ⑮

①《广韵》之庾切。《集韵》肿庾、朱戍二切。《国音》《现汉》并音 zhǔ。
②《广韵》章俱、中句二切。又曲喙，张流、张救二切。《国音》《现汉》并音 zhòu。
③《广韵》市朱切。禅母虞韵。《国音》《现汉》并音 zhū。
④《广韵》陟输切。知母虞韵。平声。《国音》《现汉》并音 zhū。
⑤《广韵》之六切。章母屋韵。《国音》《现汉》并音 zhù。
⑥《广韵》直六、徒历二切。《国音》单音ㄉㄧ狄(阳)(入)，同"笛"。
⑦《广韵》之欲切，又音蜀（市玉切）。《国音》《现汉》并 shǔ、zhǔ 二音。
⑧《广韵》之欲切。《国音》《现汉》并音 zhǔ。
⑨《广韵》之欲切。《国音》《现汉》并音 zhǔ。
⑩《广韵》侧吕、庄助二切。庄母。《国音》《现汉》并音 zǔ。
⑪《广韵》《集韵》并牀据切。《国音》《现汉》并音 zhù。
⑫《广韵》庄助切。庄母去声。《集韵》增壮所切。庄母上声。《国音》《现汉》并音 zǔ。
⑬《广韵》直吕切。《集韵》丈吕切。并澄母语韵。《国音》《现汉》并音 zhù。
⑭ 同"伫"。参见本条注⑬。
⑮《广韵》徒谷、直六、徒沃三切，碌碡，田器。《国音》单音ㄉㄨ独(阳)(入)。《现汉》单音 zhóu。

63 CH'U

出¹ | pieh¹. ①
黜¹ | ch'o⁴, ch'u⁴.
伫³ | chu⁴.
处³ | ch'u⁴.
竚³ | chu⁴.
悚⁴ | sung³. ②
畜⁴ | hsü¹, hsü⁴. ③
触⁴ | ch'uo⁴, ch'o⁴.

①《广韵》赤律切，又赤季切。《国音》《现汉》并音 chū。pieh¹, 义不详。
②《广韵》息拱切。《国音》㊀ㄙㄨㄥ上, 惧；㊁ㄙㄨㄥ阳, 讥人怯懦软弱。《现汉》单音 sǒng。ch'u⁴，可能是"怵"的音。
③《广韵》丑救、许宥二切，流摄音；许六、丑六二切，通摄音。《国音》《现汉》并音 chù、xù。与《自迩集》一致之处，在于皆跟通摄音走。

64 CHUA

抓¹ | chao³. ①
仄³ | chai³, tsê⁴. ②
爪³ | chao³.
大⁴ | ta⁴, tai⁴, to⁴. ③
茁⁴ | cha², cho⁴, chü².

①《广韵》侧交、侧绞、侧教三切。《国音》㊀ㄓㄨㄚ挺；㊁ㄔㄨㄚ欻上；㊂ㄓㄠ招阴 (㊀之读音)。《现汉》单音 zhuā。注意：文白易位。
②《广韵》阻力切。《集韵》札色切。并莊母职韵。于近代入声消失过程中可能出现"皆来歌戈'两韵异读'"，如《自迩集》然 (chai³, tsê⁴)。《国音》《现汉》音 zè。chua³，不知所自。
③《广韵》徒盖、唐佐二切。《集韵》又增他盖、他佐、他达三切。《国音》《现汉》并三音：dà、dài、tài。chua⁴，不知所据。

65 CH'UA

— | ——

66 CHUAI
拽¹ | chuai⁴, hsieh², hsieh⁴, yeh⁴. ①
转³ | chuan³, chuan⁴. ②

① 《集韵》时制、以制、羊列三切。《国音》《现汉》并音 zhuāi、zhuài、yè。
② 《广韵》陟兖、知恋二切。《国音》㈠ㄓㄨㄢ专上；㈡ㄓㄨㄢ专去。《现汉》与《自迩集》相同：zhuǎi、zhuǎn、zhuàn。

67 CH'UAI
揣¹ | ch'uai³, ch'ui³①.
膪² | ch'uai⁴. ②

① ch'ui³, 据音节总表 67 ch'uai、73 ch'ui 补。《广韵》初委切，又丁果切。《国音》ㄔㄨㄞ 踹上。《现汉》chuāi、chuǎi、chuài 三音。
② 《广韵》仕怀切。《国音》《现汉》并音 chuái。

68 CHUAN
耑¹ | tuan¹.
转³ | chuan⁴, chuai³.
啭³ | chuan⁴. ①
传⁴ | ch'uan².
赚⁴ | ch'an², tsan⁴.

① 《广韵》知恋切。《集韵》株恋切。并去声。《国音》ㄓㄨㄢ转上。《现汉》音去声 zhuàn。

69 CH'UAN
槛¹ | shuan¹. ①
川¹ | ch'uan². ②
拴¹ | | shuan¹. ③
栓¹ | shuan¹. ④
传² | chuan⁴.
篡⁴ | ts'uan⁴. ⑤

① 《广韵》《集韵》数还切。《国音》《现汉》并音 shuān。
② 《广韵》昌缘切。《国音》《现汉》并音 chuān。
③ 《广韵》鑹，此缘切。《说文》曰：所以鉤门户枢也。一曰治门户器也。清母。字，《国音》作"拴"，《现汉》作"闩（槛）"；声变生母，并音 shuān。

④《广韵》山员切。木丁也。《集韵》数还切。贯物也。《国音》《现汉》并音 shuān。
⑤《广韵》初患切。《集韵》初患、乌眷二切。初母字于近代多曾发生 ch'-、ts'- 异读。《国音》《现汉》并音 cuàn。

70 CHUANG
春¹ | ch'ung¹. ①
①《广韵》书容切。《集韵》书容、诸容二切。《国音》㈠ㄔㄨㄥ冲阳；㈡ㄕㄨㄥ（又读）。《现汉》单音 chōng。

71 CH'UANG
创¹ | ch'uang⁴, ch'uang³. ①
淙² | ts'ung². ②
①《广韵》初良、初亮二切。开口三等。《国音》《现汉》并 chuāng、chuàng 二音。
②《广韵》藏宗切，又士江切。《国音》《现汉》并音 cóng。

72 CHUI
觜¹ | tzǔ¹, tsui³. ①
裰⁴ | ch'o⁴, to⁴.
缀⁴ | cho⁴.
捶² | ch'ui². ②
①《广韵》姊宜、即委二切。《国音》《现汉》并 zī、zuǐ 二音。
② 捶² | ch'ui²., 据音节总表 72 chui、73 ch'ui 补。《广韵》之累切。《国音》《现汉》并音 chuí。参见音节总表 72 chui 注②。

73 CH'UI
吹¹ | ch'ui⁴, k'an⁴. ①
炊¹ | ts'uan¹. ②
推¹ | t'ui¹. ③
捶² | chui².
①《广韵》昌垂、尺伪（平、去）二切。《集韵》姝为、尺偽二切。《国音》㈠ㄔㄨㄟ炊阳；㈡ㄔㄨㄟ炊去。《现汉》单音 chuī。吹 k'an³，今所谓 "k'an³ 大山" 之 k'an³？
②《广韵》昌垂切。炊爨。可能是 "炊" 与 "爨（《集韵》七乱、取乱二切）" 的合一？
③《广韵》排也。叉佳切，又汤回切。《国音》《现汉》单音 tuī。

74 CHUN
屯¹ | t'un². ①
惇¹ | tun¹. ②
谆¹ | ch'un². ③
隼³ | hsin³, hsün³. ④

① 原表遗送气符号，今据 360 t'un 补。《广韵》难也。厚也。陟纶切，又徒浑切。《国音》㊀ ㄊㄨㄣ饨阳；㊁ ㄓㄨㄣ谆例；㊂ ㄔㄨㄣ纯阳。《现汉》tún、zhūn。
②《广韵》心实也。章伦切，又音敦。《国音》单音ㄉㄨㄣ敦例。
③《广韵》章伦、之闰二切，同为章母，不送气。ch'un²，盖一时误读？《国音》《现汉》并音 zhūn。
④《广韵》思尹切（準韵）。《国音》单音ㄓㄨㄣ準上。《现汉》单音 sǔn。

75 Ch'UN
鹑¹ | shun². ①
唇² | ch'un³, shun². ②
谆² | chun¹.

①《广韵》常伦切。《集韵》殊伦、船伦二切。禅、船母。《国音》《现汉》并音 chún。
②《广韵》食伦切。《集韵》船伦切。同为船母。《国音》《现汉》并音 chún。

76 CHUNG
中¹ | chung⁴, ch'ung¹. ①
衆¹ | chung⁴. ②
终¹ | tsung³. ③
种³ | chung⁴, tsung¹. ④
仲⁴ | ch'ung⁴. ⑤
重⁴ | ch'ung².

①《广韵》陟弓、陟仲二切。《国音》《现汉》并二音：zhōng、zhòng。 ch'ung¹，不知所自。
②《广韵》职戎切，又之仲切。《国音》《现汉》单音 zhòng。
③《广韵》职戎切。《国音》《现汉》单音 zhōng。 tsung³，不知所据。
④《广韵》之陇、之用二切。《国音》《现汉》并二音：zhǒng、zhòng。 tsung¹，参见音节总表 392tsung 注①。
⑤《广韵》《集韵》并直众切。《国音》《现汉》并音 zhòng。 ch'ung⁴，不知所自。

77 Ch'UNG

中¹ | chung¹, chung⁴.
春¹ | chuang¹.
重² | chung⁴.
仲⁴ | chung⁴.
铳⁴ | shu². ①

①《集韵》充仲、昌六二切。《国音》《现汉》并音 chòng。

78 Ch'UO

绰⁴ | ch'ao¹, ch'o⁴.
触⁴ | ch'u⁴, ch'o⁴.

79 Ê

阿¹ | a¹, a³, a⁴, o¹, wo¹.
哦¹ | o¹, o². ①
娥² | o². ②
蛾² | o², i². ③
鹅² | o². ④
讹² | o², wo². ⑤
额² | ê⁴, o², o⁴. ⑥
我³ | o³, wo³. ⑦
饿⁴ | o⁴. ⑧
恶⁴ | o⁴, wu⁴. ⑨
谔⁴ | o⁴. ⑩
鄂⁴ | o⁴. ⑪
鳄⁴ | o⁴. ⑫
鄂⁴ | ao⁴, o⁴. ⑬

① o²，据音节总表253 O 补。《广韵》五何切。《国音》㈠ㄛ鹅阳；㈡ㄛ喔阳。《现汉》三音：é、ó、ò。

②《广韵》五何切。《国音》《现汉》并音 é。

③ i²，据本表127 I, YI、253 O 补。《广韵》五何、鱼倚二切。《国音》㈠ㄛ鹅阳；㈡丨以上。《现汉》单音 é。

④《广韵》五何切。《国音》《现汉》并音 é。

⑤《广韵》五何切。果摄合口一等。《国音》《现汉》并音é。合口变开口。《自迩集》存开合异读。

⑥《广韵》五陌切。《国音》《现汉》并音é。

⑦《广韵》五可切。果摄开口一等。《国音》㊀ㄨㄛ窝上（㊀❶自称、❹亲之之词，如"窃比於~老彭"之语音）；㊁ㄜ阿上；㊂m上声北平语称"我们"或变音为m上声ㄇㄜ。《现汉》单音wǒ。开口变合口。《自迩集》存开合异读。

⑧《广韵》五个切。《国音》《现汉》并音è。

⑨《广韵》乌路切，又乌各切。《国音》㊀ㄜ遏去(入)；㊁ㄜ遏上(入)；㊂ㄨ坞去；㊃ㄨ乌阴。《现汉》wū、wù、ě、è四音，与《国音》大致相同。其实，恶wū、恶wù、恶ě、恶è为同形词，不是严格意义的异读。

⑩《广韵》五各切。《国音》《现汉》并音è。

⑪《广韵》五各切。《国音》《现汉》并音è。

⑫《广韵》五各切。《集韵》逆各切。《国音》《现汉》并音è。

⑬鄂⁴ | ao⁴, o⁴, 据音节总表 5 ao、79 ê、253 O 增补。《广韵》五各切。宕摄铎韵。《国音》《现汉》并音è。《自迩集》尚存萧豪歌戈两韵异读。

80 ÊN

揾⁴ | wên³, wên⁴.①
按⁴ | an¹, an⁴.②

①《广韵》於粉、乌困二切。《六书故》释"指按也"。北京话此义今仍有说èn，即揾ên⁴?《国音》作"搵"，但不见于《康熙》。

②揾ên⁴，又写作按ên⁴?今作"摁"?按，《广韵》乌旰切，自古去声。an¹，义不详。

81 ÊNG

哼¹ | hêng¹.①

①《广韵》虚庚切。《国音》㊀ㄏㄥ亨阴；㊁ㄏㅗ。《现汉》同（hēng、hng）。

82 ÊRH

儿¹ | êrh².①
而² | êrh³.②
余³ | yü².③
入⁴ | ju³, ju⁴.④
驲⁴ | i⁴.⑤

① 《广韵》(1) 婴儿。汝移切。(2) 姓。五稽切。《国音》《现汉》并 ér、Ní 二音。
② 《广韵》如之切。《国音》《现汉》并音 ér。
③ 余 êrh³，疑为"尒"之误。尒，《广韵》儿氏切，义与爾同。《说文》曰：词之必然也。又房姓。
　余，《广韵》以诸切。向为遇摄音而无止摄音。此项异读，似不成立。
④ 《广韵》人执切。《国音》㊀ㄖㄨ辱去(入)；㊁ㄖ日去(入)；㊂ㄖㄨ辱上(入)。《现汉》单音 rù。
⑤ 《广韵》人质切。驿传也。臻摄質韵。当音"日"而非 êrh⁴(止摄至志韵)；i⁴，疑为"驿"
　之音。《国音》㊀ㄖ日去(入)；㊁ㄧ亦去(入)；"驿"❶之简写。《现汉》单音 rì。

83 FA

伐¹ | fa². ①
法¹ | fa², fa³, fa⁴. ②
髪¹ | fa³. ③
乏² | fa⁴. ④

① 《广韵》房越切。《国音》㊀ㄈㄚ發阴(入)；㊁ㄈㄚ乏阳(入)。《现汉》单音 fá。
② 《广韵》方乏切。《国音》㊀ㄈㄚ髪上(入)；㊁ㄈㄚ乏阳(入)；㊂ㄈㄚ伐阴(入)；㊃ㄈㄚ伐去(入)。
　《现汉》单音 fǎ。
③ 《广韵》方伐切。《国音》ㄈㄚ法上(入)。《现汉》单音 fà。
④ 《广韵》房法切。《国音》ㄈㄚ伐阳(入)。《现汉》单音 fá。

84 FAN

番¹ | fan², p'an¹. ①
幡¹ | fan². ②
藩¹ | fan². ③
繙¹ | p'an². ④
凡² | fan³. ⑤

① 《广韵》孚袁、附袁二切，又普官切(番禺县，在广州)。《国音》㊀ㄈㄢ翻阴；㊁ㄆㄢ潘阴；
　㊂ㄅㄛ玻阴(《广韵》亦音波)。《现汉》fān、pān 二音。
② 《广韵》孚袁切。《国音》《现汉》并音 fān。
③ 《广韵》附袁切，又音翻(孚袁切)。《国音》ㄈㄢ凡阳。《现汉》阴平 fān。
④ p'an²，原表误作 pan²(遗送气符号)，今据本表 260 P'AN 正。《广韵》孚袁、附袁二切。
　《国音》音ㄈㄢ翻阴。《现汉》fān、fán 二音。
⑤ 《广韵》《集韵》并符咸切。《国音》《现汉》并音 fán。

85　FANG

仿³｜p'ang². ①
彷³｜p'ang³. ②

① 《广韵》妃两切。《集韵》抚养切，又符方切。《国音》《现汉》并音 fǎng。
② 《广韵》妃两切，又步光切。《国音》《现汉》并音 fǎng、páng。p'ang³，随《广韵》作上声？

86 FEI

菲¹｜fei³. ①
翡³｜fei⁴. ②
芾⁴｜fu⁴. ③
费⁴｜pi⁴. ④
綍⁴｜fu⁴. ⑤
沸⁴｜fu⁴. ⑥

① 《广韵》芳非切，又芳尾切。《国音》《现汉》并音 fēi、fěi。
② 《广韵》扶沸切。《广韵》父沸切。并去声。《国音》《现汉》并音 fèi。古去今上，《自迩集》记其并存。
③ 《广韵》方味、分勿二切。《国音》《现汉》并 fèi、fú 二音。
④ 《广韵》兵媚、芳未二切。《国音》㊀ㄈㄟ肺去；㊁ㄆㄧ敝去。《现汉》单音 fèi。山东费县，旧有 bì、mì 二音。
⑤ 《广韵》分勿切。《集韵》方未、分物二切。《国音》单音ㄈㄨ服阳(入)。
⑥ 沸⁴｜fu⁴.，据音节总表 86 fei、91 fu 增补。《广韵》方味切。《集韵》方未、分物二切。《国音》㊀ㄈㄟ肺去；㊁ㄈㄨ服阳(入)。《现汉》单音 fèi。

87 FÊN

分¹｜fên². ①
焚¹｜fên². ②

① 《广韵》分剂。扶问切，又方文切。《集韵》有符分切，赵地名。《国音》《现汉》并 fēn、fèn。
② 《广韵》符分切。《集韵》符分、方问二切。《国音》㊀ㄈㄣ坟阳；㊁ㄈㄣ坟去。《现汉》单音 fén。

88 FÊNG

逢² | p'ang². ①
缝² | fêng⁴.
捧³ | p'êng³ ②
讽³ | fêng⁴. ③

① 音节总表 262 p'ang 逢² 乃逢之讹，与 fêng 逢² 不构成异读关系，本条当删。
② 《广韵》敷奉切。《国音》《现汉》并音 pěng。由古轻唇到今重唇，《自迩集》记其并存。
③ 《广韵》方凤切。讽刺。去声。《国音》㈠ㄈㄥ奉去；㈡ㄈㄥ风阴（又读）。其义为诵也，告也。音义随《集韵》。《现汉》讽刺。单音 fēng。由去声到上声，《自迩集》记其并存。

89 FO

佛¹ | fo², fu². ①
妇⁴ | fu⁴. ②

① 《广韵》符弗切。《集韵》增薄宓、敷勿切。《国音》㈠ㄈㄛ缚阳(入)；㈡ㄈㄨ服阳(入)（详"仿"字）；㈢ㄆㄧ必去(入)。《现汉》fó、fú 二音。
② 《广韵》房久切。《集韵》扶缶切。并有韵。《国音》《现汉》并音 fù。由流摄韵转遇摄韵。

90 FOU

不¹ | pu¹, pu², pu⁴, po¹, pou¹. ①
浮² | fu¹, fu². ②
否² | pi³, p'i³. ③
缶³ | p'i³. ④
覆⁴ | fu², fu⁴. ⑤
埠² | pu⁴. ⑥
枹¹ | fu², fou². ⑦

① 《广韵》甫鸠、甫九、甫救三切，又，分勿切。《国音》六音：㈠ㄅㄨㄣ去(入)；㈡ㄅㄨㄣ轻(入)；㈢ㄅㄨㄣ阴(入)；㈣ㄈㄨ否上 同"否"；㈤ㄈㄨ否阴 未定之词；㈥ㄈㄨ夫阴。《现汉》单音 bù，有提示 注意：在去声字前面，"不"字读阳平声。本书第三章有云（今译本 54 页）：不 pu⁴, not；在不同的词前面声调不同：不是 pu² shih⁴；你不爱他么？ni³ pu² ai⁴ t'a¹ mo¹？他不来。t'a¹ pu⁴ lai². pou¹, 音节总表 285 pou 于"不"下有小注：诗词用音。但 po¹, 不知所据。
② 《广韵》缚谋切。流摄尤韵。《国音》㈠ㄈㄨ扶阳；㈡ㄈㄨ否阳（又读）。《现汉》单音 fú。
③ 《广韵》符鄙切，又方久切；又房彼切。《集韵》补美、部鄙、俯九三切。《国音》《现汉》

并 fǒu、pǐ 二音。大宋初年已有上声 fǒu，但补美、部鄙切不出 pǐ。

④《广韵》方久切。《集韵》俯九切。有韵上声。《国音》《现汉》并音 fǒu。p'i³，不知由来。

⑤《广韵》敷救切，又敷六切。《国音》《现汉》并音 fù。

⑥《广韵》(步)。薄故切。《国音》《现汉》并音 bù。

⑦ 枹¹ | fu², fou²., 据本表和音节总表 90 fou 与 91 fu 补。《广韵》鼓槌。防无、缚谋二切。《国音》㊀ㄈㄨ夫阴；㊁ㄈㄨ扶阳（又读）。《现汉》单音 fú。

91 FU

浮¹ | fu², fou². ①
枹¹ | fu², fou². ②
芙¹ | fu². ③
敷¹ | fu². ④
佛² | fo¹, fo².
彿² | fu⁴. ⑤
髯² | fu⁴. ⑥
復² | fu⁴. ⑦
覆² | fu⁴, fou⁴.
腹² | fu⁴, fu³. ⑧
宓² | mi⁴. ⑨
袱² | fu⁴. ⑩
幅² | fu⁴. ⑪
俛³ | mien³. ⑫
芾⁴ | fei⁴.
妇⁴ | fo⁴.
绋⁴ | fei⁴.

①《广韵》缚谋切。並母尤韵。《国音》㊀ㄈㄨ扶阳；㊁ㄈ又否阳（又读）。《现汉》单音 fú。

② fou² 据音节总表 90 fou 补。

③《广韵》防无切。《集韵》冯无切。並/奉母。今音当阳平。《国音》《现汉》并音 fú。

④《广韵》《集韵》并芳无切。滂/敷母。今音当阴平。《国音》《现汉》并音 fū。

⑤《广韵》《集韵》并敷勿切。臻摄入声物韵。《国音》《现汉》并音 fú。

⑥《广韵》芳未、分勿、敷勿三切。《国音》《现汉》并音 fú。

⑦《广韵》扶富切，又音服（房六切）。《国音》㊀ㄈㄨ腹去(入)；㊁ㄈ又否去（又读）。《现汉》单音 fù。

⑧《广韵》《集韵》并方六切。《国音》《现汉》并音 fú。
⑨《广韵》弥毕切。《篇海》房六切, 姓。《国音》㈠ㄇㄧ密去(入);㈡ㄈㄨ服阳(阳)❶与"伏"通, 伏羲亦作宓羲。❷姓。《现汉》单音 mì。
⑩ 后起字。《国音》《现汉》并音 fú。
⑪《广韵》绢幅。又姓也。方六切。《国音》《现汉》并音 fú。
⑫《广韵》亡辨切。《集韵》亡辨、武远、匪父三切。《自迩集》《国音》《现汉》三者相同。

92 HA

哈¹ | ha³, ha⁴, ho³. ①
蝦² | hsia¹, hsia². ②

①《集韵》呼合、曷閤二切。并咸摄合韵。入声。《国音》㈠ㄈㄚ蛤阴;㈡ㄈㄚ蛤上;㈢ㄎㄜ咖阴。《现汉》hā、hǎ、hà 三音。
②《广韵》胡加切。蝦蟆。《集韵》何加切, 又虚加切。《国音》㈠ㄒㄧㄚ霞阴❶(鱼虾)❷蝦蟆。㈡ㄏㄚ哈阳(㈠❷之语音)。在此(蝦蟆), 又一"文白易位"。

93 HAI

咳¹ | hai². ①
还² | han², huan². ②
颏² | hai³, k'ê¹. ③
和⁴ | han⁴, ho², ho⁴, huo¹, huo². ④
害⁴ | ho⁴. ⑤

①《广韵》户来切。小儿笑兒。《集韵》又柯开切。奇咳。《国音》㈠ㄎㄜ刻阳(入);咳嗽;㈡ㄎㄞ慨去、咳嗽,(读音)㈢ㄎㄚ卡上;㈣ㄏㄞ孩阳、叹词;㈤ㄏㄞ孩阳。小儿笑。在"咳嗽"义上,《国音》提供又一"文白易位"。《现汉》hāi(叹词), 又 ké(咳嗽)。
②《广韵》户关切, 又音旋(似宣切)。《国音》㈠ㄏㄨㄢ环阳;㈡ㄒㄩㄢ旋阳与"旋"通;㈢ㄏㄞ孩阳、犹、尚(语音)。《现汉》hái、huán 二音。还, 由动词(返也、退也、顾也、復也)虚化为副词, 字音亦从 huan² 变化为 han²、hai²。副词"还",《现汉》单音 hai², 其实今北京以及北方话(如胶东)有不少人仍说 han²。
③《广韵》古亥、户垓二切。頻颏。蟹摄字。《国音》㈠ㄏㄞ孩阳;㈡ㄎㄜ刻阳(入)(㈠之语音);㈢ㄎㄜ刻阳(入)。《现汉》kē、ké 二音。蟹摄音变为果摄音。亦属"文白易位"。
④《广韵》户戈、胡卧二切。参见第三章 705. 和 hai⁴, ho², 同……在一起;跟……有关系。《国音》㈠ㄏㄜ河阳;㈡·ㄏㄨㄛ火("煖和"之北平语音);㈢ㄏㄜ贺去;㈣ㄏㄨㄛ货去;㈤ㄏㄨ湖阳;㈥ㄏㄨㄛ火阳(㈠之读音)。《现汉》五音:hé、hè、hú、huó、huò。和, 由实

词虚化为介词、连词，其音有 huo、ho、he、han、hai 等。"和"之 han 音，侯宝林相声里有，说及者也多。今台湾人口语里多是这个音（han）。

⑤《广韵》胡盖切。《集韵》下盖切，又何葛切。《国音》《现汉》并 hài、hé 二音。

94 HAN

邯¹ | han². ①
函² | hsien². ②
涵² | hsien². ③
还² | hai², huan².
闬² | han⁴. ④
翰² | han⁴. ⑤
喊³ | hsien³, k'an⁴. ⑥
和⁴ | hai⁴, ho², ho⁴, huo¹, huo².

①《广韵》胡安切。《国音》《现汉》并音 hán。
②《广韵》胡男（一等）、胡谗（二等）二切。《国音》《现汉》并音 hán。
③《集韵》胡南、胡谗二切。《国音》《现汉》并音 hán。
④《广韵》《集韵》并侯旰切。去声。《国音》《现汉》并音 hàn。
⑤《广韵》胡安切，又音扞（侯旰切）。《国音》《现汉》并音 hàn。
⑥《广韵》呼览切，声也。《集韵》火斩切（二等），声也。又苦滥切，呵也。《国音》《现汉》并音 hǎn。喊，京剧说唱的京白音为 han³，韵白音为 xian³。《群英会·草船借箭》："高声呐喊：感谢曹丞相赠箭。"即如此。

95 HANG

行² | hsing², hsing⁴. ①
亢² | kang¹, k'ang⁴. ②
吭³ | hang⁴. ③
项⁴ | hsiang⁴. ④
巷⁴ | hsiang⁴.

①《广韵》胡郎切，又户庚、户浪、户孟三切。《国音》㊀ㄒㄧㄥ形阳；㊁ㄒㄧㄥ幸去；㊂ㄏㄤ杭阳；㊃ㄏㄤ杭去。《现汉》亦四音，但有不同：háng、hàng、héng、híng。
②《广韵》古郎、苦浪二切；《集韵》又寒刚切。《国音》㊀ㄎㄤ康去；㊁ㄍㄤ钢阳。《现汉》单音 kàng。《现汉-5》有异读：kàng, háng。

③《广韵》胡郎、下浪二切。《国音》单音ㄏㄤ杭阳。《现汉》二音：háng、kēng。
④《广韵》胡讲切。《集韵》户讲切。匣母开口二等。《国音》《现汉》并音 xiàng。

96 HAO

挠¹ | nao¹, nao². ①
哮¹ | hsiao⁴. ②
耗² | hao⁴. ③
号² | hao⁴. ④
鹤² | ho⁴. ⑤
好³ | hao⁴.
涸⁴ | ho⁴, ku⁴, k'u¹. ⑥

① 《广韵》呼毛、奴巧二切。《国音》㈠ㄋㄠ铙阳；㈡ㄋㄠ铙阴（㈠❸之语音）。《现汉》单音 náo。
② 《广韵》许交、呼教二切。《国音》㈠ㄒㄧㄠ枵阴；㈡ㄒㄧㄠ孝去。《现汉》单音 xiāo。
③ 《中原音韵》萧豪·去声"號皓好昊皞耗浩顥灝"。《国音》《现汉》并音 hào。
④ 《广韵》胡刀、乎到二切。《自迩集》《国音》《现汉》并音 háo、hào。
⑤ 《广韵》下各切。宕摄铎韵。《国音》㈠ㄏㄜ喝去(入)；㈡ㄏㄠ郝阳（㈠❶之语音）。《现汉》单音 hè。
⑥ 《广韵》水竭也。下各切。《集韵》胡故、曷各（渴也）、辖格三切。按，曷各切，渴也。水竭之一种也。宕摄铎韵字，入声消失过程中多有 -ao、-o 异读。《国音》㈠ㄏㄜ合阳(入)；㈡ㄏㄠ号去。《现汉》单音 hé。木乾为枯，水乾为涸。涸之 ku⁴、k'u¹，因"枯"而类推误读？

97 HÊ, HEI

黑¹① | hê³, hei³, ho³, ho⁴. ②

① HÊ, HEI，异读同体。黑¹，其音实为 hê¹、hei¹；黑³，其音实为 hê³、hei³；《异读字表》本条黑¹ | hei³, ho⁴. 应显示为：黑¹ | hê³, hei³, ho³, ho⁴. 凡此类异读，皆应如此理解、处理。《广韵》呼北切。曾摄德韵。《国音》㈠ㄏㄟ嘿阴；㈡ㄏㄜ喝去(入)（读音）；㈢ㄏㄟ嘿上。《现汉》单音 hēi。"文白易位"。
② ho³，据音节总表 100 ho 增补。

98 HÊN

哏¹ | hên². ①
很² | hên³. ②

狠² | hên³. ③
① 后起字。《中原音韵》真文·阴平有"哏"。《国音》㈠ㄍㄣ根阳；㈡ㄏㄣ痕阴。《现汉》单音 gén。
② 《广韵》胡垦切。很，戾也。俗作狠。匣母上声。今当去声。《国音》《现汉》并音 hěn。上声。
③ 参见本条前注（很）。

99 HÊNG

亨¹ | hêng². ①
哼¹ | êng¹.
茎² | ching¹.
横² | hêng⁴, hung², hung⁴. ②
荇⁴ | hsing⁴. ③

① 《广韵》通也。许庚切，又匹庚、许两二切。《国音》㈠ㄏㄥ横阴；㈡ㄏㄥ横阳（㈠之又读）；㈢ㄆㄥ烹阴；同"烹"。《现汉》hēng、pēng 二音。
② 《广韵》户盲、户孟切，又音宏。《国音》《现汉》并音 héng、hèng。参见音节总表 109 hung 注②。
③ 《广韵》何梗切。《国音》《现汉》并音 xìng。

100 HO

苛¹ | k'o¹. ①
呵¹ | ho³, wo¹. ②
劐¹ | huo¹. ③
荷¹ | ho², ho⁴. ④
喝¹ | ho⁴. ⑤
合² | ko⁴. ⑥
活² | huo². ⑦
和² | ho⁴, hai⁴, han⁴, huo¹, huo².
核² | hu². ⑧
覈² | ho⁴, chiao⁴.
哈³ | ha¹, ha³, ha⁴.
火³ | huo³. ⑨
伙³ | huo³, i¹. ⑩

或⁴ | huo⁴. ⑪
惑⁴ | huo², huo⁴, hu¹. ⑫
嚇⁴ | hsia⁴. ⑬
涸⁴ | hao⁴, kʻu¹, ku⁴. ⑭
祸⁴ | huo⁴.
货⁴ | huo⁴.
獲⁴ | huai², huo⁴. ⑮
黑⁴ | ho³, hê¹, hei¹, hê³, hei³.
鹤⁴ | hao².
画⁴ | hua⁴. ⑯
劃⁴ | hua². ⑰
穫⁴ | huo¹. ⑱
藿⁴ | hu¹. ⑲
害⁴ | hai⁴.

①《广韵》胡歌切。政烦也。怒也。《国音》㈠ㄏㄛ和阳；㈡ㄎㄜ颗阴（又读）。《现汉》单音 kē。

②《广韵》呼哥、呼箇二切。《国音》㈠ㄏㄛ和阳；㈡ㄛ喔；㈢ㄏㄚ蛤阴（㈠❷之语音）。《现汉》多音：hē、ā、á、ǎ、à、kē 等。

③《广韵》裂也。虚郭切。《国音》《现汉》并音 huō。果摄及咸山曾梗各摄入声字，在《自迩集》时代多有 -o、-uo 异读。

④《广韵》胡歌切，又胡骨切。《国音》《现汉》并 hé、hè 二音。

⑤《广韵》诃也。於犗、许葛二切。《国音》㈠ㄏㄛ呵阴（入）；㈡ㄏㄛ赫去（入）；㈢ㄧㄝ页阴去（入）。《现汉》hē、hè 二音。

⑥《广韵》合集。古沓切，又音迨（侯阁切）。《国音》㈠ㄏㄛ曷阳（入）；㈡ㄍㄛ葛上（入）量名。《现汉》同。其实，今不少方言在"合集"义上仍有古沓切之"合"或"佮"。

⑦《广韵》户括切。《国音》《现汉》并音 huó。

⑧《集韵》胡骨、下革二切。《国音》《现汉》并 hé、hú 二音。

⑨《广韵》呼果切。《国音》《现汉》并音 huǒ。

⑩《广韵》怀忄切，又胡果切。《国音》《现汉》并音 huǒ。

⑪《广韵》胡国切。《国音》《现汉》并音 huò。

⑫《广韵》胡国切。《国音》《现汉》并音 huò。

⑬《广韵》笑声。呼訝切，又呼格切。《国音》《现汉》并 hè、xià 二音。嚇嚇，《广韵》是"笑

声",《现汉》却是"恐吓""不满"了。

⑭ 原表 k'u¹ 误作 ku¹，今据 96 HAO、162 KU、163 K'U 径改。

⑮《广韵》胡麦切，得也。又臧获。《方言》云：荆淮海岱淮济之间，骂奴曰臧，骂婢曰获。亦姓。宋大夫尹获之後。《国音》㊀ㄏㄨㄛ或去(入)❶得，……❷能，如"不获前来。"❸女奴，如臧获。㊁ㄏㄨㄞ槐阳，获鹿，河北省县名，1994 年改名为鹿泉市。《现汉》单音 huo⁴。《现汉》单音 huò。

⑯《广韵》胡卦切，又胡麦切。《国音》《现汉》并单音 huà。

⑰《广韵》呼麦切，又音画(胡麦切)。《国音》㊀ㄏㄨㄚ滑去(入)；㊁ㄏㄨㄚ滑阳(入)。《现汉》音 huá、huà、·huai。

⑱ 原表讹作 ho¹。今据音节总表 110 huo 径改。《广韵》胡锅切。《国音》㊀ㄏㄨㄛ或去(入)；㊁ㄏㄨㄏ去。《现汉》单音 huò。

⑲《广韵》忽郭切。《国音》《现汉》并音 huò。

101 HOU
候² | hou⁴. ①

① 原音节总表 101hou 阳平位作"侯*"，《勘误表》正为"候*"。译按：原表字头本无误而《勘误表》误。侯、候二字，皆无异读，故本条当删。

102 HU
乎¹ | hu². ①
呼¹ | hu². ②
笏¹ | hu⁴. ③
惚¹ | hu⁴. ④
惑¹ | ho⁴, huo², huo⁴.
葫¹ | hu². ⑤
鹕¹ | hu². ⑥
藿¹ | ho⁴.
核² | ho².
弧² | wu¹. ⑦
侮⁴ | wu³, wu⁴. ⑧

①《广韵》户吴切。《集韵》洪弧、荒胡二切。《国音》㊀ㄏㄨ呼阴；㊁ㄏㄨ忽阳。《现汉》单音 hū。

②《广韵》荒乌切，又火故切。《国音》《现汉》并音 hū。
③《广韵》呼骨切。《国音》《现汉》并音 hù。
④《广韵》呼骨切。《国音》《现汉》并音 hū。
⑤《广韵》户吴、荒乌二切。《国音》《现汉》并音 hú。
⑥《广韵》户吴切。《国音》《现汉》并音 hú。
⑦《广韵》户吴切。《集韵》洪弧、汪胡二切。《国音》《现汉》并音 hú。
⑧《广韵》文甫切。《集韵》罔甫、亡遇二切。《国音》《现汉》并音 wǔ。

103 HUA

化¹ | hua⁴. ①
华¹ | hua². ②
譁¹ | hua². ③
找¹ | chao³.
滑² | ku⁴. ④
劃² | ho⁴.
踝² | huai³. ⑤
话³ | hua⁴. ⑥
画⁴ | ho⁴.

① 《广韵》呼霸切。《集韵》火跨切。并去声。《国音》《现汉》并音 huā、huà。
② 《广韵》户花、呼瓜、户化三切。《国音》《现汉》并三音 huā、huá、huà。
③ 《广韵》呼瓜切。《集韵》呼靴、胡瓜、呼瓜、吾瓜四切。《国音》单音 ㄏㄨㄚ 华阳，《现汉》二音 huā、huá。
④ 本表 162 KU 是：滑 ku³ | ku⁴, hua², k'u¹.。《广韵》古忽、户骨、户八三切。《国音》㈠ ㄏㄨㄚ 华阳(入)；㈡ ㄍㄨ骨上.。《现汉》单音 huá。但在【滑稽】之後加括号注:(在古书中念 gǔjī)。
⑤ 《广韵》胡瓦切。《集韵》户瓦切。并匣母马韵。《国音》㈠ ㄏㄨㄚ 话去；㈡ ㄏㄨㄞ 槐阳。《现汉》单音 huái。
⑥ 《广韵》下快切。《集韵》户快、胡化二切。《国音》《现汉》并音 huà。

104 HUAI

獲² | ho⁴, huo⁴.
踝³ | hua².

壞⁴｜kuai⁴. ①

①《广韵》古坏、胡怪二切。《国音》㈠ㄏㄨㄞ怀去；㈡ㄍㄨㄞ怪去。《现汉》单音 huài。按，《现汉》有"另见 pī'坯'"。这是在有简体字"坏"的语境下出现的"异读"。

105 HUAN

儇¹｜huan². ①
鹳¹｜kuan¹, kuan⁴. ②
完²｜wan². ③
宛²｜wan³, yüan³, yüan¹. ④
还²｜hai², han².
莞³｜kuan¹. ⑤
瘓⁴｜t'uan³. ⑥

①《广韵》许缘切。晓母山合三等。《集韵》䎡缘、胡涓二切。今音当舌面前撮口呼。《国音》《现汉》并音 xuān。

②《广韵》呼官、古玩二切。《集韵》增沽丸切。《国音》《现汉》并音 guàn。

③《广韵》胡官切，全也。《集韵》三切三义而无 wan² 音：胡官切，全也。枯官切，屋宽大也。五忽切，去髮刑，或作完。今音 wan² 起于何时？《五音集韵》"完，全也"仍是胡官切（匣母桓韵）。《中原音韵》桓欢阳平"○桓統○丸刓虺綄紈完瓛岏"并列，前组"桓統"当属匣母 huan²，而后组"丸刓虺綄紈完瓛岏"当音零声母 wan²。統，匣与零声母异读。由匣母变为零声母的诸字，可能在一长时期内存在匣与零声母异读，不只是"統"一字，《自迩集》注意到了"完"的这种异读，从而为解释此类历史音变提供了一种可能。

④ yüan¹，据本表 416 YÜAN 增补。宛，《广韵》二切：於袁切，又於阮切，影母（不同于匣母"完"），不可能有 huan² 之异读音。音变为 yüan¹、yüan³ 是合规律的。yüan，合口三等；而 wan³ 是合口一等。今 wan³ 是怎么来的？《中原音韵》仅先天·阴平收有"宛"字，同音组为"渊冤宛鸳鸯蜿"，显然为合口三等细音 yüan¹。出现合口一等洪音 wan³ 应在《中原》之后。《国音》㈠ㄨㄢ晚上；㈡ㄩㄢ渊阴；《现汉》单音 wan³。可证《自迩集》之 wan³、yüan¹ 是反映实际语音的。

⑤《广韵》三切：户板切，莞尔而笑；胡官切，似蔺而圆可为席。又音官。《国音》㈠ㄨㄢ碗上；㈡ㄍㄨㄢ管上；㈢ㄍㄨㄢ关阴；㈣ㄨㄢ弯阴。《现汉》三音：guān、guǎn、wǎn。

⑥原表误作 tuan³，今据本表 356 T'UAN 径改。《广韵》吐缓切，瘓皃。《集韵》同。《国音》《现汉》并音 huàn。《汉语大字典》只是说：瘓 huàn（旧读 tuǎn）《广韵》吐缓切，上缓透。并未说明今音 huàn 从何而来。《自迩集》是否"瘓"音 huàn 的最早记录？

106 HUANG

肓¹ | mang², mêng². ①
逛¹ | huang². ②
慌¹ | huang³. ③
况⁴ | k'uang⁴. ④

① 本表与音节总表似乎将肓、盲二字混二为一了。肓,无异读,亦不当与盲相混。本条当删。
②《广韵》《集韵》并胡光切。今不当有 huang¹。《国音》《现汉》并音 huáng。
③《广韵》呼晃切。《集韵》呼光、虎晃、呼浪三切。《国音》《现汉》并音 huāng。
④《广韵》许访切。《集韵》许放切。并晓母。《国音》《现汉》并音 kuàng。《自迩集》"承前启后"而有异读。

107 HUEI, HUI

恢¹ | k'uei². ①
虺² | hui³. ②
悔³ | hui⁴. ③
诲³ | hui⁴. ④
匯³ | hui⁴. ⑤
贿³ | hui⁴. ⑥
会³ | hui⁴, kuei⁴. ⑦
喙⁴ | sui⁴. ⑧
彗⁴ | sao⁴, sui⁴. ⑨
彙⁴ | lei³, wei⁴. ⑩
哕⁴ | yüeh¹, yüeh². ⑪

①《广韵》苦回切。《集韵》枯回、苦虺二切。并溪母。《国音》《现汉》并音 huī。并晓母。《自迩集》之异读,乃新旧音叠加。
②《广韵》呼恢、许委、许伟三切。《国音》《现汉》并音 huī、huǐ。
③《广韵》《集韵》并晓母贿、队韵上、去声异读。《国音》《现汉》并音 huǐ。
④《广韵》荒内切。《集韵》呼内切。并去声。《国音》㈠ㄏㄨㄟ会去;㈡ㄏㄨㄟ悔上(又读)。《现汉》单音 huì。
⑤《广韵》胡罪切。《集韵》户贿、胡对二切。虽声有上、去,然因有匣母,故《国音》《现汉》并音去声 huì。《自迩集》承前启后,兼有上、去声异读,亦属自然?
⑥《广韵》呼罪切。《集韵》虎猥、呼内二切。《国音》㈠ㄏㄨㄟ会去;㈡ㄏㄨㄟ悔上(又读)。《现汉》单音 huì。

⑦《广韵》《集韵》并黄外、古外二切。《国音》㈠ㄏㄨㄟ恚去；㈡ㄏㄨㄟ毁上（"一～儿"）；㈢ㄎㄨㄞ快去（～计）；㈣ㄍㄨㄟ贵去（"～稽"）。《现汉》huì、kuài 二音。

⑧《广韵》许秽切，又昌芮切。《国音》《现汉》并音 huì。中古见溪晓匣诸母细音到近代开始腭化前或同时，在官话部分区域曾出现一种"读同精组"的异读，"哕"之 sui⁴ 音，可能即此种异读之遗存。

⑨《广韵》徐醉切，又音岁（相锐切），又囚芮切。《集韵》徐醉、虽遂、旋芮三切。皆为心邪母。《国音》单音ㄏㄨㄟ恚去。《现汉》音 huì，但有附注：(旧读 suì)。彗，《说文》扫竹也。《广韵》徐醉切，帚也。此条彗 sao⁴，可能是误读为"扫帚"的"扫 sao⁴"。"彗"之 huì 音，如何而来？当另作讨论。

⑩《广韵》《集韵》并于贵切。云母。《自迩集》之 lei³ 音，据《分韵撮要》（来母虽韵阳上，颣也易以其彙）。《国音》《现汉》并音 huì。彚之 huì 音，亦期有讨论。

⑪《广韵》呼会、於月、乙劣三切。《国音》㈠ㄩㄝ约阴(入)；㈡ㄏㄨㄟ会去。《现汉》音 yuě，又音 huì。

108 HUÊN, HUN

荤¹ | hsün¹. ①
浑² | hun³. ②
混³ | hun⁴. ③

①《广韵》《集韵》并许云切。《国音》《现汉》与《自迩集》三者相同：hūn、xūn。

②《广韵》户昆、胡本二切。《集韵》胡昆、户衮二切。音韵相同。在浑浊义上，《国音》㈠ㄏㄨㄣ魂阳；㈡ㄏㄨㄣ混去。《现汉》单音 hún。缘何有 hun³ 音？

③《广韵》胡本切。《集韵》户衮、公浑、古本三切。《国音》㈠ㄏㄨㄣ昏去；㈡ㄏㄨㄣ魂阳；㈢ㄏㄨㄣ昏上；㈣ㄍㄨㄣ滚上；㈤ㄎㄨㄣ崑阴。《现汉》二音：hún、hùn。浑、混二字，尤其声调上，历史上有纠葛。

109 HUNG

吽¹ | hung⁴. ①
虹² | chiang⁴, kang⁴.
橫² | hung⁴, hêng², hêng⁴.

①《广韵》呼后切。牛鸣。《集韵》鱼侯切，犬争声；许后切，厚怒声。并流摄韵。《国音》㈠又欧阴，犬争声；㈡ㄏㄨㄥ轰阴，佛家咒语中用字。《现汉》单音 hōng 佛家咒语用字。《龙龛手镜》有吽而无 hung 类音与义。

110 HUO

和¹ | huo², hai⁴, han⁴, ho², ho⁴.
窝¹ | wo¹. ①
劐¹ | ho¹.
穫¹ | ho⁴.
惑² | huo⁴, ho⁴, hu¹.
活² | ho².
火³ | ho³.
伙³ | ho³, i¹.
或⁴ | ho⁴.
货⁴ | ho⁴.
祸⁴ | ho⁴.
获⁴ | huai², ho⁴.

① 《国音》《现汉》并音 wō。沙窝门 Sha-Wo-Men, 老北京说"沙 huo 门"。参见问答章之三注 106。

111 HSI

息¹ | hsi². ①
熄¹ | hsi². ②
系¹ | hsi⁴. ③
係¹ | hsi⁴. ④
夕¹ | hsi². ⑤
昔¹ | hsi². ⑥
晳¹ | hsi³. ⑦
嘻¹ | hsi³. ⑧
禧¹ | hsi³. ⑨
兕¹ | ssǔ⁴. ⑩
唏¹ | hsi³. ⑪
徙¹ | hsi³. ⑫
锡¹ | hsi². ⑬
携¹ | hsi², hsieh². ⑭
栖¹ | ch'i¹.

溪¹｜ch'i¹.
习¹｜hsi².
媳²｜hsi³.
硲²｜ch'io⁴, ch'üeh⁴.
晰³｜hsi⁴. ⑮
洗³｜hsien³. ⑯
繋⁴｜chi⁴.
歙⁴｜shê⁴. ⑰
壻⁴｜hsü⁴. ⑱
愾⁴｜k'ai⁴. ⑲

①《广韵》相即切。《国音》ㄒㄧ习阳。《现汉》音 xī。阴平。
②《广韵》相即切。《国音》ㄒㄧ习阳。《现汉》音 xī。阴平。
③《广韵》胡计切。《集韵》今肆、胡计二切。俱去声。《国音》《现汉》并音去声 xì。
④《广韵》古谐切。《集韵》吉弃、胡计二切。《国音》单音ㄒㄧ系去。《现汉》系(係)音 xì，另见 jì。然而 jì 处字头却作"系(繫)"。编者自然知道"係"与"繫"音义有同有异、向不相混的。
⑤《广韵》祥易切。《国音》单音ㄒㄧ舄去(入)。《现汉》单音 xī。阴平。入声字变为今去声，调类多有不稳。
⑥《广韵》思积切。《集韵》思积、仓各二切。《国音》㊀ㄒㄧ习阳(入)；㊁ㄘㄨㄛ撮去(入)。《现汉》单音 xī。阴平。
⑦《广韵》先击切。《国音》《现汉》并音 xī。
⑧《广韵》《集韵》并许/虚其切。《国音》《现汉》并音 xī。
⑨《广韵》《集韵》并许/虚其切。《国音》㊀ㄒㄧ希阴；㊁ㄒㄧ喜上(又读)。《现汉》音 xī(旧读 xī)。
⑩《广韵》徐姊切。《国音》《现汉》并音 sì。
⑪《广韵》虚岂、许既二切。《集韵》香依、许几、许器三切。《国音》《现汉》并音 xī。
⑫《广韵》《集韵》俱为心母纸韵，上声。《国音》《现汉》并音 xǐ。hsi¹ 音不知所自。
⑬《广韵》先击切。《国音》《现汉》并音 xī。
⑭《广韵》户圭切。匣母齐韵。《国音》㊀ㄒㄧ希阴；㊁ㄒㄧ世偕阳(语音)。《现汉》单音 xié。"文白易位"。
⑮《集韵》先的切。入声。《国音》《现汉》并音 xī。
⑯《广韵》洗浴，又姓。先礼切，又音铣(苏典切)。《国音》㊀ㄒㄧ徙上；㊁ㄒㄧ马鲜上(㊀

❶之古读)。按,"洗"为多义词,㊀领4项;㊁领5项,第5项为"姓"。《现汉》xiǎn则唯有"姓"。

⑰《广韵》许及、舒涉二切。《国音》㊀ㄒㄧ隙去(入);㊁ㄕㄜ设去(入)。《现汉》亦二音:xī、shè。

⑱《广韵》苏计切。《国音》《现汉》并音 xù。由古齐齿变今撮口,中间当经齐、撮异读阶段。《自迹集》所记正反映这一承前启后的关系。

⑲《广韵》许既、苦爱二切,太息也。音节总表111 hsi 有憨(去声)、145 k'ai 有憨(去声),当补入异读表。《国音》亦二音:㊀ㄎㄞ开去;㊁ㄒㄧ係去。今《现汉》单音 kài。

112 HSIA

呀¹ | a², ya¹.
蝦¹ | ha², hsia².
斜² | hsieh². ①
峽² | hsia⁴. ②
篋² | ch'ieh⁴.
黠² | hsia⁴. ③
嚇⁴ | ho⁴.
厦⁴ | sha⁴. ④
洽⁴ | ch'ia⁴.

①《广韵》以遮切,又似嗟切。《国音》㊀ㄒㄧㄝ协阳;㊁ㄒㄧㄚ霞阳(㊀之又读);㊂ㄧㄝ爷阳。《现汉》单音 xié。

②《广韵》侯夹切。《国音》《现汉》并音 xiá。

③《广韵》胡八切。《国音》《现汉》并音 xiá。

④《广韵》廈屋。胡雅切。《集韵》房屋也。所嫁切《国音》㊀ㄒㄧㄚ下去❶屋之通称。❷厦门。㊁ㄕㄚ沙去(语音)。《现汉》Xià 厦门;shà(房屋)。

113 HSIANG

相¹ | hsiang⁴.
降² | chiang⁴.
嚮³ | hsiang⁴. ①
巷⁴ | hang⁴.
項⁴ | hang⁴.

①《广韵》许两切,又音向(许亮切)。《国音》《现汉》并音 xiàng。

114 HSIAO

削¹ | hsio⁴, hsüeh¹, hsüeh³. ①
魈¹ | hsiao⁴. ②
浇¹ | chiao¹.
嚣¹ | ao².
爻² | yao². ③
肴² | yao². ④
学² | hsio², hsüeh², hsüo². ⑤
哮⁴ | hao¹.
校⁴ | chiao⁴.
诮⁴ | ch'iao⁴.

① 《广韵》息约切。心母藥韵。《国音》㊀ㄒㄩㄝ薛去(入)；㊁ㄒㄧㄠ消阴(入)(语音)。《现汉》xiāo、xuē。
② 《广韵》相邀切。心母宵韵。《国音》《现汉》并音 xiāo。
③ 《广韵》胡茅切。《国音》㊀ㄧㄠ摇阳；㊁ㄒㄧㄠ效阳(读音)。《现汉》单音 yáo。注意：文白易位。
④ 《广韵》胡茅切。《国音》㊀ㄧㄠ摇阳；㊁ㄒㄧㄠ效阳(又读)。《现汉》单音 yáo。
⑤ 《广韵》胡觉切。匣母觉韵。《国音》㊀ㄒㄩㄝ靴阳(入)；㊁ㄒㄧㄠ效阳(入)。《现汉》单音 xué。

115 HSIEH

楔¹ | hsieh⁴. ①
些¹ | so¹.
歇¹ | chieh¹.
薛¹ | hsüeh³. ②
浃² | chieh⁴.
胁² | lei⁴, chieh².
挟² | chia¹, chia², chieh².
铗² | chia¹, chia⁴, chieh¹, chieh⁴.
拽² | hsieh⁴, chuai¹, chuai⁴, yeh⁴.
协² | chieh².
絜² | chieh², chieh⁴.

叶² | chieh².
携² | hsi¹, hsi².
斜² | hsia².
躞² | hsieh⁴. ③
血³ | hsüeh³, hsüeh⁴. ④
洩⁴ | i⁴. ⑤
契⁴ | ch'i⁴.
泄⁴ | i⁴, yeh⁴. ⑥
羯⁴ | chieh².
解⁴ | chieh³, chieh⁴.
屑¹ | hsieh⁴. ⑦

① 《广韵》先结切。《国音》《现汉》并音 xiē。
② 《广韵》私列切。开三。《国音》《现汉》并音 xuē。由开口细音到今撮口，《自迩集》之异读适为其过渡。
③ 《广韵》苏协切。《国音》《现汉》并音 xiè。
④ 《广韵》呼决切。《国音》《现汉》并 xiè、xuě。
⑤ 《广韵》餘制切。《集韵》以制、私列二切。《国音》㊀ㄒㄧㄝˋ(入)；㊁丨意去。《现汉》单音 xiè。
⑥ 《广韵》餘制切，又音薛（私列切）。《国音》㊀ㄒㄧㄝˋ(入)；㊁丨意去。《现汉》单音 xiè。
⑦ 屑¹ | hsieh⁴., 今据音节总表 115 hsieh 增补。《广韵》先结切。《国音》《现汉》未收是字。

116 HSIEN

掺¹ | shan¹. ①
鲜¹ | hsien³.
搴¹ | chien³, ch'ien¹.
骞¹ | ch'ien¹.
轩¹ | hsüan¹. ②
嫣¹ | yen¹. ③
函² | han².
涎² | yen². ④
涵² | han².

缄² | chien¹.
闲² | chien⁴.
絃² | hsüan². ⑤
槛² | hsien⁴, chien¹, k'an³.
喊³ | han³, k'an⁴.
洗³ | hsi³.
见⁴ | chien⁴.
现⁴ | hsüan⁴. ⑥
舰⁴ | chien⁴.
陷⁴ | hsüan⁴. ⑦
癣³ | hsüan³. ⑧

① 《广韵》所咸切。《集韵》增思廉、仓含、师炎、所斩等数切。《国音》㈠ㄕㄢ阴；㈡ㄕㄢ闪上；㈢ㄘㄢ餐去；㈣ㄔㄢ搀阴。《现汉》三音：chān、càn、shǎn。

② 《广韵》虚言切。开口三等。《国音》《现汉》同音xuān。由古开三到今合三，当有两韵并存如《自迩集》之阶段。

③ 《广韵》(1)长皃好皃。许延切，又於建、於远二切。(2)长皃。又人名。於乾切。《国音》《现汉》并音yān。《现汉》释义为"容貌美好"，取(1)之义、(2)之音。

④ 《广韵》夕连、于线二切。《国音》㈠ㄒㄧㄢ贤阳；㈡ㄧㄢ燕去。《现汉》单音xián。

⑤ 《广韵》胡田切。《集韵》胡千（开）、翾县（合）二切。《国音》《现汉》同音xián。

⑥ 《广韵》胡甸切。《集韵》胡典、形甸二切。《国音》《现汉》并单音xiàn。

⑦ 《广韵》户韽切。匣母陷韵开二等。《国音》㈠ㄒㄧㄢ现去；㈡ㄒㄩㄢ炫去（语音）。《现汉》单音xiàn。

⑧ 癣³ | hsüan³，今据音节总表 116 hsien、123 hsüan, hsüên 增补。《广韵》息浅切。开口三等。《国音》㈠ㄒㄧㄢ毨上；㈡ㄒㄩㄢ选上（语音）。《现汉》单音xuǎn。又一"文白易位"。

117 HSIN

欣¹ | ts'ê¹. ①
沁¹ | ch'in⁴.
馨¹ | hsing¹. ②
莘¹ | shên¹. ③
寻² | hsün². ④
覃² | t'an². ⑤

隼³ | chun³, hsün³.
汛⁴ | hsün⁴. ⑥
迅⁴ | hsün⁴. ⑦
讯⁴ | hsün⁴. ⑧

①《广韵》许斤切。《国音》《现汉》并音 xīn。ts'ê¹, 义不详。破之讹？
②《广韵》呼刑切。《国音》㈠ㄒㄧㄣ欣阴；㈡ㄒㄧㄥ兴阴（又读）。《现汉》单音 xīn。
③《广韵》所臻切。《集韵》斯人、疏臻二切。《国音》《现汉》并二音：shēn、xīn。
④《广韵》徐林切。《集韵》徐心切。并深开三侵韵。《国音》㈠ㄒㄩㄣ巡阳；㈡ㄒㄧㄣ心阳；㈢ㄒㄩㄝ靴阳(入)；目环视有所寻之意，如言寻摸、寻睐等。《现汉》xún、xín 二读，xué 给了"楚"。《现汉 -5》进而删了 xín 异读，但在"寻思""寻死"等词条中标注"(口语中多读 xín……)"。其实"寻 xín"仍常听到。
⑤《广韵》徒含切。《国音》㈠ㄊㄢ谈阳；㈡ㄒㄩㄣ寻阳（㈠❸之又读）。《现汉》tán，姓又音 Qín。
⑥《广韵》所卖切，又音信（息晋切）。开口三等。《国音》《现汉》并音 xùn。由开三到撮口,《自迩集》齐撮异读为过渡。
⑦《广韵》息晋切，又私闰切。开合异读。《国音》《现汉》并音 xùn。
⑧《广韵》息晋切。《集韵》息晋、须闰二切。开合异读。《国音》《现汉》并音 xùn。

118 HSING

猩¹ | shêng¹. ①
醒 | hsing³. ②
馨 | hsin¹.
兴 | hsing⁴.
饧¹ | hsing², t'ang². ③
行² | hsing⁴, hang². ④
省³ | shêng³.
荇³ | hêng⁴.

①《广韵》所庚、桑经二切。《国音》《现汉》并音 xīng。
②《广韵》桑经、思挺二切。《国音》㈠ㄒㄧㄥ星上；㈡ㄒㄧㄥ星阴（又读）。《现汉》单音 xǐng。
③《广韵》徐盈切。《集韵》徐盈、徒郎二切。《国音》《现汉》并音 xíng、táng。
④原表 hsing¹, 调误，今据本表 95 HANG、音节总表 118 hsing 径改为：hsing⁴。

119 HSIO

学² | hsiao², hsüeh², hsüo².
削⁴ | hsiao¹, hsüeh¹, hsüeh³.
谑⁴ | niao⁴, nio⁴, nüeh⁴, nüo⁴. ①

① 《广韵》虚约切。《集韵》迄却切。并晓母藥韵。近代似曾与疑母"虐"相混过？《国音》可为一证：《国音》单音ㄋㄩㄝ虐去(入)；戏言。《现汉》亦单音，却是 xuè。这表明"谑"的字音史上曾发生"虐"字偏旁类推误读，《自迩集》"谑"n- 之异读 niao⁴, nio⁴, nüeh⁴, nüo⁴，正是泥、疑母藥韵字的"萧豪歌戈两韵并收"。《国音》所记为泥母读书音，《现汉》所记是回归晓母正音。

120 HSIU

囚² | ch'iu².
宿³ | hsiu⁴, hsü¹, su², su⁴. ①

① 两个同形字的合一：宿 hsiu4,《广韵》流摄息救切，星宿；宿 hsiu³、hsü¹、su²、su⁴,《广韵》通摄息逐切，宿止等。《国音》《现汉》并 sù、xiǔ、xiù 三音。

121 HSIUNG

洶¹ | hsiung³. ①
逈³ | chiung³, ch'iung³.

① 《广韵》许容、许拱二切。《国音》《现汉》并音 xiōng。

122 HSÜ

恤¹ | hsü⁴. ①
卹¹ | hsü⁴, hsüeh³. ②
夙¹ | su⁴. ③
宿¹ | hsiu³, hsiu⁴, su², su⁴.
纡¹ | yü¹. ④
呕¹ | ou³, ou⁴. ⑤
勖¹ | hsü⁴. ⑥
畜¹ | hsü⁴, ch'u⁴.
虚¹ | chü¹. ⑦
粟¹ | su², su⁴. ⑧

俗² | su¹, su². ⑨
醒² | tʻi². ⑩
旭³ | hsü⁴. ⑪
聚³ | chü⁴.
屿³ | yü³. ⑫
壻⁴ | hsi⁴.
絮⁴ | nü⁴. ⑬
续⁴ | su⁴. ⑭

① 《广韵》辛聿切。臻合三入。《国音》《现汉》并音 xù。
② 一般字书指"卹"通"恤",如《国音》ㄒㄩ恤去(入)。忧愁,与"恤"通。hsüeh³,不知所自。
③ 《广韵》息逐切。通合三入(精组),读为合口洪音。与臻合三入"恤"读为撮口细音不同。然皆为"合三入","夙"亦曾发生撮口细音之异读?
④ 《广韵》憶俱切。《集韵》匈于、邕俱二切。《国音》《现汉》并音 yū。
⑤ 《集韵》匈于切,又乌侯、於口二切。《国音》㈠又藕上;㈡又欧阴;㈢又欧去;㈣ㄒㄩ虚阴。《现汉》音 ǒu(一血),又音 òu(一气)。《现汉-5》"呕"不再作"怄"之异体,便成单音 ǒu。
⑥ 《广韵》许玉切。通合三入(见组),读为合口细音。《国音》《现汉》并音 xù。
⑦ 《广韵》朽居切,又音祛(去鱼切)。《国音》《现汉》并音 xū。
⑧ 《广韵》相玉切。《国音》《现汉》并音 sù。与前面的"夙"、下面的"俗""续"等同类?
⑨ 《广韵》似足切。《国音》《现汉》并音 sú。
⑩ 《广韵》杜奚、他礼二切。hsü⁴音,不知所自。
⑪ 《广韵》许玉切。《国音》《现汉》并音 xù。
⑫ 《广韵》徐吕切,海中洲也。《康熙》音胥上声。《自迹集》又音 yü³。《国音》单音ㄩ雨上。《现汉》音 yǔ(旧读 xù)。《自迹集》显示这一"旧读"不是去声 xù 而是上声 hsü³。
⑬ 《广韵》息据切,又抽据、尼恕二切。《国音》《现汉》并音 xù。
⑭ 《广韵》似足切。《国音》《现汉》并音 xù。

123 HSÜAN, HSÜEN

轩¹ | hsien¹. ①
剺¹ | hsüan⁴. ②
眩¹ | hsüan², hsüan⁴. ③
宣¹ | hsüan². ④

旋¹|hsüan². ⑤
漩¹|hsüan², hsüêh². ⑥
璇¹|hsüan². ⑦
璿¹|hsüan². ⑧
撚²|hsüêh². ⑨
絃²|hsien².
选³|hsüan⁴. ⑩
现⁴|hsien⁴. ⑪
陷⁴|hsien⁴. ⑫
癣³|hsien³. ⑬

①《广韵》《集韵》并虚言切，轩车。又姓，轩辕之后。《康熙》并音掀。《国音》《现汉》俱单音 xuān。《自迩集》轩 hsien¹ | hsüan¹ 异读，适为开口韵变合口之桥梁。

②《广韵》丑缘切。去木枝也。《集韵》椿全切。剔也。并徹母仙韵。合口三等。《国音》《现汉》未收是字。

③《广韵》胡涓、胡練二切。《国音》《现汉》并音 xuàn。

④《广韵》须缘切。《集韵》许元、荀缘二切。《国音》《现汉》并音 xuān。

⑤《广韵》似宣、辞恋二切。《国音》《现汉》并音 xuán、xuàn。

⑥《集韵》旬宣、随恋二切。《国音》㊀ㄒㄩㄢ旋阳；㊁ㄒㄩㄢ旋去。《现汉》单音 xuàn。hsüêh²，音义不详。

⑦《广韵》似宣切。《国音》《现汉》并音 xuán。

⑧《广韵》似宣切。《国音》《现汉》并音 xuán。

⑨《集韵》旬宣切，引也。《国音》《现汉》未收是字。hsüêh²，义不详。

⑩《广韵》思兖切，又思绢切，又思管切。《国音》㊀ㄒㄩㄢ宣上；㊁ㄒㄩㄢ宣去。《现汉》单音 xuǎn。

⑪《广韵》《集韵》只有铣、霰韵有"现"，俱开口四等，撮口之 hsüan⁴ 音，当时口语音？参见下面"陷""癣"注文。

⑫《广韵》户韽切。《集韵》乎韽切。并开口二等陷韵。《国音》㊀ㄒㄧㄢ现去；㊁ㄒㄩㄢ炫去（㊀❷之语音）。由此联想："现"之 hsüan⁴ 音，曾是当时北京口语音？《自迩集》只是作了如实、及时的记录？

⑬癣³ | hsien³.，据音节总表 116 hsien、123 hsüan, hsüên 增补。《广韵》息浅切。《集韵》增相然切。俱开口细音。《国音》㊀ㄒㄧㄢ飿上；㊁ㄒㄩㄢ选上（语音）。《现汉》单音 xuǎn。又一"文白易位"。

124 HSÜEH

削¹ | hsüeh³, hsiao¹, hsio⁴.
穴² | hsüeh⁴. ①
㩳² | hsüan².
学² | hsiao², hsio², hsüo².
漩² | hsüan¹, hsüan².
血³ | hsüeh⁴, hsieh³.
岇³ | hsü¹, hsü⁴.
雪³ | hsüeh⁴. ②
薛³ | hsieh¹.

①《广韵》胡决切。《国音》㊀ㄒㄩㄝ学上(入)；㊁ㄒㄩㄝ学阳(入)。《现汉》单音 xué。
②《广韵》相绝切。《国音》㊀ㄒㄩㄝ薛上(入)；㊁ㄒㄩㄝ薛去(入)。《现汉》单音 xuě。

125 HSÜN

荤¹ | hun¹.
寻² | hsin².
询² | hsün⁴. ①
筍³ | sun³. ②
笋³ | sun³. ③
隼³ | chun³, hsin³. ④
汛⁴ | hsin⁴.
迅⁴ | hsin⁴.
讯⁴ | hsin⁴.
巽⁴ | sun⁴. ⑤
逊⁴ | sun⁴. ⑥

①《广韵》咨也。相伦切。《国音》《现汉》并音 xún。
②《广韵》思尹切。《国音》《现汉》并音 sǔn。
③《广韵》思尹切。《国音》《现汉》并音 sǔn。同"筍"。
④ hsin³，据本表 74 CHUN、117 HSIN 补。
⑤《广韵》《集韵》并苏困切。心母恩韵。合口一等。对应今音依例是合口洪音。然该韵心母"巽逊"似"例外"，成撮口细音。《国音》㊀ㄒㄩㄣ逊去；㊁ㄙㄨㄣ孙去(又读)。《现汉》单音 xùn。由合口洪音转为撮口细音，《自迩集》和《国音》，乃过渡阶段。
⑥《广韵》《集韵》并苏困切。合口一等。《国音》㊀ㄒㄩㄣ迅去；㊁ㄙㄨㄣ孙去(又读)。《现

汉》单音 xùn。由合口洪音转为撮口细音,《自迩集》和《国音》,乃过渡阶段。

126 HSÜO
学[2]① | hsiao², hsio², hsüeh².
① 学², 原表误作学¹。今据本表 114 HSIAO、119 HSIO、124 HSÜEH 改正。

127 I, YI
一¹ | i², i⁴. ①
乙¹ | i⁴. ②
衣¹ | i⁴. ③
依¹ | i³. ④
伙¹ | ho³, huo³.
宜¹ | i², i⁴. ⑤
壹¹ | i², i⁴.
瘗¹ | i⁴. ⑥
揖¹ | i⁴, jung³. ⑦
亦² | i³, i⁴. ⑧
奕² | i⁴. ⑨
蛾² | ê², o².
益² | i⁴. ⑩
涯² | ya², ai², yai². ⑪
拟² | i³, ni³. ⑫
遗² | wei⁴.
颐² | so². ⑬
扆³ | i⁴. ⑭
尾³ | wei³.
蚁³ | i⁴. ⑮
泄⁴ | hsieh⁴, yeh⁴.
射⁴ | shih², shê⁴, yeh⁴. ⑯
液⁴ | shih². ⑰
掖⁴ | shih², yeh¹. ⑱
浥⁴ | yeh⁴. ⑲

疫⁴｜yü⁴.⑳
语⁴｜yü³, yü⁴.㉑
馹⁴｜êrh⁴.
洩⁴｜hsieh⁴.
隘⁴｜yai⁴, ai⁴.
逆⁴｜ni⁴.㉒

① 《广韵》於悉切。入声。《国音》《现汉》并音 yī。《国音》《现汉》于词条尾皆有"一"变调说明，如《国音》:("一"字通常在词尾、语尾读阴平，连用在阴平、阳平、上声之前读去声，去声、轻声之前读阳平。)《自迹集》课文中"一""八""不"等皆依其语流变调的实际标调，如"一间房子 yi⁴ chien¹ fang² -tzǔ"下"注：一 yi⁴，本音是 yi¹"。

② 《广韵》於筆切。入声。《国音》《现汉》并音 yī。

③ 《广韵》於希、於既二切。平、去二声。《国音》《现汉》并 yī、yì 二音。

④ 《广韵》於希切。平声。《国音》《现汉》并音 yī。

⑤ 《广韵》鱼羁切。平声。《国音》《现汉》并音 yí。

⑥ 《广韵》於賜切。去声。《国音》《现汉》并音 yì。

⑦ 《广韵》伊入切。入声。《国音》㊀｜一阴(入)；㊁ㄐ丨鲫去(入)与"辑"通。《现汉》单音 yī。jung³，义不详。

⑧ 《广韵》羊益切。入声。《国音》《现汉》并音 yì。

⑨ 《广韵》羊益切。入声。《国音》《现汉》并音 yì。

⑩ 《广韵》伊昔切。入声。《国音》㊀｜一亦去(入)；㊁｜一阴(入)(㊀❷之又读)。《现汉》单音 yì。

⑪ ai²，据音节总表 2 ai 补。

⑫ 《广韵》鱼纪切。上声。《国音》《现汉》并音 nǐ。

⑬ 《广韵》与之切。以母。平声。so²，义不详。

⑭ 《广韵》於豈切。上声。《国音》《现汉》并音 yǐ。

⑮ 《广韵》鱼倚切。上声。《国音》《现汉》并音 yǐ。

⑯ 多音字。《广韵》羊谢、神夜、常隻、羊益、食亦五切。《国音》㊀尸さ社去；㊁尸石阳(入)(㊀❷❸又读)；㊂｜亦去(入)；㊃丨せ葉去(入)。《现汉》单音 shè。词典性质决定，"射"之古音义不收。

⑰ 《广韵》《广韵》羊益切。《集韵》又施隻切。《国音》㊀｜せ夜去；㊁｜亦去(入)(读音)。《现汉》单音 yè。亦一"文白易位"。

⑱ 《广韵》羊益切。《集韵》夷益切。《国音》㊀｜亦去(入)；㊁｜せ夜去(㊀之语音)；㊂｜せ耶阴。《现汉》yē、yè 二音。"文白易位"。

⑲《广韵》於汲、於业二切。入声。《国音》《现汉》并音 yì。
⑳《广韵》营隻切。《集韵》营隻、以醉二切。营隻切,梗合三昔入;以醉切,止合三至去,所对应今音当为合(摄)口,即 yü⁴;《国音》《现汉》并音 yì。此乃古合(摄)变今开(齐),《自迩集》之异读成其过渡桥梁。
㉑《广韵》鱼巨、牛倨二切。《国音》《现汉》并 yǔ、yù 二音。关于 i⁴,参见第三章练习二十三答案 2 英译文注中有"言语一声儿 yen-yü i shêng-'rh,即让我知道。在北京,说 yen-yü 更接近 yüan-i。"
㉒《广韵》宜戟切。疑母。入声。《国音》《现汉》并音 nì。《广韵》营隻切。《集韵》营隻、以醉二切。营隻切,梗合三昔入;以醉切,止合三至去,所对应今音当为合(摄)口,即 yü⁴;《国音》《现汉》并音 yì。此乃古合(摄)变今开(齐),《自迩集》之异读成其过渡桥梁。

128 JAN
——|——

129 JANG
壤² | jang³, nang³. ①
攘² | jang⁴. ②
让³ | jang⁴. ③

①《广韵》如两切。《集韵》如阳、汝两二切。平、上二声。《国音》《现汉》并音 rǎng。nang³,时音? 俗音?
②《广韵》汝阳切。《集韵》如阳、汝两二切。平、上二声。《国音》《现汉》同音 ráng。
③《广韵》《集韵》并人样切。《国音》《现汉》同音 ràng。向为去声字,此上声异读不知所自。

130 JAO
遶³ | jao⁴. ①
绕³ | jao⁴. ②
弱⁴ | ni⁴, niao⁴, jo⁴. ③

①《广韵》而沼切。《集韵》尔绍切。并日母。上声。《国音》单音 ㄖㄠ 绕去。《现汉 -5》单音 rào。
②《广韵》而沼、人要二切。《集韵》尔绍、人要二切。并日母。上、去二声。《国音》《现汉》同音 rào。

③《广韵》而灼切。宕摄药韵。入声。《自迩集》jao⁴、jo⁴ 二音异读符合历史音变规律。《国音》《现汉》并音 ruò。本音 jao⁴、jo⁴；而 ni⁴、niao⁴ 二音则是假借字"溺~水"和"溺(尿)"的音。

131 JÊ, JO
若³ | jo⁴, yao⁴, yo⁴, jê⁴. ①
惹³ | jo³. ②
日⁴ | jih⁴, shih⁴. ③
热⁴ | jo⁴. ④

①《广韵》而灼（宕摄药韵）、人赊、人者（假摄麻、马韵）三切。前者，出 yao⁴、yo⁴ 异读；后者，出 jê³、jo⁴ 异读。《国音》《现汉》并 ruò、rě 二音。rě 限于 "般若" "兰若" 等。

②《广韵》人者、而灼二切。《国音》《现汉》并音 rě。

③《广韵》人质切。《集韵》入质切，又而力切。《国音》㈠日ㄖˋ去(入)；㈡ㄇㄧ密去(入)金日䃜碑，汉武帝时人。山西左权县（靠近河北）"日" 仍音 mì，"今日" 说 "今觅"。《现汉》单音 rì。《自迩集》shih⁴、jê⁴ 二音，不知所自。

④《广韵》如列切。《国音》《现汉》并音 rè。

132 JÊN
纫¹ | jên², jên⁴. ①
仍² | jên³, jêng², jêng³. ②
任² | jên⁴.
恁³ | yin⁴. ③
衽³ | jên⁴. ④
孕⁴ | yin⁴, yün⁴. ⑤

①《集韵》而邻切。平声。《国音》《现汉》同音 rèn。平声转为去声。"转折" 时期平、去共存构成异读。

②《广韵》如乘切，《集韵》如蒸、如证二切。《国音》四音：㈠日ㄥ仍阴；㈡日ㄥ仍上（㈠之又读）；㈢日ㄥ仍阳；㈣日ㄥ仍去。《现汉》单音 réng。但近年常听人念作阴平 rēng。

③《广韵》汝鸩（去）切，《集韵》忍甚（上）、如鸩二切。并日母。《国音》㈠日ㄣ任去；㈡ㄋㄧㄣ您阳，同 "您"。《现汉》nèn，另见 nín，同 '您'（多见于元曲《现汉 -5》改为：多见于早期白话）。由日母变为泥母。

④《广韵》汝鸩（去）切，《集韵》忍甚（上）、如鸩二切。上、去异读。《国音》《现汉》同音 rèn。

⑤《广韵》以证切,《集韵》又石证切。中古曾摄开口细音。现代音变为臻摄合口细音:《国音》《现汉》同音 yùn。《自迩集》异读（孕 jên⁴ ｜ yin⁴, yün⁴.）反映（1）后鼻音韵变前鼻音韵业已完成,（2）齐齿韵变撮口韵,正在变化中。

133 JÊNG
扔¹｜jêng³. ①
掷¹｜chih¹, chih⁴.
仍²｜jêng³, jên², jên³.

①《广韵》如蒸、而证二切。《国音》㊀曰ㄥ仍阴;㊁曰ㄥ仍上（㊀之又读）;㊂曰ㄥ仍阳;㊃曰ㄥ仍去。《现汉》单音 réng。

134 JIH
日⁴｜jê⁴, shih⁴.

135 JO
惹³｜jê³.
若⁴｜jê³, yao⁴, yo⁴, jê⁴.
弱⁴｜jao⁴, ni⁴, niao⁴.
热⁴｜jê⁴.

136 JOU
揉¹｜jou², jou³. ①
猱²｜nao². ②
肉⁴｜ju⁴. ③

①《广韵》多音：耳由、人九、汝又三切。《国音》《现汉》并音 róu。
②《广韵》《集韵》奴刀切。《国音》《现汉》同音 náo。jou², 不知所自。
③《广韵》如六切。《国音》㊀曰ㄨ入去(入);㊁曰又柔去(入)❶（㊀之语音）。《现汉》单音 ròu。这也是一例"文白易位"。

137 JU
如¹｜ju². ①
茹²｜ju³, ku¹. ②

辱² |ju⁴. ③
儒² |ju⁴. ④
入³ |ju⁴, êrh⁴.
乳³ |ju⁴. ⑤
擩³ |ju⁴. ⑥
肉⁴ |jou⁴.

①《广韵》人诸、人恕二切。《国音》《现汉》并音 rú。
② 中古多音字,《广韵》人诸、如虑、而与三切;《集韵》人余、女居、女加、忍与、如倨、尼据六切。《国音》㊀ㄖㄨ如阳;㊁ㄖㄨ如去(又读)。《现汉》单音 rú。ku¹, 疑来自"蓇"。
③《广韵》而蜀切。《国音》㊀ㄖㄨ褥去(入);㊁ㄖㄨ汝上(又读)。《现汉》单音 rǔ。又一"文白易位"。
④《广韵》人朱切。《国音》《现汉》并音 rú。
⑤《广韵》而主切。《国音》《现汉》并音 rǔ。
⑥ 中古多音字,《广韵》平上去声俱全,而以手进物义,为去声而遇切。《国音》单音ㄖㄨ如去。《现汉》单音 rǔ。

138 JUAN

阮³ |yüan², yüan³. ①

①《广韵》愚袁切,又元远切。《国音》《现汉》并音 ruǎn。中古疑母,变为今 r- 母,《自迩集》之异读乃过程之中间状态。

139 JUI

蕤³ |jui⁴. ①
瑞⁴ |shui⁴. ②
锐⁴ |tui⁴, wei⁴. ③
睿⁴ |wei⁴. ④

①《广韵》《集韵》并儒佳切。平声。《国音》《现汉》并音 ruí。《自迩集》为何仄声?
②《广韵》是伪切。禅母。《国音》《现汉》并音 ruì。变为今单音 ruì 之前,原禅母之 sh-, 与後之 r- 母并存。
③《广韵》以芮切,又杜外切。《国音》《现汉》并音 ruì。原以母之 wei⁴, 杜母之 tui⁴, 与后出之 jui⁴ 音并存。
④《广韵》以芮切。《国音》《现汉》并音 ruì。类似"瑞、锐",原以母之 wei⁴, 与后出之 jui⁴ 音并存。

140 JUN

允³ | yün³, yu³. ①

① 《广韵》余準切。《国音》《现汉》并音 yǔn。中古以母，多有变今音日母（r-）。今仍能听到将"允许"说成 rún xǔ 的。

141 JUNG

容² | yung². ①
溶² | yung².
榕² | yung².
蓉² | yung².
鎔² | yung².
荣² | yung². ②
荥² | yung². ③
萦² | yung². ④
融² | yung². ⑤
慵² | yung². ⑥
揖³ | i¹, i⁴.

① 容溶榕蓉鎔等字，皆中古以母字，近代变同日母。《自迹集》正处于以、日两读阶段。参见音节总表 141 jung 注④。

② 《广韵》永兵切。云母。《国音》曰ㄨㄥ戎阳。日母。从中古云母到今日母，《自迹集》的异读，适为其过渡桥梁。

③ 《广韵》户扃切。《集韵》翾营、娟营、乌迥、萦定、玄扃五切。《国音》《现汉》并 xíng、yíng 二音。此二音应是来自户（玄）扃切（梗合四平青匣），从中古合口四等细音变为今开口细音。《自迹集》荥 yung² | jung². 之记音可能有误。

④ 《广韵》於营切，《集韵》音切相同。《国音》《现汉》同音 yíng。《自迹集》萦 yung² | jung². 之异读记音反映的是一时误读？还是当时就这么读？存疑。

⑤ 《广韵》以戎切。以母。《国音》《现汉》同音 róng。从中古以母到今日母，《自迹集》的异读，适为其过渡桥梁。

⑥ 《广韵》蜀庸切，嬾也。中古禅母字，而今音 yōng，《自迹集》阶段的异读"慵 jung² | yung²"，到《国音》变为：㊀ㄩㄥ庸阴；㊁ㄩㄥ庸阳（又读。）；再变为 yōng（《现汉》）。

142 KA

嘎¹ | ka², ka³, ka⁴, chia¹. ①

① 《广韵》古黠切。对应chia¹。ka¹, ka², ka³, ka⁴四音,为后起之状声词:《国音》㊀ㄍㄚ旮阴;㊁ㄍㄚ旮阳。《现汉》gā、gá、gǎ三音。

143 K'A

卡¹ | k'a³, ch'ia¹, ch'ia³. ①

① 《国音》㊀ㄅㄚ咖上;㊁ㄑㄧㄚ恰上;㊂ㄑㄧㄚ恰阳。《现汉》kǎ、qiǎ 二音。

144 KAI

街¹ | chieh¹. ①
溉⁴ | chi⁴. ②
垓¹ | chieh². ③

① 《广韵》古谐切,又音佳(古膎切)。由中古蟹摄变今假摄音,《自迩集》之异读,适为新旧音之叠加。
② 《广韵》居豙切,又古代切。《国音》《现汉》俱单音 gài。
③ 垓¹ | chieh²., 今据音节总表 32 chieh、144 kai 增补。

145 K'AI

楷³ | ch'iai³.
咳³ | k'o². ①

① 《广韵》欬,一瘵,苦盖切。《国音》咳,户来切。㊀ㄎㄜ刻阳(入);㊁ㄎㄞ慨去(读音);㊂ㄎㄚ卡上;㊃ㄏㄞ孩阴;㊄ㄏㄞ孩阳。这是将《广韵》的"咳""欬"二字合一。《现汉》亦同,存二音:ké、hāi。

146 KAN

乾¹ | ch'ien².
桦¹ | kan². ①

① 原表 kan²,且不送气,当作 kan³,然原书音节总表 146 kan 亦为二声。存疑。《国音》《现汉》未收是字。

147 K'AN
刊¹ | k'an³. ①
看¹ | k'an⁴.
吹³ | ch'ui¹, ch'ui⁴.
侃³ | k'an⁴. ②
槛³ | chien⁴, hsien², hsien⁴.
喊⁴ | han³, hsien³.
①《广韵》苦寒切。《国音》《现汉》并音 kān。
②《广韵》空旱（上）、苦旰（去）二切。《国音》《现汉》并音 kǎn。

148 KANG
亢¹ | hang², k'ang⁴.
扛¹ | k'ang². ①
将¹ | chiang¹, chiang⁴.
堽¹ | kang³ ②
虹⁴ | chiang⁴, hung².
①《广韵》古双切。《集韵》古双、居郎二切。《国音》《现汉》并音 gāng、káng。
②《广韵》古郎切。《集韵》居郎切。未见上声读法。

149 K'ANG
扛² | kang¹.
亢⁴ | hang², kang¹.

150 KAO
咎¹ | chiu¹, chiu⁴.

151 K'AO
敲¹ | ch'iao¹. ①
烤³ | k'ao⁴. ②
拷³ | k'ao⁴. ③
①原表缺送气符号，今据本表 31 Ch'IAO 补。《集韵》苦浩切。上声。《国音》《现汉》并音 qiāo。
②《玉篇》苦告切。《集韵》口到切。熇也。或从高（熇）。熇，火乾也。今音 kào。旧时胶

东乡间家庭架火熬制酱油就说"一清酱"。字典一般随《广韵》苦沃切音 kù（热气。热
氘。）。kào、kù 是音义不同的两个词。
③《玉篇》苦老切。《集韵》苦浩切。掠也。《国音》《现汉》并音 kǎo。

152 KEI
给³ | chi³, chi⁴.

153 K'EI
刻¹ | k'o¹, k'o³, k'o⁴. ①
①《广韵》苦得切。曾摄德韵字，入声消失过程中，多有皆来歌戈两韵异读。例如《老乞
大新释谚解》和《老乞大重刊谚解》"立刻（左音 k'eiω，右音 k'ə）"。《国音》㊀ㄎㄜ
客去（入）; ㊁ㄎㄜ客阴（入）（㊀❶之又读）。《现汉》单音 kè。

154 KÊN
觔¹ | chin¹.
梗³ | kêng³. ①
①《广韵》古杏切。见母开二等。上声。《国音》《现汉》并音 gěng。

155 K'ÊN
肯³ | k'êng³. ①
揩⁴ | k'êng⁴. ②
①《广韵》苦等切。后鼻音韵，变今前鼻音韵。新旧音叠加。《国音》㊀ㄎㄣ恳上; ㊁ㄎㄥ
坑上（又读）。《现汉》单音 kěn。
②揩，后起字，从肯得声。然"肯"经已成前鼻音韵，带动"揩"亦变为前鼻音韵。与"肯"
一样，《自迹集》时代新旧音尚共存重叠而表现为异读。《国音》《现汉》并音 kěn。

156 KÊNG
更¹ | kêng⁴, ching¹.
耕¹ | ching¹.
耿³ | ching³.
梗³ | kên³.
颈³ | ching³.

157 K'ÊNG
倾¹ | ch'ing¹, ch'iung¹.
肯³ | k'ên³.
掯⁴ | k'ên⁴.

158 KO, KÊ
戈¹ | kuo¹. ①
搁¹ | ko². ②
各² | ko³, ko⁴. ③
阁² | ko⁴. ④
隔² | chieh², chieh⁴.
葛² | ko³. ⑤
哿³ | k'o¹. ⑥
合⁴ | ho².

① 戈，此时异读全貌是：kê¹、ko¹、kuo¹。《广韵》古禾切。合口一等。《国音》《现汉》并开口洪音 gē。
② 《广韵》《集韵》未见是字。网上《汉典》亦未能提示其最早出处。第三章 253. 搁 ko¹，这是一个来路可疑的汉字；最初意思是"耽搁 (to delay)"，而今口语里作"摆放 (to put)""安置 (to place)"讲。如：搁在这儿 ko¹ tsai⁴ chê⁴-'rh。《国音》亦未收是字。《现汉》gē、gé 二音。
③ 《广韵》古落切。《国音》㈠ㄍㄜ革去(入)，每；㈡ㄍㄜ革阳(入)，各自，各人，均谓自己。《现汉》gě 指示词；gé〈方〉特别：这人很一。《现汉 -5》略作修订：gě〈方〉形特别（含贬义）：这人真一。
④ 《广韵》古沓切。见母合韵。入声。《国音》《现汉》并 gé、hé 二音。hé，同"阖"。
⑤ 《广韵》古达切。《国音》《现汉》并 gé、Gě 二音。
⑥ 哿，此时异读全貌是：kê³、ko³、k'o¹。因为是开口一等，故无 kuo。演化方向亦是 kê。《国音》㈠ㄍㄜ哥上；㈡ㄎㄜ可上（又读）。《现汉》单音 gě。

159 K'O, K'Ê
可¹ | k'o², k'o³. ①
苛¹ | ho¹.
颏¹ | hai², hai³.

附 录　915

圴¹ | k'o³. ②
䯄¹ | ko³.
刻¹ | k'o³, k'o⁴, k'ei¹.
科¹ | k'o⁴. ③
剋¹ | k'o⁴. ④
稞¹ | k'o⁴. ⑤
瞌² | k'o³. ⑥
咳² | k'ai³.
去⁴ | ch'ü⁴.
阔⁴ | k'uo⁴. ⑦
濶⁴ | k'uo⁴. ⑦

①《广韵》枯我切。《国音》《现汉》并 kě、kè 二音。
②《广韵》户来、古亥二切。《国音》㊀ㄏㄞ孩阳；㊁ㄎㄜ刻阴(入)(㊀之语音);㊂ㄎㄜ刻阳(入)。《现汉》kē、ké 二音。蟹摄音变成了果摄音。《国音》尚指为"语音"的音，到《现汉》成为正音。
③《广韵》苦禾切，又苦卧切。《国音》《现汉》并音 kē。
④《广韵》苦得切。溪母德韵。《国音》ㄎㄜ刻去(入)。《现汉》kè、kēi 二音。
⑤《广韵》苦禾切。《国音》《现汉》并音 kē。
⑥《集韵》克盍切。溪母盍韵。入声。《国音》《现汉》并音 kē。
⑦ 音节总表 159 k'o, k'ê 有"闊"无"濶"，而 179 k'uo "闊*濶*"并列;《异读表》此处亦"闊濶"并见，可见音节总表 159 k'o, k'ê 当补"濶"字。此二字纯为异体字。《广韵》苦栝切。溪母末韵。入声。《国音》《现汉》并音 kuò。

160 KOU

緱¹ | ou¹. ①
狗² | kou³. ②

①《广韵》古侯切。《集韵》居侯切。并见母。平声。《国音》㊀ㄍㄡ沟阴;㊁ㄎㄡ口阴。《现汉》单音 gōu。此字音有争议。如宁波宁海之缑城，当地音"侯 Hóu 城"而非"钩城"。ou¹ 音，是否亦另有所出？
②《广韵》古厚切。见母。上声。《国音》《现汉》并音 gǒu。

161 K'OU

敺¹ | ou¹. ①
扣³ | k'ou⁴. ②

①《广韵》深目皃。乌侯切，又苦侯切。《国音》《现汉》并音 kōu。
②《广韵》苦后（上）、苦候（去）二切。《国音》《现汉》并音 kòu。

162 KU

古¹ | ku³. ①
估¹ | ku³, ku⁴. ②
呱¹ | kua¹, kua³. ③
谷¹ | ku³. ④
骨¹ | ku², ku³. ⑤
茹¹ | ku², ju³. ⑥
縠¹ | ku³. ⑦
穀¹ | ku³. ⑧
汩³ | mi⁴. ⑨
滑³ | ku⁴, hua², k'u¹.
贾³ | chia³.
涸⁴ | hao⁴, ho⁴, k'u¹. ⑩

①《广韵》公户切。见母姥韵。上声。《国音》《现汉》并音 gǔ。
② ku³，据音节总表 162 KU 补。《广韵》公户切。《集韵》增攻乎切。《国音》㊀《ㄨ姑阴；㊁《ㄨ古上（㊀之又读。）㊂《ㄨ故去。《现汉》gū、gù 二音。
③《广韵》古胡切。啼声。《集韵》攻乎、乌瓜二切。皆儿啼义。《国音》㊀《ㄨ姑阴；㊁《ㄨㄚ蛙阴（语音）《现汉》儿啼音 gū，另见 guā、guǎ。
④《广韵》古禄切，又欲、鹿二音。《国音》《现汉》并 gǔ（山谷）、yù（叶谷浑）二音。
⑤《广韵》《集韵》并古忽切。《国音》㊀《ㄨ谷上（入）；㊁《ㄨ谷阳（入）（㊀之语音又读。）㊂《ㄨ谷阴（入）。《现汉》亦 gū、gú、gǔ 三音。《现汉 -5》删 gú 而成 gū、gǔ 二音。
⑥ 茹¹，向无 ku 音，疑"菇"之讹。然"菇"又无 ju³ 音。此条存疑。
⑦《广韵》古禄切。《国音》《现汉》并 gū、gǔ 二音。
⑧《广韵》古禄切。《国音》《现汉》并音 gǔ。
⑨ 此条将"汩""汨"合一。前音 ku³，后音 mi⁴，音义不同而字形相近。本条当删。
⑩ k'u¹，据本表及音节总表 163 k'u 补。

163 K'U

袴¹ | k'u⁴, k'ua⁴. ①
涸¹ | ku⁴, hao⁴, ho⁴.

① 《广韵》《集韵》同苦故切。此项异读可能是"袴""胯"二字相混而成:《集韵》胯,有空胡、苦故二切。《国音》《现汉》并音 kù。

164 KUA

呱¹ | kua³, ku¹.
聒¹ | kua⁴, kuo¹, kuo⁴. ①
鸹¹ | kua⁴.

① 《广韵》《集韵》同古活切。《国音》单音ㄍㄨㄚ刮(阴)(入)。《现汉》单音 guō。

165 K'UA

誇¹ | k'ua³. ①
袴⁴ | k'u¹, k'u⁴.

① 《广韵》大言也。苦瓜切。《国音》《现汉》并音 kuā。

166 KUAI

壞⁴ | huai⁴.

167 K'UAI

塊⁴ | k'uei⁴. ①

① 《广韵》苦对切。《集韵》苦怪、苦会二切。《国音》《现汉》同音 kuài。

168 KUAN

莞¹ | huan³.
冠¹ | kuan⁴.
观¹ | kuan⁴.
纶¹ | lün², lun². ①
鹳¹ | kuan⁴, huan¹.
斡³ | wa⁴. ②
盥³ | kuan⁴. ③

①《广韵》力迨切，又音鳏（古顽切）。《国音》《现汉》并 guān、lún 二音。
②《广韵》乌括切。《集韵》古缓、乌括二切。《国音》㊀ㄨㄞ握去(入)；㊁ㄍㄨㄢ管上。《现汉》单音 wò。
③《广韵》古满、公玩二切。《国音》《现汉》并音 guàn。

169 K'UAN
—|——

170 KUANG
诳¹|k'uang². ①
①《广韵》居况切。见母漾韵。去声。《国音》《现汉》并音声母送气的 kuáng。《自迩集》之异读，已由中古（1）去声变为平声，（2）见母变溪母，（3）古今声母适为并存、重叠。

171 K'UANG
诳²|kuang¹.
况⁴|huang⁴.

172 KUEI
瑰¹|kuei⁴. ①
晷¹|kuei³. ②
鳜¹|kuei⁴. ③
愧⁴|k'uei⁴. ④
会⁴|hui³, hui⁴.
①《广韵》户恢、古回二切。古回切，今当阴平。《国音》《现汉》并音 guī。但有不少人惯用第四声（kuei⁴），看来《自迩集》时代亦如此？
②《广韵》日影也。又规也。居洧切。上声。《国音》《现汉》并音 guǐ。"又规也"，"规"音 kuei¹ 加于"晷"？
③《广韵》居卫切。又居月切。《集韵》居逵、姑卫、居月、於月四切。平、去、入三声。《国音》㊀ㄍㄨㄟ贵去；㊁ㄐㄩㄝ决阳(入)❷(㊀之又读)。《现汉》单音 guì。
④《广韵》俱位切。见母。《国音》《现汉》并音 kuì。由见母变溪母。《自迩集》之异读，乃新旧音叠加。

173 K'UEI

恢² | hui¹.
跬³ | wa¹. ①
块⁴ | k'uai⁴.
愧⁴ | kuei⁴.

① 《广韵》丘弭切。举一足。溪母。上声。《国音》《现汉》并音kuǐ。wa¹，不知所由。

174 KUÊN, KUN

昆¹ | k'un¹. ①
崑¹ | k'un¹. ②

① 《广韵》古浑切。见母。《国音》《现汉》并音kūn。由见母变溪母。《自迩集》之异读，乃新旧音叠加。
② 崑，同上。

175 K'UÊN, K'UN

昆¹ | kun¹.
崑¹ | kun¹.
阃¹ | k'un³. ①
壼¹ | k'un³. ②
悃³ | k'un⁴. ③

① 《广韵》苦本切。上声。《国音》《现汉》并音kǔn。平声k'un¹，不知所自。
② 壼，同上。
③ 《广韵》苦本切。溪母。上声。《国音》《现汉》并音kǔn。去声k'un⁴，不知所由。

176 KUNG

红¹ | hung².
供¹ | kung⁴.

177 K'UNG

空¹ | k'ung⁴. ①
恐³ | ch'iung³. ②

① 原表误作k'ung³，今据音节总表177 k'ung⁴改正。
② 原表误作ch'iung⁴，今据音节总表47 ch'iung³改正。

178 KUO

戈¹ | ko¹. ①
郭¹ | kuo³. ②
堝¹ | kuo². ③
蝈¹ | kuo⁴. ④
咶¹ | kuo⁴, kua¹, kua⁴.
过¹ | kuo⁴. ⑤
椁² | kuo³. ⑥

①《广韵》古禾切。《国音》《现汉》并音 gē。

②《广韵》古博切。见母铎韵。入声。《国音》《现汉》并音 guō。入声消失过程中，可能会有不同声调的异读。儿时听胶东人说"小郭儿"就是上声的"小 gǒ 儿"。堝、蝈等古获切的字，亦类此。

③《广韵》古获切。见母麦韵。入声。《国音》《现汉》并音 guó。

④《广韵》古获切。蝼蝈，蛙别名。见母麦韵。入声。《国音》ㄍㄨㄛ郭阴(入)，❶蝼蝈。❷蝈蝈儿。《现汉》单音 guō，亦单义"蝈蝈儿"。词义大转移。

⑤《广韵》古禾、古卧二切。平、去二声。《国音》《现汉》并音 guō、guò。《现汉 -5》平声 guō 只保留 Guō 姓。其他义项全转归 guò 音。

⑥《广韵》古博切。《国音》《现汉》并音 guǒ。椁、郭二字，《广韵》同音。"入派三声"，看来并非"一次到位"，需有一个"先异读—再选择"的过程。

179 K'UO

阔⁴ | k'o⁴.
濶⁴ | k'o⁴.

180 LA

喇¹ | la³. ①
粝¹ | la⁴. ②
剌² | la⁴. ③
落⁴ | lao⁴, lo⁴, lu¹. ④

①《集韵》郎达切。《国音》㊀ㄌㄚ拉上；㊁ㄌㄚ辣去；㊂ㄌㄚ拉阴；㊃ㄌㄚ拉阳。《现汉》lā、lá、lǎ。

②粝，《广韵》有三：(1)麤粝。卢达切。(2)粗米。落盖、力达二切。(3)粗也。力制、力达二切。《自迩集》异读表中的 180 LA、181 LAI 和 188 LI 与之相应。《国音》与《现汉》"不

约而同"地择取第三组的一个音（力制切）、第二组的义（粗米）而成："粝 lì 糙米。"第一组（粗粝。卢达切）的音义一道删了。其实，今北京话仍说"粗粗粝粝 cū·culā·lɑ"，《现汉》写作"【粗拉】"（178 页）。《现汉 -5》增收【粗粝】，与《广韵》"蠡（粗）粝"完全同形，但音义却标为"cūlì ❶〈书〉图 糙米。❷形粗糙：一的饭食。"应考虑启用《广韵》的"蠡櫔（粗粝）"。

③《广韵》卢达切。《国音》㊀ㄌㄚ臘去(入)；㊁ㄌㄚ拉阳；㊂ㄌㄚ拉阴。《现汉》lá、là 二音。

④《广韵》卢各切。《集韵》歷各切。中古是单音字。近代它成了多音字。《自迩集》四音。《国音》也是四音：㊀ㄌㄨㄛ洛去(入)；㊁ㄌㄜ勒去(入)；㊂ㄌㄠ漯去；㊃ㄌㄚ剌去 ❶遗下，遗漏。❷~後。《现汉》也是四音：là、lào、luō、luò。

181 LAI

粝⁴ | li4. ①

①参见 180 LA 注②。

182 LAN

蘫¹ | lan². ①
婪² | lan³. ②
爁² | lan³. ③
鑾² | luan². ④
鸾² | luan².
滥³ | lan⁴ ⑤
乱⁴ | luan⁴ ⑥

①《广韵》鲁甘切。《国音》ㄌㄢ蓝阳。

②《广韵》卢含切。《集韵》卢含、卢感二切。平、上二声。《国音》《现汉》并音 lán。

③《广韵》卢敢、卢瞰、力验三切。《集韵》增加了第四音：卢甘切。平、上、去三声俱全。《国音》《现汉》未收是字。

④《广韵》落官切。桓韵。合口。《国音》《现汉》并音 luán。

⑤《广韵》卢暂切，泉正出也。卢瞰切，泛滥。上、去二声。《集韵》增上声卢敢切。渍果也。一曰染也。本作灠，或作滥。《国音》㊀ㄌㄢ篮去；㊁ㄌㄢ览上。同"灠"。《现汉》将 lǎn 分给"灠（灠）"，让"滥 làn"成为单音词。

⑥《广韵》郎段切。合口。《国音》㊀ㄌㄨㄢ鸾去；㊁ㄌㄢ烂去。《现汉》单音 luàn。

183 LANG

踉¹ | lang². ①
榔¹ | lang², lang³. ②
朗³ | lang⁴. ③
阆³ | lang⁴. ④

① 《广韵》有三组音义:(1)跳踉也。吕张切,又音郎(鲁当切);(2)踉跄,行皃。鲁当切;(3)踉瑡,行不迅也。力让切。本条(183 LANG)对应第二组。190 LIANG 的踉¹ | liang²,对应第一组。《国音》三组归一:㊀ㄌㄤ狼阳;㊁ㄌㄤ良阳(㊀之又读);㊂ㄌㄧ亮去。《现汉》liáng、liàng 二音。

② 《广韵》鲁当(平)、卢党(上)二切。《国音》《现汉》并音 láng。

③ 《广韵》卢党切。《集韵》里党切。并上声。可否设想:"浊上归去"。次浊之来母,面临"选边":随全浊归去?随清而不变?两端未决,于是就有了变与不变的上、去二声叠加?《国音》《现汉》定于 lǎng。

④ 《广韵》高门。鲁当切,又卢宕切。宕韵再出,来宕切:高门。又阆中地名,在蜀……《集韵》出上声读法:里党切。燷阆,宽明皃。《国音》上、去二音:㊀ㄌㄤ朗上;㊁ㄌㄤ郎去。《现汉》阳、去 láng、làng 二音。

184 LAO

捞¹ | lao². ①
老² | lao³. ②
栳² | lao³. ③
劳² | lao⁴. ④
痨² | lao⁴. ⑤
潦³ | lao⁴, liao². ⑥
姥³ | mu³. ⑦
烙⁴ | lo⁴. ⑧
落⁴ | la⁴, lo⁴, lu¹.
酪⁴ | lo⁴. ⑨
络⁴ | ch'üeh⁴, lo⁴.

① 《广韵》鲁刀切。来母。平声。《国音》㊀ㄌㄠ劳阳;㊁ㄌㄠ劳阴(语音)。《现汉》单音 lāo。从《国音》到《现汉》,"文白易位"。

② 《广韵》卢晧切。来母。上声。《国音》《现汉》并音 lǎo。

③ 《广韵》卢晧切。来母。上声。《国音》《现汉》并音 lǎo。

④《广韵》鲁刀、郎到二切。《国音》㈠ㄌㄠ牢阳;㈡ㄌㄠ潦去。《现汉》单音 láo。

⑤《广韵》郎到切。去声。《集韵》郎刀、郎到二切。平、去二声。《国音》《现汉》并音 láo。

⑥《集韵》怜萧、郎刀、鲁晧、郎到四切。《国音》全同于《自迩集》,《现汉》将 lào 给了"涝";潦,则 lǎo、liǎo 二音。

⑦《广韵》莫补切。《集韵》满补切。并明母姥韵。上声。《国音》《现汉》并 lǎo、mǔ 二音。

⑧《广韵》卢各切。《国音》㈠ㄌㄨㄛ洛去(读音);㈡ㄌㄠ潦去(语音)。《现汉》lào、luò 二音,但 luò 已非"读音",且只出现在"炮烙"一词中,且"(旧读 páogé),就是'炮格'……"——"烙"之 luò 音,已近名存实亡。这也不失为"文白易位"的典型例子。

⑨《广韵》卢各切。《国音》㈠ㄌㄨㄛ洛去(入)(读音);㈡ㄌㄠ潦去(语音)。《现汉》单音 lào。是毫无疑问的"文白易位"。

185 LÊ

洛⁴ | lo⁴. ①
勒⁴ | lei¹, lieh⁴, lo⁴. ②
乐⁴ | lo⁴, yao⁴, yo⁴, yüeh⁴. ③
肋⁴ | chin¹, lei⁴.

①《广韵》卢各切。开口一等。到《自迩集》le⁴、lo⁴ 异读,仍是开口韵。到《国音》《现汉》并音 luò,完成了由古"开"到今"合"的演变。

②《广韵》卢则切。《集韵》歷德切。音同。《国音》三音:㈠ㄌㄜ肋去(入);㈡ㄌㄜ襰阴(入)(㈠之语音);㈢ㄌㄟ雷阴(入)。《现汉》二音:lè(读音)、lēi(语音)。又一"文白易位"。

③《广韵》好也。五教切,又岳(五角切)洛(卢各切)二音。《国音》四音:㈠ㄩㄝ阅去(入);㈡ㄌㄜ勒去(入);㈢ㄌㄠ潦去(入);㈣丨ㄠ要去。《现汉》lè、yuè 二音,词典不列 yào 音,以致"乐水""乐山"如何读闹了那么场风波,是值得反思的。

186 LÊI, LEI

勒¹ | lê⁴, lieh⁴, lo⁴.
缧¹ | lei³. ①
累² | lei³, lei⁴. ②
擂² | lei⁴. ③
彙³ | hui⁴, wei⁴.
儡³ | lei⁴. ④

脇⁴ | hsieh², chieh².
泪⁴ | li⁴. ⑤
肋⁴ | chin¹, lê⁴.

① 《广韵》力追切。《国音》《现汉》并音 léi。lei³，偏旁类推误读？
② 《自迩集》《国音》《现汉》三者完全一致。
③ 《广韵》落戈切，又鲁过切。平、去二声。《国音》未收是字。《现汉》"摞"音 luò，对应《广韵》鲁过切。《自迩集》之"摞"，另有所本？
④ 《广韵》落猥切。傀儡戏。来母上声。《国音》《现汉》并音 lěi。
⑤ 参见音节总表 188 注⑨。《集韵》(1)力遂切，目液也。(2)郎计切，《淮南子》：水泪破舟。这实际上是两个音义不同的词，用了同形字，不是典型的"异读"。

187 LÊNG

楞¹ | lêng². ①
稜¹ | lêng². ②
睖¹ | lêng⁴. ③

① 《广韵》鲁登切。四方木也。《集韵》卢登切。来母平声。《国音》㊀ㄌㄥ稜ᵃⁿᵍ，同"稜"；㊁ㄌㄥ稜ᵠᵘ 同"楞"。《现汉》单音 léng，同"稜"（léng）。
② 《广韵》鲁登切。"稜"之俗字。《国音》单音ㄌㄥ稜ᵃⁿᵍ。《现汉》楞（稜），作异体处理，音 lēng、léng、líng。
③ 《广韵》丑升切。睖瞪直视。《集韵》增间承切。《国音》ㄌㄥ冷ᵠᵘ，同"愣㊀"。《现汉》亦去声 lèng。

188 LI

李¹ | li³. ①
哩¹ | li⁴. ②
娌¹ | li³.
貍¹ | li².
莉¹ | li⁴. ③
漓¹ | li².
璃¹ | li².
篱¹ | li².
丽¹ | li⁴. ④
鹂¹ | li².

沥² | li⁴. ⑤
履³ | lü³. ⑥
泪⁴ | lei⁴.
飒⁴ | sa¹, sa⁴. ⑦
粝⁴ | lai⁴.

① 《广韵》良士切。《集韵》两耳切。李，自古上声，li¹ 音不知所自。随後的"娌"亦同此。
② 近代后起字，不见于中古韵书。据《康熙》:《正字通》语馀声。又《正字通》音里。元人词曲，借为助语。又《正字通》：明制，冬至日，赐诸臣甜食一盒，凡七种，一松子海哩嚫。郑以伟曰：嚫字诸字书俱不载，今亦不识海哩嚫为何物。《国音》㊀为丨梨阴；㊁为丨里上；㊂为丨梨轻；语助词。《现汉》与《国音》全同。
③ 《广韵》郎奚切。《集韵》怜题切。并来母平声。《国音》《现汉》并音li。茉莉。
④ 《广韵》吕支切，又卢计切。来母平、去二声。《国音》《现汉》并lì、lí二音。
⑤ 《广韵》郎击切。来母入声。《国音》《现汉》并音li。
⑥ 《广韵》力几切。来母上声，开口三等。《国音》㊀为丨吕上；㊁为丨里上（又读）。《现汉》单音lǚ。完成了中古齐齿到现代撮口的转变。
⑦ 飒 li⁴,《集韵》力入切。飒飙，大风。《国音》《现汉》并音sà。

189 LIA
俩³ | liang⁴. ①

① 《集韵》里养切，伎俩，功也。上声。《国音》《现汉》并liǎng、liǎ二音。《自迩集》全书未见liang⁴的用例，未见"伎俩"一词。

190 LIANG
两¹ | liang³. ①
踉¹ | liang². ②
梁¹ | liang². ③
量¹ | liang², liang⁴. ④
粱² | niang². ⑤
魉² | liang³. ⑥
俩⁴ | lia³.
掠⁴ | lüo⁴, lü³. ⑦

① 《广韵》良奖、力让二切。《国音》㊀为丨尢亮上；㊁为丨尢亮去，同"辆"。《现汉》单音liǎng。

②《广韵》(1)跳踉也。吕张切，又音郎（鲁当切）。(2)踉蹡，行不迅也。力讓切。《国音》㊀为尢狼阳；㊁为丨尢良阳（㊀之又读）；㊂为丨尢亮去，踉蹡。《现汉》liàng（踉蹡）、liáng（跳踉）二音。

③《广韵》吕张切。《国音》《现汉》并音 liáng。

④《广韵》吕张切，又力向切。《国音》《现汉》并 liáng、liàng 二音。

⑤《广韵》吕张切。《国音》《现汉》并音 liáng。梁 niang²，脊背；正音是 liang²。脊梁，口语语流音变成 chi² niang²，见第三章 475.。

⑥《广韵》良奖切。《国音》《现汉》并单音 liǎng。

⑦《广韵》力让、离灼二切。《国音》单音为凵せ略去(入)。《现汉》lüè、lüè 二音；《现汉 -5》单音 lüè。

191 LIAO

料² | liao⁴. ①
潦² | lao³, lao⁴.
燎³ | liao⁴. ②
瞭³ | liao⁴. ③
掉⁴ | tiao⁴, tʻiao³. ④
畧⁴ | lio³, lüeh³, lüeh⁴, lüo³, lüo⁴. ⑤

①《广韵》落萧、郎弔二切。料理也。量也。《国音》《现汉》并音 liào。

②《广韵》(1)力小切，《说文》曰放火也。《左传》曰若火之燎于原。(2)力照切，照也。(3)力昭切，庭火也。又力弔切。《国音》㊀为丨幺料去；㊁为丨幺了上；㊂为丨幺辽阳。《现汉》liáo、liǎo 二音。音义各略有调整。

③《广韵》落萧、卢鸟二切。《集韵》同。《国音》《现汉》与《自迩集》全同。

④《广韵》徒了、徒弔、女教、昵角四切。《国音》《现汉》并单音 diào。

⑤《广韵》离灼切。宕摄薬韵。《国音》《现汉》并单音 lüè。《自迩集》时的"略"，处于大变化中，形成多重异读，至少有以下三种：liao⁴/lio³、lüo³/lüeh³、lüo⁴/lüeh⁴。这种局面，应是历史演变不同阶段（lio- lüo- lüeh）的叠加造成。对于北京话来说，liao⁴ 是固有音，在很长的时期保有正音读书音的地位；而 lio³、lüo³ 等，是受南方官话影响、叠加于北京话的，自然是俗音口语音。然而，这种文白地位，并非一成不变。具体到"略"，最后一本《重刊谚解老乞大》(1795) 左右音即正俗音都还是 liaoω/liao，根本没有 lio³、lüo³ 等的位置。然而，不到一个世纪，从《自迩集》(1886) 已看到如此新格局：畧 liao⁴ | lio³、lüeh³、lüeh⁴、lüo³、lüo⁴，从其用例看，liao⁴ 为"白"（我进去略坐一坐儿。注：略 liao⁴，少少的时间），lio³、lüeh³ 等为"文"（谋略 mou² lio⁴，智略 chih² lio⁴，大略 ta⁴ lüo⁴，韬略 tʻao lüeh, 忽略 hu¹ lüeh⁴, ）在第七章 202 略 lüeh 条还有交待：" 参见 lio (196)。这个字何时读 lüeh 何时读 lio, 很难说。"而到《国音》(1949)，这个"问题"解决了：读书音已定于 ㄌㄩㄝ 掠₍去₎₍入₎。这标志着"略"的异读，百多年间发生了一次"文白易位"。

192 LIEH
咧¹ | lieh², lieh³, lieh⁴. ①
乜² | mieh². ②
挊³ | lo³. ③
勒⁴ | lê⁴, lei¹, lo⁴.

①《集韵》力蘖切。咧咧鸟声。《国音》㊀ㄌㄧㄝ列₍阴₎；㊁ㄌㄧㄝ列₍阳₎；㊂ㄌㄧㄝ列₍上₎。《现汉》liē、liě 二音。

②后起字，字音不稳定。《国音》《现汉》miē、niè 二音。

③《广韵》郎括切。《国音》㊀ㄌㄛ勒₍去₎₍入₎；㊁ㄌㄩ屡₍上₎；㊂ㄌㄨㄛ萝₍阴₎。《现汉》luō、lǔ 二音。

193 LIEN
连¹ | lien². ①
涟¹ | lien². ②
琏² | lien⁴. ③
敛³ | lien⁴. ④
辇³ | nien³. ⑤
拣⁴ | chien³.
恋⁴ | lüan⁴. ⑥
脸³ | chien³. ⑦

①《广韵》力延切。《国音》㊀ㄌㄧㄢ莲₍阳₎；㊁ㄌㄧㄢ莲₍阴₎(㊀❶❷语音)。《现汉》单音 lián。《现汉》liān 音节已无字。

②《广韵》力延切。《国音》《现汉》并音 lián。

③《集韵》(1)陵延切，《说文》负连也。一曰连属。又姓。(2)力展切，《说文》瑚梿也。或从玉。通作连。《国音》㊀ㄌㄧㄢ连₍上₎，瑚琏，古祭器。㊁ㄌㄧㄢ连₍阳₎，同"连"。《现汉》单音 liǎn。但是，我们听到的好像都是阳平的 lián，而且从未听人纠正要读上声。

④《广韵》力验切，又力琰切。《国音》㊀ㄌㄧㄢ练₍去₎；㊁ㄌㄧㄢ脸₍上₎(㊀❶❷又读)。《现汉》单音 liǎn。

⑤《广韵》《集韵》同力展切。《国音》《现汉》俱音 niǎn。来母变泥母，《自迩集》之异读乃新旧音叠加。

⑥《广韵》力卷切。合口三等。《国音》《现汉》俱音 liàn。合口变开口。《自迩集》之异读乃新旧音叠加。

⑦ 参见本表 34 CHIEN 注⑯。

194 LIN

淋¹ | lin², lin⁴, lün². ①
临² | lin⁴. ②
凛³ | ling³. ③
廪³ | ling³. ④
赁⁴ | nin⁴. ⑤

① 第一声当有"淋"字（据第 481、533 页 194 林），今径补。《广韵》力寻切，以水沃也。《集韵》梨针、力鸩二切。平、去二声。中古只有齐齿韵，《自迩集》出现撮口韵（lün²）。《国音》㊀ㄌㄧㄣ林阳；㊁ㄌㄧㄣ吝去；㊂ㄌㄩㄣ伦阳，谓雨水浇湿。《现汉》lín、lin 二音。《国音》1921 年版ㄌㄧㄣ平、去二音；1949 年版三音，增加了撮口韵ㄌㄩㄣ伦阳。值得注意的有两点：（1）淋（病），《国音》1949 年版阳平、去声两读，《现汉》则归去声一读；（2）lün² 音怎么"来"的？又怎么"去"的？现代老北京话里经常听到却未见于字书的"别让雨 lun² 着"，这个 lun²，怎么"来"的？又将怎么"去"？

② 《广韵》良鸩切，又音林（力寻切）。《国音》㊀ㄌㄧㄣ林阳；㊁ㄌㄧㄣ林去。《现汉》单音 lín。

③ 《广韵》力甚切。《集韵》力锦切。深摄来母上声。《国音》《现汉》音 lǐn。

④ 《广韵》力稔切。深摄寝韵。《国音》《现汉》音 lǐn。

⑤ 《广韵》乃禁切，傭赁也。借也。《集韵》女禁切。俱泥母。《说文》傭也。又，如鸩切，以财雇物。《国音》㊀ㄌㄧㄣ林去；㊁ㄖㄣ任去（读音）。《现汉》单音 lìn。古音泥母被今音来母取代，而从《国音》异读到《现汉》单音 lìn，又一轮"文白易位"。

195 LING

令² | ling⁴. ①
凛³ | lin³.
廪³ | lin³.

① 《广韵》多音：力政切，又力盈切，又歷丁切。《国音》㊀ㄌㄧㄥ另去；㊁ㄌㄧㄥ零阳。《现汉》增加上声一音：lǐng 原张的纸五百张为一令。[英 ream]。音译新词。

196 LIO
畧³ | liao⁴, lüeh³, lüeh⁴, lüo³, lüo⁴.

197 LIU
溜¹ | liu⁴. ①
遛¹ | liu². ②
鎏¹ | liu². ③
浏² | liu⁴. ④
六⁴ | lu⁴. ⑤
碌⁴ | lu⁴. ⑥
陆⁴ | lü³, lu⁴. ⑦

①《广韵》力救切。《集韵》力求、力救二切。《国音》《现汉》并 liū、liù 二音。
②《广韵》《集韵》并力求切。《国音》《现汉》并 liú、liù 二音。
③《广韵》《集韵》并力求切。《国音》《现汉》并音 liú。
④《广韵》力求切，又音柳。《国音》《现汉》并单音 liú。
⑤《广韵》力竹切。《国音》㈠ㄌㄧ 又遛去(入)(语音)；㈡ㄌㄨ鹿去(入)(读音)。《现汉》liù，另见 lù。《现汉-5》单音 liù。《现汉》的"六安 Lù'ān""六合 Lùhé"在《现汉-5》中消失。《现汉》不列地名特殊读音，失策。
⑥《广韵》力玉切，又音禄（卢谷切）。《国音》单音ㄌㄨ鹿去(入)。《现汉》lù、liù 二音。
⑦《广韵》力竹切。《国音》㈠ㄌㄨ鹿去(入) ❹ "六"之大写字，(读音)；㈡ㄌㄧ又遛去(入)"六"之大写字，(语音)。《现汉》作为"六"之大写字的"陆"，单音 liù，已是单音词，而非异读词。而且，是"语音"liù 取代了"读音"lù，完成了一次"文白易位"。这是历时最短的个案，不到三十年。

198 LO
捋¹ | lo³. ①
摞² | lo⁴. ②
捋³ | lieh³.
擢³ | lo⁴. ③
洛⁴ | lê⁴.
落⁴ | la⁴, lao⁴, lu¹.
烙⁴ | lao⁴.
络⁴ | ch'üeh⁴, lao⁴.

酪⁴ | lao⁴.
勒⁴ | lê⁴, lei¹, lieh⁴.
乐⁴ | lê⁴, yao⁴, yo⁴, yüeh⁴.
①《广韵》郎古切。遇摄姥韵。《国音》㈠ㄌㄨ鲁上；㈡ㄌㄨㄛ裸上（又读）。"捞"，看来曾经走上由遇摄"跳槽"到果摄的"歧途"，《现汉》单音 lù, 回归"正音"。
②《广韵》落戈、鲁过二切。《国音》未收是字。《现汉》单音 luò。
③《集韵》良何、郎可二切。《国音》单音ㄌㄨㄛ罗阳。《现汉》未收是字。

199 LOU
搂¹ | lou³. ①
娄² | lü². ②
缕² | lü³. ③
镂² | lü². ④
露⁴ | lu⁴. ⑤
①《广韵》落侯切。《国音》㈠ㄌㄡ楼阳；㈡ㄌㄡ楼阴；㈢ㄌㄡ楼上。《现汉》lōu、lǒu 二音。上声之 lǒu,《中原音韵》已见（尤侯上声）。
②《广韵》力朱、落侯二切。《国音》㈠ㄌㄡ楼阳；㈡ㄌㄩ吕上；㈢ㄌㄩ驴阳。《现汉》单音 lóu。
③《广韵》力主切。《集韵》陇主、郎侯二切。《国音》单音ㄌㄩ吕上。《现汉》亦单音 lǚ。
④《广韵》力朱切，又卢豆切。《国音》单音ㄌㄡ漏去。《现汉》亦单音 lòu。《自迩集》镂 lou² 为 lou⁴ 之误？
⑤《广韵》洛故切。《国音》《现汉》并 lù、lòu 二音。从《自迩集》至今，特稳定的一组异读。

200 LÜ
娄² | lou².
屡² | lü³, chü⁴. ①
镂² | lou².
庐² | lu². ②
驴² | lu². ③
陆³ | liu⁴, lu⁴.
楼³ | lü⁴. ④
掠³ | liang⁴, lüo².
缕³ | lou².

履³|li³.
绿⁴|lu⁴.⑤
①《广韵》良遇切。《集韵》龙遇切。并遇韵去声。《国音》《现汉》并音lǘ。由古去声变今上声。chü⁴音何来？《集韵》屡，龙遇、俱遇二切。《自迩集》可能是将"屡"的俱遇切作"履"的异读误收？
②《广韵》力居切。《集韵》凌如、龙都二切。《国音》《现汉》并音lú。
③《广韵》力居切。《集韵》凌如切。按说不会出lu²音。一时误读？《国音》《现汉》并音lú。
④《广韵》落侯切，又力主切。彼时已有异读。《自迩集》从力主切，因来母上声而生上、去声异读。《国音》《现汉》并单音lǚ，是选择了上声，消除了异读。
⑤《广韵》力玉切。《国音》㈠ㄌㄩ律去(入)；㈡ㄌㄨ又鹿去(入)(读音)。《现汉》虽然也是lǜ、lù二音，不过，lù音显然已经丧失"读音"的地位，而且仅限于"'绿林、绿营'等"(《现汉-5》增补了"鸭绿江")。这是又一仅只三十年便完成"文白易位"的案例。

201 LÜAN
恋⁴|lien⁴.

202 LÜEH
畧³|lüeh⁴, liao⁴, lio³, lüo³, lüo⁴.

203 LÜN
抡¹|lün².①
轮¹|lün², lun².②
淋²|lin², lin⁴.
伦²|lun².③
崙²|lun².④
囵²|lün³, lun², lun³.⑤
论²|lün⁴, lun², lun⁴.⑥
纶²|lun², kuan¹.

①《广韵》力迍、力昆二切。《国音》《现汉》并lūn、lún二音。这是随力昆切(一等)走。《自迩集》是随力迍切(三等)走。有意思的是，三书"抡"都是阴平、阳平异读，同源于中古平声。
②《广韵》力迍切。《集韵》龙春切。俱合口三等。当对应合口细音如《自迩集》的lün²。《国音》

㊀ㄌㄨㄣ阳；㊁ㄌㄨㄣ阴。《现汉》单音 lún。从《自迹集》到《现汉》，轮，完成了由合口细音到合口洪音的转变。

③《广韵》力迍切。《集韵》龙春切。俱合口三等。《国音》单音ㄌㄨㄣ轮阳，标志着"伦"亦完成了由合口细音到合口洪音的转变。

④《广韵》卢昆切。崐崘。《集韵》龙春切，崘崐，山皃。卢昆切，崐崘。山名。《自迹集》的异读，前随龙春切（三等），後随卢昆切（一等）。《国音》《现汉》并单音 lún，是因为仅限于称说"崐崘"。

⑤《康熙》:《字彙》龍春切，音倫。囵圙也。合口三等。《国音》《现汉》并单音 lún。《自迹集》上声音，不知所自。

⑥《广韵》力旬、卢昆、卢钝二切。《国音》《现汉》并 lùn、lún 二音，不过，《现汉》的 lún 音，仅限用于"论语"，《国音》㊀ㄌㄨㄣ伦阳所列"❶（㊀❶❷❸之又读。）❷姓。"，全到了 lùn 之下。

204 LÜO

畧³ | lüo⁴, liao⁴, lio³, lüeh³, lüeh⁴.
掠⁴ | liang⁴, lü³.

205 LU

落¹ | la⁴, lao⁴, lo⁴.
路² | lu⁴.
庐² | lü².
驴² | lü².
轳² | lu⁴.
六⁴ | liu.
碌⁴ | liu⁴.
绿⁴ | lü⁴.
露⁴ | lou⁴.
谬⁴ | niu⁴, miu⁴. ①
陆⁴ | liu⁴, lü³.

①《广韵》靡幼切。《集韵》眉救切。俱明母。《国音》㊀ㄇㄧㄡ缪去；㊁ㄋㄧㄡ纽去。《现汉》回归明母单音 miù。《自迹集》之 lu⁴ 音不知所自。

206 LUAN
銮² | lun².
鸾² | lun².
乱⁴ | lan⁴.

207 LUN
棱² | lêng⁴. ①
伦² | lün².
崙² | lün².
抡² | lün².
囵² | lun³, lün², lün³.
论² | lun⁴, lün², lün⁴.
纶² | kuan¹, lün².
轮² | lün¹, lün².

① 棱 lun² 不知所自。本表相关的 187 LÊNG 亦未出 "棱 lun² | lêng⁴."。此条可能有误。

208 LUNG
窿¹ | lung². ①
笼² | lung³.
弄⁴ | nêng⁴, nung⁴, nou⁴. ②

①《广韵》力中切。《集韵》良中切。并来母东韵平声。《国音》《现汉》并音 lóng。
②《广韵》《集韵》并卢贡切。《国音》㈠ㄌㄨㄥ去;㈡ㄋㄨㄥ农去❶(㈠之语音);㈢ㄋㄥ能去(㈠之❷❸又读);㈣ㄋ又耨去(㈠之❷❸又读)。《现汉》仅存 nòng、lòng(一堂)二音。其实,㈢能去、㈣耨去二音在北京话和普通话中仍能听到。

209 MA
沫¹ | mo⁴. ①
摸¹ | mao¹, mo¹, mou². ②
吗¹ | ma³. ③
蟆¹ | ma². ④
妈¹ | mu³, ma⁴. ⑤
麽¹ | ma³, mo¹, mo². ⑥
玛² | ma³. ⑦

蚂³ | ma⁴. ⑧

① 《广韵》莫撥切。《国音》《现汉》并音 mò。
② 《广韵》莫胡切，又音莫（慕各切，宕摄铎韵）。《国音》㈠ㄇㄛ莫阳；㈡ㄇㄠ毛阴（㈠之又读）；㈢ㄇㄛ摩阳 同"摹"。《现汉》mō、mó 二音。mó 同"摹"。《现汉》-5 删"mó 同'摹'"。《自迩集》摸 ma¹，即"一掌"。《集韵》作"摸揍"。《国音》《现汉》"一掌"作"摩挲"。
③ 《国音》㈠·ㄇㄚ妈轻；㈡ㄇㄚ马上（吗啡）。《现汉》增 má，〈方〉什么：干一？
④ 《广韵》莫霞切，蝦蟆。明母麻韵平声。《国音》《现汉》并音 má。
⑤ 《广韵》莫补切。《集韵》满补切。并明母姥韵上声。《国音》《现汉》并音 mǎ。ma⁴，不知做何解。
⑥ 《广韵》亡果切。明母果韵上声。《集韵》眉波切。明母戈韵平声。《国音》四音：ㄇㄛ摩阳、ㄇㄚ妈轻、ㄇㄚ麻阳、ㄇㄛ噁阳。作为语助词的"么"在《现汉》只有轻声、且只作为"嘛（么）、吗（么）"的异体。
⑦ 《集韵》母下切。明母马韵上声。《国音》《现汉》并音 mǎ。ma²，是"玛瑙"连读变调？
⑧ 《康熙》：《玉篇》莫下切，音馬。蟲名。《正字通》馬蟥，俗作螞。《国音》《现汉》并音 mā、mǎ、mà。

210 MAI

麦¹ | mai⁴, mo⁴. ①
埋² | man². ②
脉⁴ | mo⁴. ③
蓦⁴ | mo⁴. ④
霢⁴ | mo⁴. ⑤

① 《广韵》莫獲切。梗摄麦韵。《国音》㈠ㄇㄞ卖去（语音）；㈡ㄇㄛ莫去（入）（读音）。《现汉》单音 mài。又一典型的"文白易位"。
② 参见本书第六章第三十七段注16.：埋怨 man yuàn，抱怨，责备，委婉地非难。注意："埋"音 man²，而非 mai²（百章之七十五注6）。《国音》㈠ㄇㄞ买阳；㈡ㄇㄢ瞒阳，埋怨，责备之意。《现汉》mái，另见 mán【埋怨】mán yuàn。译按：mai 变 man，语流音变。
③ 《广韵》莫獲切。梗摄麦韵。《国音》㈠ㄇㄛ莫去（入）；㈡ㄇㄞ卖去（又读）。《现汉》亦 mài、mò 二音。然而，mò 只见于"脉脉"，《国音》㈠之 ❶❷❸❹ 四个义项，全归了 mài。《国音》的"又读"，在《现汉》成为"读音"。不过，还不能说这是一个"文白易位"，因为我们不可能将 mò 视为"白"。这表明近几十年旧时的"口语音"地位在提升。
④ 《广韵》莫白切。梗摄陌韵字。《国音》《现汉》并音 mò。
⑤ 音节总表 210mai、224mo 之霢、霢为正俗字，存在异读关系。故补。《集韵》莫獲切。梗

摄麦韵。《蒙古字韵》在六佳部,音 mai,与平声"埋霾"、上声"买"、去声"卖"等舒入相承。《国音》单音ㄇㄛ莫去(入)。mo⁴ 完全取代了 mai⁴,完成了"文白易位"。但不知为什么,《现汉》在这一点上未与《国音》同步,坚持单音 mài。这是一个较为特殊的案例。

211 MAN

埋² | mai².
漫² | man⁴. ①
蔓² | man⁴. ②

① 《集韵》三切:(1)谟官切,水广大皃。(2)莫半切,水败物也。一曰大水皃。一曰偏也。(3)莫晏切,《说文》惰也。一曰慢也,不畏也。《国音》㈠ㄇㄢ曼去;㈡ㄇㄢ瞒阳。《现汉》单音 màn。

② man² 与 man⁴,不存在异读关系,本条当改为:蔓⁴ | wan⁴。参见音节总表 398wan 注②。

212 MANG

茫¹ | mang². ①
肓² | huang¹, mêng². ②
芒² | wang². ③

① 《广韵》莫郎切。明母唐韵平声。《国音》《现汉》并音 máng。

② 肓,《广韵》呼光切,今音 huang¹,向无异读。mang²、mêng² 二音,属"盲"字。本条将"盲、肓"二字混一,当予剥离,改为:盲² | mêng²。参见本表 106 HUANG 注①。

③ 《广韵》莫郎切,又音亡(武方切)。《自迩集》相承于《广韵》。《国音》单音ㄇㄤ忙阳。《现汉》二音:máng,另见 wáng。《现汉 -5》删 wáng 而单音 máng。

213 MAO

摸¹ | ma¹, mo¹, mou².
猫¹ | mao². ①
貌¹ | mao⁴. ②
矛² | miao², mou². ③
茂⁴ | mou⁴. ④
贸⁴ | mou⁴. ⑤

① 《广韵》兽。捕鼠。武瀌切,又武交切。《国音》单音ㄇㄠ毛阴。《现汉》māo、máo 二音。

② 《广韵》莫教切。《国音》《现汉》并音 mào。

③《广韵》莫浮切。流摄尤韵。矛,《蒙古字韵》尚属十一尤韵。《国音》转为豪韵:ㄇㄠ毛阳。完成了由流摄向效摄的转移。《自迹集》新旧音叠加为异读。

④《广韵》莫候切。流摄候韵。《蒙古字韵》尚属十一尤韵。《国音》转为豪韵:ㄇㄠ冒去。完成了由流摄向效摄的转移。《自迹集》新旧音叠加为异读。

⑤《广韵》莫候切。流摄候韵。《蒙古字韵》尚属十一尤韵。《国音》㊀ㄇㄠ冒去;㊁ㄇㄨ某去(又读)。与《自迹集》同。《现汉》单音 mào。完成了由流摄向效摄的转移。《自迹集》新旧音叠加为异读。

214 MEI

没² | mo⁴, mu², mu⁴. ①
袂⁴ | mi⁴. ②
墨⁴ | mo⁴. ③

①《广韵》莫勃切。沈也。《集韵》(1)母果切,不知而问曰拾没;(2)莫佩切,沈溺也;(3)莫勃切,沈也。《蒙古字韵》属五鱼韵明母入声,与"木沐"等字同音。《国音》《现汉》并二音:méi、mò。

②《广韵》弥毙切。蟹摄祭韵。《蒙古字韵》属四支韵明母去声,与平声"弥迷"、上声"弭米"相承,与去声"谜"(《广韵》莫计切)同音。《国音》《现汉》并 mèi。

③《广韵》莫北切。曾摄德韵字。《蒙古字韵》属四支韵明母入声,与平声"眉梅"、上声"美每"、去声"魅妹"相承,与入声"密默"同音。《国音》《现汉》并音 mò。

215 MÊN

们¹ | mên³, mên⁴. ①
闷¹ | mên⁴. ②
扪¹ | mên². ③
懑³ | mên⁴. ④

①散语章"13.们 mên¹",对词缀"们 mên¹"有如下解释:"在'大人们'一词中,'们 mên¹'的声调符号删除了:mên。凡声调符号被删除时,就理解为那个字要轻读"。这里的"们"是阴平。但我们检索全书,除了"轻读"的 mên,凡标调的,皆阳平,绝无阴、上、去声的。可是,音节总表 215 mên 却毫无疑义地列有三个"们*",分别排在阴、上、去声,跟异读字表 215 MÊN 完全一致,又唯独不见阳平。《国音》㊀ㄇㄣ门阳(读音)谓侪辈,为表复数之词尾,如我们、他们、朋友们等;㊁·ㄇㄣ门轻(语音)。《现汉》只有轻声的·men。《现汉-5》修订为二音:mén,词条只有"图们江"。而表复数的"们"仍是·men。可见,现代汉语词缀的轻声,是逐步实现的。具体到"们"的轻声化,是在

1949 年(《国音》)之後到 1978 年(《现汉》)之间。

②《广韵》莫困切。《集韵》谟奔、母本、莫困三切。《国音》《现汉》并 mēn、mèn 二音。

③《广韵》莫奔切。魂韵。平声。《国音》《现汉》并音 mén。

④《广韵》模本切,又亡顿、莫旱二切。《国音》《现汉》并音 mèn。

216 MÊNG

濛¹ | mêng². ①
矇¹ | mêng². ②
懜¹ | mêng³. ③
肓² | mang², huang¹.
盟² | ming². ④
黾² | min², min³. ⑤

①《广韵》莫孔切,又莫红切。《自迹集》已由平、上异读转为平声异读。《国音》《现汉》再转单音阳平 méng。

②《广韵》莫红切。《自迹集》《国音》《现汉》并 mēng、méng 二音。

③《广韵》莫孔切。《集韵》莫蓬、弥登、忙肯、母亘四切。《国音》㈠ㄇㄥ猛ᵘᵖ;㈡ㄇㄥ蒙ᵃⁿᵍ。《现汉》单音 měng。

④《广韵》莫更切,又音明(武兵切)。《国音》单音ㄇㄥ蒙ᵃⁿᵍ。《现汉》méng、míng 二音。《现汉 -5》修订为:盟¹ méng;盟² méng(旧读 míng)发(誓)。

⑤《广韵》武尽切,又音缅(弥兖切)。《国音》㈠ㄇㄧㄣ敏ᵘᵖ;㈡ㄇㄥ猛ᵘᵖ 蛙。按,《广韵》武幸切,蛙属。《现汉》mǐn、miǎn 二音。

217 MI

眯¹ | mi³. ①
篾¹ | mieh⁴. ②
弥¹ | mi². ③
谜² | mi⁴. ④
汨⁴ | ku³. ⑤
宓⁴ | fu². ⑥
袂⁴ | mei⁴.

①《广韵》莫礼切,物入目中。《集韵》民卑、母鄙、母礼三切。《国音》ㄇㄧ米ᵘᵖ,物入目中。《现汉》mī、mí 二音。

②《广韵》《集韵》并莫结切。《国音》《现汉》并音 miè。《自迹集》的 mi¹ 不知所据。

③《广韵》武移切。《国音》《现汉》并音 mí。
④《广韵》莫计切。《集韵》緜批、弥计二切。《国音》㈠ㄇㄧ迷阳；㈡ㄇㄟ妹去（又读）；㈢ㄇㄧ迷去（又读）。《现汉》mí、mèi 二音。
⑤《广韵》汨，莫狄切，汨罗，水名；汩，古忽切，汩没。此条将"汨""汩"合一。二字音义不同而字形相近。本条当删。
⑥《广韵》弥毕切。安也。默也。宁也。止也。《康熙》：又房六切。《孟康汉书古文注》：宓，今伏字。fu^2，是假借"宓"为"伏"。故此条亦非典型异读。

218 MIAO
—|——

219 MIEH
乜² | lieh².
明² | ming². ①
篾⁴ | mi¹.
①《广韵》武兵切。《国音》《现汉》并音 míng。明 mieh²，义不详。

220 MIEN
俛³ | fu³.
渑³ | shêng². ①
娩³ | wan³. ②
①《广韵》食陵切，水名，在齐。蒸韵。《左传》云：有酒如渑。又泯缅二音。《自迩集》《国音》《现汉》三者相同。
②《广韵》亡运切，又音免（亡辨切）。《自迩集》《国音》《现汉》三者相同。

221 MIN
黾² | mêng², min³.
胶² | min³, wên³. ①
皿³ | ming³. ②
瞑² | ming². ③
① wên³，据音节总表 401WÊN 补。《广韵》武尽切。《集韵》武粉切。《国音》《现汉》并音 wěn。
②《广韵》武永切。《国音》㈠ㄇㄧㄣ敏上；㈡ㄇㄧㄥ茗上（又读）。《现汉》单音 mǐn。完成

了由中古梗韵到今 -in 的演变。

③ 瞑² | ming³., 据音节总表 221 min、222 ming 补。《广韵》莫经切, 又亡千切。《集韵》谟耕、母迥二切。《国音》㊀ㄇㄧㄥ明阳;㊁ㄇㄧㄥ茗上(㊀之又读);㊂ㄇㄧㄢ面去。《现汉》单音 míng。

222 MING
明² | mieh².
盟² | mêng².
溟² | ming³.
皿³ | min³.

223 MIU
矛² | mao², mou².
眸² | mou².①
谬⁴ | lu⁴, niu⁴.
缪⁴ | mu⁴, niu⁴.②

① 《广韵》莫浮切。流摄尤韵。《国音》《现汉》并音 móu。
② 《广韵》武彪切, 又目、谬二音。《国音》㊀ㄇㄡ牟阳;㊁ㄇㄧㄠ妙去;㊂ㄇㄧㄡ谬去;㊃ㄇㄨ木去(入)。《现汉》móu、Miào、miù 三音。

224 MO
摸¹ | ma¹, mao¹, mou².
麼¹ | mo², ma¹, ma³.
摩¹ | mo².①
磨² | mo⁴.
抹³ | mo⁴.②
没⁴ | mei², mu², mu⁴.
沫⁴ | ma¹.
墨⁴ | mei⁴.
脉⁴ | mai⁴.
蚂⁴ | ma¹, ma³.
麦⁴ | mai¹, mai⁴.

莫⁴｜mu⁴. ③
幕⁴｜mu⁴. ④
暮⁴｜mu⁴. ⑤
慕⁴｜mu⁴. ⑥
蕒⁴｜mai⁴.
霡⁴｜mai⁴ ⑦

①《广韵》莫卧切，又莫禾切。《国音》《现汉》并音 mó、mā。
②《国音》㊀ㄇㄛ末上(入)；㊁ㄇㄛ莫去(入)。《现汉》三音 mǒ、mò、mā。
③《广韵》慕各切。《国音》《现汉》并音 mò、mù。
④《广韵》慕各切。《国音》㊀ㄇㄨ幕去；㊁ㄇㄛ莫去；㊂ㄇㄢ曼去 钱背。《现汉》单音 mù。
⑤《广韵》莫故切。《国音》《现汉》单音 mù。
⑥《广韵》莫故切。《国音》《现汉》单音 mù。
⑦见音节总表 210 MAI 注⑤。

225 MOU

摸²｜ma¹, mao¹, mo¹.
矛²｜mao², miu².
拇²｜mou³, mu³. ①
眸²｜miu².
牡³｜mu³. ②
某³｜mu³. ③
亩³｜mu³. ④
茂⁴｜mao⁴.
贸⁴｜mao⁴.

①《广韵》莫厚切。流摄。《国音》《现汉》并音 mǔ。由流摄转为遇摄。
②《广韵》莫厚切。流摄。《国音》㊀ㄇㄨ母上；㊁ㄇㄡ某上(又读)。《现汉》单音 mǔ。由流摄转为遇摄。
③《广韵》莫厚切。《国音》《现汉》并音 mǒu。
④《广韵》莫厚切。流摄。《国音》㊀ㄇㄨ母上；㊁ㄇㄡ某上(又读)。《现汉》单音 mǔ。由流摄转为遇摄。

226 MU

没² | mu⁴, mei², mo⁴.
殁² | mu⁴. ①
牡³ | mou³.
某³ | mou³.
亩³ | mou³.
妈³ | ma¹, ma⁴.
姥³ | lao³.
拇³ | mou², mou³.
莫⁴ | mo⁴.
幕⁴ | mo⁴.
暮⁴ | mo⁴.
慕⁴ | mo⁴.
缪⁴ | niu⁴, miu⁴.

① 《广韵》莫勃切。《国音》《现汉》并音 mò。

227 NA

那¹ | na³, na⁴, nai³, nai⁴, nei³, nei⁴, nên³, nên⁴, nêng³, nêng⁴, no². ①
哪¹ | no¹, t'o⁴. ②
呶² | nao², nu³. ③
内⁴ | nei⁴. ④

① 此项将"那"与"那'"合二而一了。当分作两项:(1)那¹ | na⁴, nai⁴, nei⁴, nên⁴, nêng⁴.(2)那'³ | nai³, nei³,nên³, nêng³, no².。随后的 228 NAI 等,做相应处理,不另注。no² 和 na⁴、na³ 之後各音为语流音变结果,不一一解释。

② no¹,据音节总表 244 no 注①补。《集韵》囊何（哪哪,傩人之声）、乃箇（语助）二切。t'o⁴, 义不详。《国音》㈠ㄋㄚ拿上；㈡ㄋㄟ内上；㈢·ㄋㄚ拿轻, 助词；㈣ㄋㄛ讷阳, 哪吒。《现汉》五音: nǎ、nǎi、něi、·na、né。

③ 据音节总表 249 nu 注①增加 nu³。《广韵》女交切。《集韵》尼交、女加二切。《国音》ㄋㄠ挠阳。《现汉》通"努",一着嘴；一了腰。又音 náo〈书〉——。另参见音节总表 227 na 注①、231 nao 注①。

④ 《广韵》奴对切。《集韵》诺答（入也）、奴对二切。《国音》《现汉》并音 nèi、nà。

228 NAI

那⁴ | na¹, na⁴, nei⁴, nên⁴, nêng⁴. ①
那'³ | na³, nei³, nên³, nêng³, no². ①
鼐³ | nai⁴. ②

① 参见本表 227 NA 注①。
②《广韵》奴亥切,又奴代切。《国音》《现汉》并音 nài。

229 NAN

喃¹ | nan². ①
俺² | an³.
难² | nan⁴.
俺³ | an¹, an³.
煖³ | nang³, nuan³. ②
暖³ | nang³, nuan³. ③
摊⁴ | tʻan¹. ④

①《广韵》女咸切。《国音》《现汉》并音 nán。
②《广韵》乃管切,又音暄(况袁切)。《国音》ㄋㄨㄢ暖上,同"暄"。《现汉》音 xuān。
③《广韵》乃管切。《国音》㊀ㄋㄨㄢ暖上;㊁ㄒㄩㄢ轩阴,同"暄"。《现汉》将"煖"作为"暖"的异体。暖,音 nuǎn;煖,音 xuān。第七章 250 暖 nuan:(又音 nan),温暖,如说天气、衣服、房间等等。暖和 nuan³ ho²……温暖;又读 nang³ huo⁴。煖,同"暖"。
④《广韵》按摊也。奴案切,又他丹切。《国音》《现汉》并音 tān。

230 NANG

煖³ | nan³, nuan³.
暖³ | nan³, nuan³.
壤³ | jang², jang³.

231 NAO

挠¹ | nao², hao¹.
猱² | jou².
呶² | na², nu³.
嬲³ | niao³. ①

①《广韵》奴鸟切。《集韵》尼了、乃老二切。《国音》《现汉》并音 niǎo。

232 NEI
那⁴ | na¹, na⁴, nai¹, nei⁴, nên⁴, nêng⁴.
那‹³ | na³, nai³, nên³, nêng³, no².
内⁴ | na⁴.

233 NÊN
那⁴ | na¹, na⁴, nai⁴, nei⁴, nên⁴, nêng⁴.
那‹³ | na³, nai³, nei³, nêng³, no².
嫩⁴ | nun⁴. ①

①《广韵》《集韵》并奴困切。臻摄合口恩韵。《国音》㈠ㄋㄣ去声;㈡ㄋㄨㄣ去声(又读)。
　　与《自迩集》一致。《现汉》单音 nèn,完成了由合口韵到开口韵的转变。

234 NÊNG
能¹ | nêng². ①
侬¹ | nung¹, nung². ②
浓² | nung¹, nung². ③
那⁴ | na¹, na⁴, nai⁴, nei⁴, nên⁴, nêng¹.
那‹³ | na³, nai³, nei³, nên³, no².
弄⁴ | lung⁴, nou⁴, nung⁴.
宁⁴ | ning², ning⁴. ④

①《广韵》奴登切。《国音》《现汉》并音 néng。
②《广韵》奴冬切。我也。《集韵》奴冬切。我也。吴语。《国音》《现汉》并音 nóng。
　　nêng,是通摄泥母"侬浓弄"等字曾经的口语音。
③《广韵》女容切。《集韵》奴冬、尼容二切。《国音》《现汉》并音 nóng。
④《广韵》奴丁切。《集韵》囊丁、乃定二切。《国音》《现汉》并 níng、nìng 二音。

235 NI
呢¹ | ni². ①
拟³ | i², i³. ②
弱⁴ | jao⁴, jo⁴, niao⁴.
溺⁴ | niao⁴, yao⁴. ③
殢⁴ | ti⁴, t'i⁴. ④
逆⁴ | i⁴.

搦⁴ | no⁴. ⑤
泥⁴ | ni². ⑥

① 《广韵》女夷切。言不了，呢喃也。《国音》《现汉》并 ní、·ne 二音。
② 《广韵》鱼纪切。《集韵》偶起切。并止摄疑母上声。《国音》《现汉》并音 nǐ。是字声母于近代曾在泥、零二母之间游移。
③ 《广韵》奴历切，又音弱（而灼切）。《集韵》奴吊、昵角、日灼、乃历四切。《国音》《现汉》并 nì、niào 二音。
④ 《广韵》他计、呼计二切。《集韵》他计、大计、显计三切。《国音》《现汉》并音 tì。
⑤ 搦⁴ | no⁴., 据音节总表 235ni、244 no 增补。《广韵》女角切，又女厄切。《国音》《现汉》并音 nuò。
⑥ 据问答章之十注 17 补：拘一音 ni⁴, 湿土为 ni²。《国音》㈠ㄋㄧ尼阳；㈡ㄋㄧ腻去；㈢ㄋㄧ你上。《现汉》ní、nì 二音。

236 NIANG

梁² | liang². ①

① 参见第三章 475. 梁 niang², 脊背；正音 (*properly read*) 是 liang², 本义是横梁。注意，"脊梁 chi²-niang²" 的重音是 "脊 chi²"。

237 NIAO

杳³ | yao³. ①
鸟³ | tiao³. ②
嬲³ | nao³.
尿⁴ | sui¹. ③
弱⁴ | jao⁴, jo⁴, ni⁴.
溺⁴ | ni⁴, yao⁴.
虐⁴ | ning⁴, nio⁴, nüeh⁴, nüo⁴, yo⁴. ④
谑⁴ | nio⁴, nüeh⁴, nüo⁴, hsio⁴.
疟⁴ | nio⁴, nüeh⁴, nüo⁴, yao⁴, yo⁴. ⑤

① 《广韵》乌皎切。《集韵》伊鸟切。影母。《国音》㈠ㄧㄠ要上；㈡ㄋㄧㄠ秒上（又读）。《现汉》单音 yǎo。
② 《广韵》说文曰：长尾禽总名也。象形。都了切。《中原》萧豪·上声始见 niao³ 音："裹鸟蝻裹"。《国音》《现汉》并 niǎo、diǎo 二音。
③ 《广韵》小便也。或作"溺"。奴吊切。《中原》齐微·阴平始见 sui¹ 音："雖荽綏睢尿"。《国

音》《现汉》并 niǎo、suī 二音。

④《广韵》鱼约切。疑母藥韵字, 近代音变花样繁多。niao/nio、nio/nüo、nüo/nüeh、nio/yo 是其不同时期文白异读组合的叠加。《国音》《现汉》并音 nüè。

⑤《广韵》鱼约切。《集韵》逆约切。疑母藥韵。《国音》㊀ㄋㄩㄝ虐去(入);㊁ㄧㄠ藥去(入)(语音)。《现汉》亦 nüè、yào 二音。不过, 于 yào 音後标明:"只用于'疟子'。"已非 nüè 一般意义上的"语音"。

238 NIEH

捻¹ | nieh⁴, nien³. ①
呆² | yeh², ai¹, tai¹.
臬⁴ | yeh⁴. ②
孽⁴ | yeh⁴. ③

①《广韵》捻, 奴协切。《集韵》乃结、诺叶二切。《广韵》《集韵》撚, 乃殄切。捻、撚二字後合二而一。《国音》㊀ㄋㄧㄢ辇上;㊁ㄋㄧㄝ臬阴(入)。《现汉》捻(撚)单音 niǎn。
②《广韵》五结切。《集韵》倪结、鱼列二切。《国音》《现汉》并音 niè。
③《集韵》牙葛、鱼列二切。《国音》《现汉》并音 niè。

239 NIEN

拈¹ | nien². ①
言² | yen², yüan². ②
捻³ | nieh¹, nieh⁴.
趁³ | ch'ên⁴.
辗³ | chan³, ch'ên³.
辇³ | lien³.

①《广韵》奴兼切。《国音》㊀ㄋㄧㄢ粘阳;㊁ㄋㄧㄢ粘上, 同"捻"。《现汉》单音 niān。
②《广韵》鱼轩切。《集韵》鱼巾、鱼轩二切。《国音》㊀ㄧㄢ延阳;㊁ㄧㄣ寅阳。《现汉》单音 yán。关于 yüan², 参见第三章练习二十三答案 2: 英译文注中有"言语一声儿 yen-yü i shêng-'rh, 即让我知道。在北京, 说 yen-yü 更接近 yüan-i。"

240 NIN

赁⁴ | lin⁴.

241 NING

宁² | ning⁴, nêng⁴.
拧² | ning³. ①
凝² | ying². ②
虐⁴ | niao⁴, nio⁴, nüeh⁴, nüo⁴, yo⁴.

①《国音》㈠ㄋㄧㄥ宁阳；㈡ㄋㄧㄥ宁上；㈢ㄋㄧㄥ宁去。《现汉》níng、nìng 二音。
②《广韵》牛餕切,又牛凌切。《国音》《现汉》并音 nìng。疑母转泥母。

242 NIO

虐⁴ | niao⁴, ning⁴, nüeh⁴, nüo⁴, yo⁴.
谑⁴ | niao⁴, nüeh⁴, nüo⁴, hsio⁴.
疟⁴ | niao⁴, nüeh⁴, nüo⁴, yao⁴, yo⁴.

243 NIU

牛² | yu². ①
杻³ | chou³, ch'ou³.
扭³ | ch'ou³.
谬⁴ | lu⁴, miu⁴.
缪⁴ | mu⁴, miu⁴.

①《广韵》语求切。疑母。《蒙古字韵》十一尤平声有"牛尤疣訛邮"。《中原》尤侯·阳平有"由油邮牛庮猷"。《国音》《现汉》并音 niú。

244 NO

那²·² | na³, nai³, nei³, nên³, nêng³.
娜² | no³. ①
诺³ | no⁴. ②
搦⁴ | ni⁴.

①《集韵》囊何、乃可二切。《国音》㈠ㄋㄨㄛ挪阳；㈡ㄋㄨㄛ挪上。《现汉》音 nà、nuó。
②《广韵》奴各切。宕摄铎韵泥母。《国音》《现汉》并音 nuò。

245 NOU

弄⁴ | lung⁴, nêng⁴, nung⁴.

246 NÜ
女³ | yü³, yü⁴. ①
絮⁴ | hsü⁴.
①《广韵》尼吕切，又尼虑切。《集韵》人余、忍与、碾与、尼据四切。《国音》㈠ㄋㄩㄝ上；
㈡ㄋㄩㄝ去：㈢ㄖㄨ辱上。《现汉》音 nǔ，又"（古）又同'汝'rǔ"。

247 NÜEH
虐⁴ | niao⁴, ning⁴, nio⁴, nüo⁴, yo⁴.
谑⁴ | niao⁴, nio⁴, nüo⁴, hsio⁴.
疟⁴ | niao⁴, nio⁴, nüo⁴, yao⁴, yo⁴.

248 NÜO
虐⁴ | niao⁴, ning⁴, nio⁴, nüeh⁴, yo⁴.
谑⁴ | niao⁴, nio⁴, nüeh⁴, hsio⁴.
疟⁴ | niao⁴, nio⁴, nüeh⁴, yao⁴, yo⁴.

249 NU
—|——
呶³ | na², nao². ①
① 原表本条无异读字，非也。当补呶³ | na², nao².。参见本表 227 NA 注③。

250 NUAN
煖³ | nan³, nang³.
暖³ | nan³, nang³.

251 NUN
嫩⁴ | nên⁴.

252 NUNG
侬¹ | nung², nêng¹.
浓¹ | nung², nêng¹.
弄⁴ | lung⁴, nêng⁴, nou⁴.

253 O

阿¹ | a¹, a³, a⁴, ê¹, wo¹.
哦¹ | ê¹, o².
讹² | ê², wo².
娥² | ê².
蛾² | ê², i².
鹅² | ê².
额² | o⁴, ê², ê⁴.
我³ | ê³, wo³.
呃⁴ | ai⁴.
饿⁴ | ê⁴.
谔⁴ | ê⁴.
鹗⁴ | ê⁴.
恶⁴ | ê⁴, wu⁴.
鳄⁴ | ê⁴.
鄂⁴ | ao⁴, ê⁴.

254 OU

沤¹ | ou⁴.
妪¹ | yü⁴, wu⁴. ①
瓯¹ | k'ou¹.
殴¹ | ou³. ②
瓯¹ | ou³. ③
媾¹ | kou¹.
藕² | ou³. ④
呕³ | ou⁴, hsü¹.

① 《广韵》衣遇切。《国音》《现汉》并音 yù。ou¹, wu⁴, 义不详。
② 《广韵》乌侯、乌后二切。《国音》㈠又欧阳；㈡又藕上；㈢く凵驱阳, 同"驱"。《现汉》单音 ōu。
③ 《广韵》乌侯切。《集韵》乌侯、於口二切。《国音》《现汉》并单音 ōu。
④ 《广韵》五口切。《集韵》语口切。并疑母上声。《国音》《现汉》并单音 ǒu。ou², 不知来源。

255 PA

八¹ | pa². ①
把¹ | pa³, pa⁴. ②
拨¹ | po¹, pu¹. ③
杷⁴ | p'a². ④
扒² | p'a². ⑤

① 《广韵》博拔切。《国音》ㄅㄚ拔朔(入)，数名。(通常读阴平，惟口语中连用在去声及轻声前时读阳平。)《现汉》于词头"八"下标单音 bā，有连读变调 bá 的说明，并声明"本词典为简便起见，条目中的'八'字，都注阴平。"然而又破例在音节 bá 下出了：八 bá 见'八'(bā)。《现汉-5》在凡例中交代"本词典一般不注变调"，"八"改为单音 bā。近些年，"七、八"的连读变调 qí、bá，说得越来越少了，变与不变，两可了。

② 《广韵》博下切。《国音》㊀ㄅㄚ巴上；㊁ㄅㄚ爸去；㊂ㄅㄞ摆上，把㊀❻之俗音。《现汉》bǎ、bà 二音。

③ 《广韵》北末切。《国音》《现汉》单音 bō。将 bā·la 给了"扒拉"，将实际存在的 bū·la 当不存在予以排除。《自迹集》所列"拨"的三个音，其实都还活跃于普通话中。

④ 把，《广韵》显示历史上曾多音多义，《自迹集》的杷 pa⁴ | p'a². 与傍卦切，又音琶(蒲巴切)相应。《国音》《现汉》并单音 pá，是将词义限制于"枇杷"。

⑤ 扒¹ | p'a². 据音节总表 255 pa 与 256 p'a 增补。《国音》《现汉》并音 bā、pá，与《自迹集》一致。

256 P'A

趴¹ | p'a². ①
杷² | pa⁴.
扒² | p'a¹.

① 趴，後起字。《康熙》未收。《国音》《现汉》并单音 pā。

257 PAI

撆¹ | p'i³. ①
白² | po¹, po², po⁴. ②
帛² | pai⁴. ③
百³ | po², po⁴. ④
伯³ | po², po⁴. ⑤

柏³｜po⁴.⑥
栢³｜po⁴.⑦

①《广韵》房益切。《集韵》同音。並母昔韵。《国音》夂丨僻阳(入)。《现汉》单音pì。辫pai¹，可能是取了"擘"的音。

②《广韵》傍陌切。並母陌韵。曾梗摄入声洪音陌麦德等韵出现皆来、歌戈两韵异读比较晚。《国音》㈠ㄅㄞ摆阳(入)(语音);㈡ㄅㄛ伯阳(入)(读音)。《现汉》单音bái。此亦一"文白易位"。《自迩集》与《国音》为古今演变之过渡。

③《广韵》傍陌切。並母陌韵。《蒙古字韵》六佳韵入声"白帛舶"与去声"败"相承，单音bài。《国音》《现汉》并音bó。

④《康熙》:《唐韵》《集韵》《韵会》《正韵》并博陌切，音伯。"百"之pai³，首见《自迩集》。《国音》㈠ㄅㄞ摆上(入)(语音);㈡ㄅㄛ伯阳(入)(读音)。《现汉》亦二音:bǎi、bó。然bó音仅限于地名"百色"，并非《国音》那样居于"读音"的地位。《现汉-5》更将bó音彻底铲除;百，单音bǎi。

⑤《广韵》博陌切。帮母陌韵。《国音》㈠ㄅㄛ帛阳(入);㈡ㄅㄞ百上(入);㈢ㄅㄚ霸去。《现汉》bó、bǎi二音。

⑥《广韵》博陌切。《集韵》博陌、薄陌二切。《国音》㈠ㄅㄞ摆上(语音);㈡ㄅㄛ博阳(入)(读音)。《现汉》三音:bó、bǎi、bò。《蒙古字韵》六佳部入声"伯百柏"等与上声"摆"、去声"拜败"相承。其时，"摆"音为正音读音。《国音》时成"语音"。《现汉》未标明文白，然bó只用于"柏林"、bò只用于"黄柏(檗)"，其余统归bǎi——实际上的"读音"。从《蒙古字韵》到《国音》，属第一轮"文白易位";从《国音》到《现汉》，是第二轮"文白易位"。

⑦《集韵》博陌、薄陌二切。帮母陌韵。《国音》《现汉》俱处理为"柏"之异体。

258 P'AI

捭¹｜p'ai².①
菩²｜p'u².②

①《广韵》北买切。帮母上声。《集韵》补买、部买二切。帮、並母上声。《国音》《现汉》并音bǎi。《自迩集》两平声送气音，不知何所据。

②《广韵》多音，有薄胡切、薄亥切。《国音》《现汉》并音pú。

259 PAN

颁¹｜pan².①
班¹｜pan².②

扳¹ | pʻan¹. ③
斑¹ | pan². ④
搬 | su¹. ⑤
瘢² | Pʻan¹. ⑥
叛⁴ | Pʻan⁴, pang⁴. ⑦
辩⁴ | pienˇ. ⑧
瓣⁴ | pʻan². ⑨

①《广韵》符分、布还二切。《国音》《现汉》并音 bān。不可能有 pan² 这种音。存疑。
②《广韵》布还切。《国音》《现汉》并音 bān。不可能有 pan² 这种音。存疑。
③《广韵》布还切，又音攀（普班切）。《国音》《现汉》并二音：bān、pān。
④《广韵》布还切。《国音》《现汉》并音 bān。不可能有 pan² 这种音。存疑。
⑤ 後起字。《康熙》：擎字重文。又《字彙》今俗音般。作搬移，搬演字。《自迹集》取其"俗音般"。但是其 su¹ 之音又不知所由。《国音》《现汉》并音 bān。
⑥《广韵》薄官切。《集韵》蒲官切。并並母桓韵。对应今音当送气、阳平。然《国音》《现汉》并音 bān。
⑦《广韵》薄半切。奔他国。《国音》《现汉》并音 pàn。此字古今音变化大。《自迹集》叛 pan¹ | pʻan⁴，古今叠加。pang⁴，则不知所自。
⑧《广韵》符寒切。並母獮韵。《国音》《现汉》并音 biàn。辩 pan⁴，辩嘴。参见谈论百章之十七注②：辩 pan⁴（本义和常用义读 pienˇ），辩论：只在这个短语中读 pan，辩嘴 pan-tsui，争辩，争吵（译按：今通常写作"拌嘴"）。
⑨《广韵》蒲苋切。《集韵》薄闲切。瓜中实也；皮苋切，《说文》瓜中实。《国音》《现汉》并音 bàn。

260 Pʻan

扳¹ | pan¹.
番¹ | fan¹, fan².
瘢¹ | pan².
繙² | fan¹.
瓣² | pan⁴.
判⁴ | pang⁴. ①
泮⁴ | pang⁴. ②
叛⁴ | pan⁴, pang⁴.

盼⁴ | pang⁴. ③
①《广韵》《集韵》并普半切。《国音》《现汉》并音 pàn。pang⁴，则不知所自。
②《广韵》《集韵》并普半切。《国音》《现汉》并音 pàn。pang⁴，则不知所自。
③《广韵》匹苋切。《集韵》匹苋、披班二切。《国音》《现汉》并音 pàn。pang⁴，则不知所自。

261 PANG
髈³ | p'ang³. ①
蚌⁴ | pêng³.
盼⁴ | p'an⁴.
判⁴ | p'an⁴.
泮⁴ | p'an⁴.
叛⁴ | pan⁴, p'an⁴.
拚⁴ | p'ing². ②
傍⁴ | p'ang². ③
谤⁴ | p'ang³. ④

①《广韵》步光、匹朗二切。《国音》㈠ㄆㄤ旁上，吴语，大腿；㈡ㄅㄤ榜上，同"膀"。《现汉》(1) pǎng〈方〉大腿；(2) bǎng 同"膀"(bǎng)。
② 此字古今音脉络不甚清楚。《广韵》方问、皮变二切。《国音》㈠ㄆㄢ判去；㈡ㄆㄢ盘阴 (㈠之又读);㈢ㄈㄣ奋去;㈣ㄈㄢ翻阴。《现汉》pīn、pàn 二音。
③《广韵》蒲浪切，又蒲郎切。《国音》㈠ㄆㄤ旁阳；㈡ㄅㄤ棒去；㈢ㄅㄤ邦阴。《现汉》单音 bàng。
④《广韵》补旷切。帮母宕韵。《国音》《现汉》并音 bàng。

262 P'ANG
滂¹ | p'ang².
仿² | fang³.
傍² | pang⁴.
逢² | fêng².
彷³ | fang³.
谤³ | pang⁴.
髈³ | pang³.

263 PAO

剖¹ ｜p'ou³. ①
剥¹ ｜po¹. ②
胞¹ ｜p'ao¹. ③
麃² ｜p'ao². ④
薄² ｜po². ⑤
堡³ ｜p'u⁴, pu³. ⑥
刨⁴ ｜p'ao². ⑦
麭⁴ ｜p'ao². ⑧
暴⁴ ｜p'ao⁴. ⑨
瀑⁴ ｜pu⁴. ⑩
雹² ｜po⁴. ⑪

① 《广韵》芳武、普厚二切。并上声。《国音》㈠ㄆㄡ抔上；㈡ㄆㄡ抔阴（又读）。《现汉》单音 pōu。由中古上声到今阴平，"又读"变正音。

② 《广韵》北角切。江摄觉韵。《国音》㈠ㄅㄛ钵阴(入)；㈡ㄅㄠ電阳(入)（语音）。《现汉》bāo、bō 二音，仍有文白之分。

③ 《广韵》胞胎。布交切，又匹交切。《国音》《现汉》并音 bāo。

④ 《集韵》蒲交切。並母平声。此类字如"麃"字，元明清有过同为阳平而声母送气、不送气的文白异读。《国音》《现汉》并音 páo。

⑤ 《广韵》傍各切。宕摄铎韵。《国音》㈠ㄆㄛ白阳(入)；㈡ㄅㄠ電阳(入)（㈠❶❷❸ 之语音）；㈢ㄅㄛ播去(入)。《现汉》báo、bó、bò 三音。《国音》㈠ ❶❷❸ 有文白异读，到《现汉》它们则单音 báo。

⑥ 《广韵》博抱切。帮母皓韵上声。《国音》㈠ㄅㄠ保上；㈡ㄆㄨ铺（又读）。《现汉》跟《自迩集》，时隔百年，却完全相同！这组异读音，缘何如此稳定？归功于地名的稳定？

⑦ 《集韵》蒲交切。削也。又是一组从《自迩集》到《国音》再到《现汉》完全相同的异读音组！

⑧ 《集韵》蒲交切。齿露。《国音》㈠ㄅㄠ包阴（语音）；㈡ㄆㄠ袍阳（读音）。《现汉》单音 bāo。相对于《国音》，这也是一例"文白易位"。

⑨ 《广韵》薄报、蒲木二切。《国音》㈠ㄅㄠ报去；㈡ㄆㄨ铺。《现汉》虽然也是 bào、pù 二音，但是，pù 标为"曝（暴）"，实与 bào 之词头"暴"不一致。《现汉 -5》修订使之一致，另立"曝"为新词头，"暴"之 pù 音，只剩〈书〉同'曝'。原本的"暴露"一词，就有了两种读法、两种写法了。

⑩ 《广韵》薄报、蒲木二切。《国音》㈠ㄆㄨ僕去(入)，瀑布；㈡ㄅㄠ报去，疾雨。《现汉》Bào 瀑河，水名，在河北；pù 瀑布。

⑪ 雹² | po⁴., 据音节总表 263 pao、283 po 增补。本表 283 PO 已列。《广韵》蒲角切。《国音》㊀ㄆㄛ伯阳(入)(读音);㊁ㄆㄠ包阳(语音)。《现汉》单音 báo。又一"文白易位"。

264 P'AO

泡¹ | p'ao⁴.
胞¹ | pao¹.
刨² | pao⁴.
炮² | p'ao⁴. ①
跑² | p'ao³. ②
麅² | pao².
鲍² | pao⁴.
鹿² | piao¹. ③
暴⁴ | pao⁴.

① 《广韵》匹皃切,又步交切。《国音》《现汉》并 pào、páo、bāo 三音。
② 《广韵》(1)薄交切,足跑地也。(2)蒲觉切,秦人言蹴曰跑(音雹)。《康熙》尚未见 pǎo(跑步)。《国音》《现汉》并 páo、pǎo 二音。
③ 《广韵》薄交、普表二切。《国音》㊀ㄆㄧㄠ标;㊁ㄆㄠ袍阳,同"麅"。与《自迩集》一致。

265 PEI

背¹ | pei⁴.
黑² | pi², p'i². ①
北³ | po⁴, pu³. ②
彼³ | pi³. ③
僻⁴ | p'i¹, p'i². ④
避⁴ | pi⁴. ⑤
佩⁴ | p'ei⁴. ⑥
珮⁴ | p'ei⁴. ⑦
婢⁴ | pi⁴. ⑧
葡⁴ | po¹, p'o⁴. ⑨
鼻⁴ | pi⁴. ⑩

① 《广韵》彼为切。《国音》《现汉》并单音 pí。
② 《广韵》博墨切,帮母德韵。入声。《国音》㊀ㄅㄟ杯上(入)(语音);㊁ㄅㄛ亳去(入)(㊀之读音);㊂ㄅㄟ贝去,分异,如"分北三苗",见《书经》。《现汉》单音 běi。亦一"文

白易位"。
③《广韵》甫委切。《国音》《现汉》并单音 bǐ。
④《广韵》芳辟、普击二切。《国音》㈠ㄆㄧ闢去(入)；㈡ㄆㄟ背去(入)(语音)。《现汉》单音 pì。
⑤《广韵》毗义切。《国音》㈠ㄆㄧ敝去；㈡ㄆㄟ贝去(又读)。《现汉》单音 bì。
⑥《广韵》《集韵》并蒲昧切。《国音》《现汉》并单音 pèi。由声母不送气(旧)变为送气(新)需一过程，《自迩集》正处于新旧更替、并存叠加之时。
⑦《广韵》《集韵》并蒲昧切。《国音》《现汉》并单音 pèi。情况与"佩"同。
⑧《广韵》便俾切。《国音》㈠ㄆㄧ敝去；㈡ㄆㄟ贝去(又读)。《现汉》单音 bì。
⑨蔔𝑏 ~，《广韵》蒲北切。《国音》㈠ㄆㄛ白阳(入)；㈡·ㄆㄛ玻轻(语音)。《现汉》单音·bo。赵丽蓉小品"大萝 bèi"。今词典应该收异读音 bèi。
⑩《广韵》平祕切。《国音》《现汉》并单音 bì。

266 P'EI

坏¹｜p'ei². ①
披¹｜p'ei⁴. ②
佩⁴｜pei⁴. ③
珮⁴｜pei⁴. ③

① 并非"壤"的简体。《集韵》瓦未烧者。铺枚切。《国音》ㄆㄟ培阳，以土封隙。坯，《广韵》芳杯切，未烧瓦也。《国音》㈠ㄆㄧ批阴，本作坏……俗称坯子；㈡ㄆㄟ呸阴(又读)。《现汉》单音 pī。
② 本表 272 P'I 另有：披¹｜p'i³，当与本条合并为：披¹｜p'ei⁴, p'i¹, p'i³. ?《广韵》匹靡切，又偏羁切。《集韵》增披义、彼义、平义三切。《国音》㈠ㄆㄧ皮阴；㈡ㄆㄟ培阴(又读)。《现汉》单音 pī。
③ 佩、珮，《广韵》《集韵》并蒲昧切，並母去声。按音变规律，今音一般是不送气音(p-)而不会是送气音(p'-)。然《自迩集》时期並母非平声字(如"渤勃荸"等)多有送气音(p'-)不送气音(p-)异读。参见本表 284 P'O。

267 PÊN

奔¹｜pên⁴.
贲¹｜pi⁴. ①
犇¹｜pên⁴. ②

①《广韵》符非切，又布昆、彼義、符文三切。《国音》㊀ㄅㄧ敝去；㊁ㄅㄣ奔阴；㊂ㄈㄣ汾阳；㊃ㄈㄣ粪去。《现汉》bì、bēn 二音。

②《广韵》博昆切。《集韵》同。平声。无去声者。《国音》《现汉》并音 bēn。并同注"同'奔'"，但未指明"同"的是单音 bēn 抑含去声 bèn？

268 P'ÊN
喷¹ | p'ên⁴.
体⁴ | t'i³. ①
①《国音》㊀ㄅㄣ笨去，同"笨"；㊁ㄊㄧ體上，"體"之简写。此亦非典型异读。

269 PÊNG
蚌³ | pang⁴. ①
搒⁴ | p'êng⁴. ②
①《广韵》蛤也。步项切。《集韵》部项、白猛二切。《国音》㊀ㄅㄤ棒去；㊁ㄅㄥ蹦去（又读）。《现汉》pàng、pèng 二音。然有不同：蚌埠，《国音》列为㊀ㄅㄤ棒去之❷，㊁ㄅㄥ蹦去乃㊀之"又读"。而《现汉》之 bèng 则专用于"蚌埠"。
②《广韵》蒲蠓切，又方孔切。《国音》《现汉》并音 běng。

270 P'ÊNG
硼¹ | p'êng². ①
捧³ | fêng³.
搒¹ | pêng⁴.
①《集韵》披耕切。《国音》㊀ㄆㄥ朋阳；㊁ㄆㄥ烹阴。《现汉》单音 péng。

271 PI
必² | pi⁴. ①
笲² | pi⁴. ②
罴² | pei², p'i².
否³ | fou³, p'i³.
比³ | p'i², pi⁴. ③
彼³ | pei³.
壁³ | pi⁴. ④

鄙³ | pi⁴. ⑤
毖³ | pi⁴. ⑥
妣³ | p'i³. ⑦
婢⁴ | pei⁴.
愎⁴ | p'i⁴. ⑧
辟⁴ | p'i³, p'i⁴. ⑨
避⁴ | pei⁴.
贲⁴ | pên¹.
费⁴ | fei⁴.
赑⁴ | pei⁴.
庇⁴ | p'i³. ⑩
荸² | p'o⁴. ⑪

①《广韵》卑吉切。《国音》《现汉》并音 bì。
②《广韵》边兮切。《集韵》边迷切,帮母齐韵。《蒙古字韵》尚在四支平声。《国音》《现汉》并音 bì。转为去声。可能是出于避讳,自《自迩集》已不随中古音读阴平,其阳平、去声皆非传统韵书给的调类。
③《广韵》房脂切,又匕、鼻、邲三音。《国音》㈠ㄅㄧ彼上;㈡ㄅㄧ敝去;㈢ㄆㄧ皮阳。与《自迩集》全同。《现汉》单音 bǐ。其实,今北京仍能听到送气的 pǐ(上声)。
④《广韵》北激切。锡韵入声。《国音》㈠ㄅㄧ必去(入);㈡ㄅㄧ笔上(入),隔壁儿。《现汉》单音 bì。其实,隔壁儿 jiè bǐr,人们仍在说。
⑤《广韵》方美切。旨韵上声。《国音》㈠ㄅㄧ比上;㈡ㄅㄧ敝去(又读)。《现汉》单音 bǐ。
⑥《广韵》毗祭切。並母去声。《国音》《现汉》并音 bì。
⑦《广韵》卑履切,又甫至切。《国音》《现汉》并音 bì。
⑧《广韵》符逼切。並母职韵。《国音》《现汉》并音 bì。
⑨《广韵》房益、必益、芳辟三切。《国音》㈠ㄅㄧ必去(入);㈡ㄆㄧ僻入。《现汉》bì、pī、pì 三音。
⑩《广韵》必至切。《集韵》必至、普米切。《国音》《现汉》并音 bì。
⑪据《北京话音节总表》284 p'o、271 pi 补。《国音》荸,㈠ㄆㄛ伯阳(入);㈡ㄅㄧ逼阳(入)(语音)。《现汉》单音 bí,文白易位。

272 P'I
批¹ | p'i³. ①
砒¹ | p'i². ②

匹¹ | p'i², p'i³. ③
披¹ | p'i³. ④
僻¹ | pei⁴, p'i⁴.
劈¹ | p'i³.
霹¹ | p'i⁴. ⑤
闢¹ | P'i⁴. ⑥
比² | pi³, pi⁴.
紕² | pei², pi².
否³ | pi³, fou³.
缶³ | fou³.
辟³ | p'i⁴, pi⁴.
鄙³ | pi³, pi⁴.
庇³ | pi⁴.
妣³ | pi³.
愎⁴ | pi⁴.

①《广韵》匹迷切。《国音》《现汉》并音 pī。
②《集韵》篇脂。频脂、骈迷、篇迷三切。《国音》《现汉》并音 pī。
③《广韵》譬吉切。滂母质韵入声。《国音》㊀ㄆㄧ 僻上(入)；㊁ㄆㄧ 劈阴(入)。《现汉》单音 pǐ。
④ 参见本表 266 P'EI 注②。
⑤《广韵》普击切。滂母锡韵入声。《国音》《现汉》并音 pī。
⑥《广韵》房益切。並母昔韵入声。《国音》《现汉》并音 pì。

273 PIAO

杓¹ | shao², shuo². ①
麃¹ | p'ao².
俵³ | piao⁴. ②

① piao¹,《广韵》(1)甫遥切。北斗柄星。又音漂。(2)杓，杯杓，市若切。禅母药韵。《蒙古字韵》十萧平声与"臕标"同音。入声"勺杓芍"与平声"韶"、去声"绍"相承。《中原》萧豪歌戈"两韵并收"。shuo²,据音节总表 321 shuo 补。sháo²、shuo² 乃市若切的文白异读。《国音》《现汉》并 biāo、sháo 二音。
②《广韵》方庙切。俵散。《集韵》彼庙切。分与也。俱帮母笑韵。去声。《国音》ㄆㄧㄠ表上。《现汉》音去声 biào。一般口语的"江西 lǎo biǎo"《现汉-5》作"江西老表"。

274 P'IAO
漂¹ | p'iao³, p'iao⁴. ①
① 《广韵》水中打絮。匹妙切,又抚招切。《集韵》纰招、匹绍、匹妙三切。《国音》《现汉》并 piāo、piǎo、piào 三音,与《自迩集》一致,不仅如此,与《集韵》音亦一致,当然,词义(《集韵》三音皆"浮也")有很大变化。

275 PIEH
出¹ | ch'u¹.
憋¹ | pieh⁴. ①
鳖¹ | p'ieh⁴. ②
瘪¹ | p'ieh⁴. ③
① 《广韵》芳灭切,又卑列切。《国音》《现汉》并音 biē。
② 《集韵》匹蔑切,又蒲结切。《国音》《现汉》未收是字。
③ 《广韵》《集韵》《国音》《现汉》皆未收是字。《康熙》:《字汇补》音未详。《武林旧事》大度金瘪。

276 P'IEH
撇¹ | p'ieh³.
擎¹ | p'ieh³. ①
潎¹ | p'ieh⁴. ②
瞥¹ | p'ieh⁴. ③
鳖⁴ | pieh¹.
瘪⁴ | pieh¹.
① 撇、擎二字,原表之标示法显示其为异体字。
② 《广韵》芳灭切。《集韵》匹灭切。滂母入声。《国音》《现汉》皆未收是字。
③ 《广韵》普蔑切,又芳灭切。滂母屑、薛韵。《国音》《现汉》并音 piē。

277 PIEN
扁³ | p'ien³. ①
骈³ | p'ien². ②
便⁴ | p'ien².
辩⁴ | pan⁴.
① 《广韵》方典切,扁署门户。又,芳连切,小舟。p'ien³,乃 p'ien¹ 之误。这是个全书性的错误,

各字表皆误作 p'ien³。《国音》《现汉》并 biǎn、piān 二音。
② 《广韵》部田切，又房丁切。《国音》单音ㄆㄧㄥ平阳 同"骈"。《现汉》未收"骈"，然"骈"音 pián。

278 P'IEN
便² | pien⁴.
骈² | pien³.
扁³ | pien³.

279 PIN
频¹ | p'in². ①
颦¹ | p'in². ②
嫔¹ | p'in². ③
蘋¹ | p'in², p'ing². ④
嬪¹ | p'in⁴. ⑤
缤¹ | p'in¹. ⑥
禀³ | ping³. ⑦
并⁴ | ping¹, ping⁴. ⑧
摈⁴ | p'in¹. ⑨

① 《广韵》符真切。《集韵》毗宾切。并并母真韵。pin¹ 音无来由。《国音》《现汉》并音 pín。
② 是字音情况同于"频"。
③ 是字音情况同于"频颦"。
④ 《广韵》符真切。《集韵》毗宾切。并并母真韵。与"频颦嫔"同。《国音》㊀ㄆㄧㄥ贫阳（水草）；㊁ㄆㄧㄥ平（一果）。《现汉》与同。
⑤ 《广韵》符真切。《集韵》毗宾切，又卑民切。对应今音 pín、bīn，去声 p'in⁴ 不知何由。《国音》《现汉》并音 pín。
⑥ 《广韵》匹宾切。《集韵》纰民切。并滂母真韵。对应今音当作 p'in¹。然《国音》《现汉》并音 bīn。《自迩集》之异读适为其古今过渡。
⑦ 禀（稟），《广韵》筆锦切。《集韵》筆锦、力锦二切。《国音》稟，ㄆㄧㄥ丙上，俗"稟"字。而"稟"，实多音，《国音》㊀ㄆㄧㄥ丙上；㊁ㄆㄧㄣ宾上（㊀之又读）；㊂ㄌㄧㄣ廪上。《现汉》单音 bǐng。韵由中古前鼻音到今後鼻音，《自迩集》之异读适为其过渡。
⑧ 《广韵》府盈切，又畀政切。《集韵》增上声必郢切。《国音》《现汉》并 bìng、bīng 二音。
⑨ 《广韵》必刃切。《集韵》必仞切。并帮母震韵。不会有送气的 p'in¹，可能是一时误读。《国音》《现汉》并音 bìn。

280 P'IN

摈¹ | pin⁴.
缤¹ | pin¹.
频² | pin¹.
颦² | pin¹.
嚬² | pin¹.
蘋² | pin¹, p'ing².
聘⁴ | p'ing⁴. ①
嫔⁴ | pin¹.

①《广韵》匹正切。《集韵》匹名、匹正二切。并梗摄滂母。《国音》㈠ㄆㄧㄣ牝去;㈡ㄆㄧㄥ平去。《现汉》单音 pìn。韵由后鼻音变前鼻音，《自迩集》《国音》适为其过渡。

281 PING

并¹ | ping⁴, pin⁴.
凭² | p'ing². ①
屏³ | p'ing². ②
禀³ | pin³.

①《广韵》扶冰切。并母平声。某些方言区，此类字近代可出现(1)同调(阳平)、(2)同韵而声母送气与不送气的异读。北京亦属此类区？《自迩集》尚保有一些遗迹？值得注意。

②《广韵》府盈切，又饼(必郢切)萍(薄经切)二音。《国音》㈠ㄆㄧㄥ平阳平;㈡ㄅㄧㄥ饼上;㈢ㄅㄧㄥ兵阴。《现汉》亦三音，然第三音为去声 bìng。

282 P'ING

娉¹ | p'ing⁴.
抨² | pang⁴.
屏² | ping³.
凭² | ping².
蘋² | pin1, p'in².
聘⁴ | p'in⁴.

283 PO

白¹ | pai², po², po⁴.
皤¹ | p'o². ①

拨¹ | pa¹, pu¹.
葡¹ | pei⁴, p'o⁴.
饽¹ | po⁴. ②
菠¹ | po². ③
不¹ | pu¹, pu², pu⁴, fou¹, pou¹.
剥¹ | pao¹.
玻¹ | p'o¹. ④
百² | pai³, po⁴.
伯² | pai³, po⁴.
泊² | po⁴. ⑤
铂² | po⁴. ⑥
博² | po⁴. ⑦
膊² | po⁴. ⑧
薄² | pao².
钹² | po⁴. ⑨
播³ | po⁴. ⑩
簸³ | po⁴.
柏⁴ | pai³.
栢⁴ | pai³.
北⁴ | pei³, pu³.
雹⁴ | pao².

①《广韵》博禾切,又音婆(薄波切)。《国音》《现汉》并音 pó。
②《广韵》蒲没切。没韵。入声。《国音》《现汉》并音 bō。
③《集韵》逋禾切。帮母戈韵。平声。《国音》《现汉》并音 bō。po²,可能是"菠薐菜"的连读变调。
④《广韵》玻瓈玉,西国宝。滂禾切。滂母。《国音》《现汉》并音 bō。由滂母变帮母,《自迩集》存其过渡状态。
⑤《广韵》傍各切。《集韵》白各、匹陌二切。《国音》㊀ㄅㄛ伯阳(入);㊁ㄆㄛ迫去(入)。《现汉》二音:bó、pō。
⑥《集韵》白各切。并母铎韵。《国音》《现汉》并音 bó。
⑦《广韵》补各切。帮母铎韵。《国音》《现汉》并音 bó。
⑧《广韵》《集韵》并匹各切。滂母铎韵。《国音》ㄆㄛ伯去(入)。《现汉》音 bó。
⑨《广韵》《集韵》并蒲撥切。并母末韵。《国音》㊀ㄅㄚ拔阳(入);㊁ㄅㄛ伯去(入)(又读)。《现

汉》单音 bó。
⑩《广韵》补过切。过韵。去声。《集韵》平上去三声：逋禾、补火、补过切。《国音》ㄅㄛ玻去。《现汉》音 bō。

284 P'O
扑¹ | p'o⁴, p'u³. ①
朴¹ | p'o⁴. ②
婆¹ | p'o². ③
珀¹ | p'o⁴. ④
玻¹ | po¹.
皤² | po¹.
破³ | p'o⁴. ⑤
萄⁴ | pei⁴, po¹.
魄⁴ | t'o⁴.
僕⁴ | p'u². ⑥
撲⁴ | p'u¹. ⑦
樸⁴ | p'u³. ⑧
勃⁴ | pu¹.
荸⁴ | pi².
渤¹ | pu¹. ⑨

①《广韵》普木切。《集韵》多音：匹候、普木、匹角切。并滂母。《国音》单音ㄆㄨ撲阴(入)。❶ 同"撲❶❷"；❷ 戒尺。《现汉》将"扑"与"撲"合一，单音 pū。
②《广韵》同"樸"，木素。又厚朴，藥名。匹角切。《集韵》多音，包括匹角切，皆释"木皮"。《国音》㈠ㄆㄛ迫去(入)，厚朴；㈡ㄆㄨ僕阳(入)，与"樸"通。《现汉》四音，前三音 pō、pò、Piáo，字皆为"朴"，第四音 pǔ 字乃"樸"的简体"朴"。
③《广韵》薄波切。並母戈韵。《国音》《现汉》并单音 pó。
④《广韵》普伯切。滂母陌韵。《国音》《现汉》并单音 pò。
⑤《广韵》普过切。滂母过韵。《国音》《现汉》并单音 pò。
⑥《广韵》蒲木切，又蒲沃切。《国音》单音ㄆㄨ蒲阳(入)。《现汉》因"僕"简化而与"仆倒"之"仆"合一，从而变为 pú、pū 二音。
⑦《广韵》普木切。《集韵》普木、匹角二切。《国音》《现汉》并单音 pū。
⑧《广韵》蒲木、匹角二切。《集韵》步木、匹角二切。《国音》ㄆㄨ僕阳(入)。《现汉》音 pǔ。

⑨据《北京话音节总表》284 p'o、287 pu 补。《国音》渤，ㄅㄛ伯阳(入)。渤海:(ㄅ)海湾名;(ㄆ)郡名。《现汉》单音 bó。

285 POU
不¹ | pu¹, pu², pu⁴, fou¹, po¹. ①
①见音节总表 285 pou "不" 下小注:pou¹, 诗词用音。

286 P'OU
剖³ | pao¹.

287 PU
不¹ | pu², pu⁴, fou¹, po¹, pou¹.
拨¹ | pa¹, po¹.
僕² | p'o⁴.
北³ | pei³, po³.
谱³ | p'u³. ①
堡³ | pao³, p'u⁴.
舖³ | p'u⁴. ②
瀑⁴ | pao⁴.
埠⁴ | fou⁴.
勃¹ | p'o⁴. ③
渤¹ | p'o¹.

①《广韵》薄古切。《集韵》彼五切。并帮母。《国音》《现汉》并音 pǔ。由帮母转为滂母。
②《广韵》博孤切，又音步（薄故切）。《国音》㊀ㄅㄨ逋阴;㊁ㄅㄨ布去（又读）。《现汉》单音 bù。
③据《北京话音节总表》284 p'o、287 pu 补。《国音》单音 ㄅㄛ伯阳(入)。《现汉》亦单音 bó。

288 P'U
撲¹ | p'o⁴.
铺¹ | p'u⁴.
菩² | p'ai².
扑³ | p'o¹, p'o⁴.
樸³ | p'o⁴.

谱³ | pu³.
堡⁴ | pao³, pu³.
舖⁴ | p'u³.

289 SA

三¹ | san¹, san⁴. ①
趿¹ | sa⁴. ②
靸¹ | sa⁴. ③
颯¹ | sa⁴, li⁴.
撒¹ | sa², sa³. ④
萨¹ | sa⁴. ⑤
灑³ | sha³, sha⁴, shai³. ⑥
洒³ | sha³, shai⁴. ⑦

① 本书第六章第三十一段注7：三鼻子眼儿多出口气儿，俗语，指爱管闲事或过分殷勤的人。
  注意："三"音 sa¹，不读 san。《国音》仨，ㄙㄚ灑阴，三个。《康熙》尚未见"仨"字。
②《广韵》苏合切。《国音》㈠ㄙㄚ撒去(入)；㈡ㄊㄚ他阴。《现汉》单音 tā。
③《广韵》苏合、私盍二切。《国音》《现汉》并音 sǎ、tā。
④《集韵》桑葛切。《国音》《现汉》并音 sā、sǎ。
⑤《广韵》桑割切。《国音》《现汉》并音 sà。
⑥《广韵》所绮、所买、沙下、所寄四切。《国音》《现汉》并音 sǎ。
⑦《广韵》先礼、所卖二切。《国音》㈠ㄙㄚ灑上；㈡ㄘㄨㄟ崔上；㈢ㄒㄧㄢ鲜上。《现汉》单音 sǎ，只是附注"〈古〉'洒'又同'洗'(xǐ)"，而于"洗"(xǐ)下并未提及"洒"。

290 SAI

愢¹ | sai². ①
攠¹ | sai⁴. ②
塞⁴ | sê⁴. ③
筛¹ | shai¹. ④

①《广韵》苏来切。《国音》《现汉》并音 sāi。
②《国音》ㄙㄞ腮阴。《现汉》攠，"愢"的异体。
③《广韵》先代切，又苏则切。《国音》㈠ㄙㄜ瑟去(入)；㈡ㄙㄞ腮阴(入)；㈢ㄙㄞ赛去(入)；㈣ㄙㄟ阴平（㈡❶又读）。《现汉》sāi、sài、sè 三音。

④ 筛¹ | shai¹，据音节总表 290 sai、305 shai 增补。《广韵》疏夷切。《集韵》霜夷切。《国音》《现汉》并音 shāi。

291 SAN
三¹ | san⁴, sa¹.
散³ | san⁴.
珊¹ | shan¹. ①

① 珊¹ | shan¹.，据音节总表 291 san、306 shan 增补。《广韵》苏干切。《国音》《现汉》并音 shān。声母由 S 转变为 SH，《自迩集》为过渡。

292 SANG
丧¹ | sang⁴.

293 SAO
臊¹ | sao⁴.
扫³ | sao⁴.
燥⁴ | tsao⁴. ①
譟⁴ | tsao⁴. ②
彗⁴ | sui⁴, hui⁴.
颼⁴ | shao¹. ③
艘¹ | sou¹. ④

① 《广韵》苏老切。《集韵》苏老、先到二切。《国音》《现汉》并音 zào。声母由 s 转变为 z，《自迩集》为过渡。
② 《广韵》苏到切，罩呼。《集韵》先到、仓刀二切。《国音》《现汉》并音 zào。声母转换。
③ 《集韵》(1)师交切，生母爻韵;(2)所教切，生母效韵。《集韵》还有第(3)音：思邀切。皆"风声"也。《国音》《现汉》未收是字。
④ 艘¹ | sou¹.，据音节总表 293 sao、298 sou 增补。《广韵》苏彫、苏遭二切。《国音》㊀ㄙㄠ骚ʸⁱⁿ；㊁ㄙㄡ搜ʸⁱⁿ（又读）。《现汉》单音 sōu。由效摄韵转变为流摄韵，《自迩集》《国音》为过渡。

294 SÊ
说¹ | shuo¹, shui⁴. ①
虱¹ | shih¹. ②
蝨¹ | shih¹. ②

蝨¹｜shih¹. ②
嘶¹｜sê². ③
瑟²｜sê⁴, shê¹. ④
索³｜so¹, so³. ⑤
色⁴｜shai³, shê⁴. ⑥
涩⁴｜shê⁴. ⑦
塞⁴｜sai⁴.
瀒⁴｜shê⁴. ⑧

①《广韵》失爇、始锐、弋雪三切。《国音》《现汉》并 shuō、shuì、yuè 三音。sê¹（<shê）、shuo¹ 二音，可能是由失爇切来的文白异读。

②虱、蝨、蝨三字，互为异体。《广韵》所栉切。蟣蝨。俗作虱。《国音》尸失阴(入)，同"蝨"。《现汉》虱（蝨）shī。蝨，《康熙》同虱。

③《广韵》先稽切。马嘶。《国音》《现汉》并音 sī。

④《广韵》所栉切。生母栉韵入声。《国音》《现汉》并 sè。由卷舌生母转为不卷舌的 s，新旧母并存形成《自迩集》之异读。

⑤《广韵》苏各、所戟、山责三切。《国音》㊀ㄙㄨㄛ缩上(入)；㊁ㄙㄨㄛ缩阳(入)。《现汉》单音 suǒ。

⑥《广韵》所力切。梗摄生母职韵。此类入声字舒音化过程中曾产生皆来歌戈两韵异读。《国音》㊀ㄙㄜ瑟去(入)；㊁ㄕㄞ筛上(入)（㊀之❶❷色彩之语音）；㊂ㄕㄜ设去(入)俚语，谓男子之性欲冲动。《现汉》sè、shǎi 二音。

⑦《广韵》色立切。生母缉韵。《国音》《现汉》并单音 sè。由生母转变为心母。

⑧《广韵》色立切。生母缉韵。《国音》单音ㄙㄜ瑟去(入)。《现汉》同"涩"。由生母转变为心母。

295 SÊN

森¹｜shên¹, shêng¹. ①

①《广韵》所今切。生母侵韵。《国音》《现汉》并音 sēn。生母转为心母。然 20 世纪 50 年代北京话"森"尚有 sên¹、shên¹ 异读。80 年代的邻居、老北京（顺义区）人、社科院语言所晁继周教授曾作证曰：我的一个小学同学名字里有个"森"，就是念 shên¹。shêng¹ 之异读，不知所由。

296 SÊNG

— | ——

297 SO

些¹ | hsieh¹.
索¹ | so³, sê³.
搎¹ | so³, so⁴. ①
唆¹ | tsun⁴. ②
颐² | i².
所³ | su⁴, shu³, shuo³. ③
素⁴ | su⁴. ④
数⁴ | shu³, shu⁴, shuo⁴. ⑤
朔⁴ | shuo⁴. ⑥
蹜¹ | shu⁴. ⑦
缩¹ | shu⁴. ⑦
嗾⁴ | sou³. ⑧

① 《国音》ㄙㄨㄛ上，同"索"，求取之意。
② 《广韵》苏禾切。《国音》《现汉》并音 suō。tsun⁴，不知所由。
③ 《广韵》疎举切。生母语韵。《国音》《现汉》并音 suǒ。生母转为心母，遇摄转为果摄。
④ 《广韵》桑故切。《国音》《现汉》并音 sù。so⁴，不知所由。
⑤ 《广韵》所矩、所句、所角、桑谷四切。《国音》㈠ㄕㄨ树去；㈡ㄕㄨ暑上；㈢ㄕㄨㄛ朔去(入)；㈣ㄘㄨ促去(入)；㈤ㄙㄨ素去。《现汉》shù、shǔ、shuò 三音。
⑥ 《广韵》所角切。生母觉韵。《国音》《现汉》并音 shuò。
⑦ 蹜¹ | shu⁴. 缩¹ | shu⁴.，据音节总表 297 so、314 shu 增补。《国音》㈠ㄙㄨ速去(入)；㈡ㄙㄨㄛ索阳(入)。《现汉》缩，单音 suō。
⑧ 嗾⁴ | sou³.，据音节总表 297 so、298 sou 增补。《广韵》苏后、苏奏、仓奏三切。《国音》㈠ㄙㄡ叟上；㈡ㄗㄨ族阳(入) (又读)。《现汉》单音 sǒu。

298 SOU

瘦⁴ | shou⁴. ①
艘¹ | sao¹.
嗾³ | so⁴.

① 《广韵》所祐切。生母宥韵。《国音》《现汉》并单音 shòu。

299 SU

俗¹ | su², hsü².

搬¹ | pan¹.

宿² | su⁴, hsiu³, hsiu⁴, hsü¹.

束² | su⁴, shu², shu⁴. ①

速² | su⁴. ②

粟² | hsü¹, su⁴.

肃² | su⁴. ③

術⁴ | shu⁴. ④

述⁴ | shu⁴. ⑤

所⁴ | so³, shu³, shuo³.

夙⁴ | hsü¹.

诉⁴ | sung⁴. ⑥

素⁴ | so⁴.

续⁴ | hsü⁴.

蔬¹ | shu¹. ⑦

① 《广韵》书玉切。书母烛韵。《国音》《现汉》并单音 shù。但今口语中说 sù 的人已为数不少。生母(卷舌,莊组,二等)字变心母(不卷舌)的已经很多,但这种音变尚未"波及"书母(章组,三等)。"束"可能会成为书母变心母"零的突破"。

② 《广韵》桑谷切。心母屋韵。《国音》《现汉》并单音 sù。

③ 《广韵》息逐切。心母屋韵。《国音》《现汉》并单音 sù。

④ 《广韵》食聿切。船母術韵。《国音》㈠ㄕㄨ束去(入);㈡ㄙㄨㄟ穗去,与"遂"通。《现汉》单音 shù。因简化字关系,"術"与"术(直律切。苍术)"合一,于是《现汉》"术"便是 shù、zhú 二音。

⑤ 《广韵》食聿切。船母術韵。《国音》《现汉》并单音 shù。

⑥ 《广韵》桑故切。《国音》《现汉》并单音 sù。然今北京口语中仍能听到"告诉"说成 gào sòng(甚至是[kauŋ])。

⑦ 蔬¹ | shu¹., 据音节总表 299 su、314 shu 增补。《广韵》所菹切。生母。《国音》㈠ㄕㄨ舒阴;㈡ㄙㄨ苏阴(又读)。《现汉》单音 shū。

300 SUAN

—|——

301 SUI

尿¹ | niao⁴. ①
荽¹ | sui⁴ ②
遂¹ | suí². ③
虽¹ | shui¹. ④
隋² | tʻo³. ⑤
随² | tsʻi². ⑥
彗⁴ | sao⁴, hui⁴.
啐⁴ | tsʻu⁴, tsʻui¹, tsʻui⁴. ⑦
喙⁴ | hui⁴.

① niao⁴，原表误作 niao³，今据本表及音节总表 237 niao 改正。
② 荽，《广韵》正体"葰"，"荽"为多个异体之一，释云：胡荽，香菜。《博物志》曰：张骞西域得胡荽。石虎《邺中记》曰：石勒改"胡荽"为"香荽"。息遗切。心母脂韵。合口三等。平声。《国音》《现汉》并单音 suī。
③ 《广韵》徐醉切。邪母至韵。去声。合口。《国音》㈠ㄙㄨㄟ穗去；㈡ㄙㄨㄟ随阳（又读）。《现汉》亦 suì、suí 二音，但 suí 不是一般意义上的"又读"，而是只用于"半身不遂"一词。
④ 《广韵》息遗切。心母脂韵。合口三等。平声。《国音》㈠ㄙㄨㄟ绥阴；㈡ㄙㄨㄟ随阳（又读）。《现汉》单音 suī。
⑤ 《广韵》(1) 旬为切，隋朝；(2) 他果切，裂肉也。又徒果切。《国音》《现汉》并单音 suí。
⑥ 《广韵》旬为切。邪母支韵。平声。合口。《国音》《现汉》并单音 suí。
⑦ 据本表 389 TSʻUI 补：tsʻu⁴, tsʻui¹。《广韵》仓夬、七内、先对、子聿四切。《国音》㈠ㄘㄨㄟ粹去；㈡ㄑㄧㄨ入，感叹词，表鄙斥。《现汉》单音 cuì。

302 SUN

笋³ | hsün³.
筍³ | hsün³.
巽⁴ | hsün⁴.
逊⁴ | hsün⁴.

303 SUNG

诵¹ | sung⁴. ①
竦³ | tsung⁴. ②

悚³ | ch'u⁴.
诉⁴ | su⁴.
①《广韵》《集韵》并似用切。去声。《国音》《现汉》并单音 sòng。
②《广韵》息拱切。心母。上声。《国音》《现汉》并单音 sǒng。

304 SHA
杉¹ | shan¹.
杀¹ | shai⁴. ①
猰¹ | sha⁴. ②
煞¹ | sha⁴. ③
洒³ | shai⁴, sa³.
灑³ | sha⁴, sa³, shai³.
耍³ | shua³. ④
厦⁴ | hsia⁴.
霎⁴ | shua¹. ⑤
①《集韵》(1) 山戛切，戮也。(2) 所介切，疾也。削也。或作𢼒煞。《国音》㈠ ㄕㄚ 煞₍₍ₑ₎₎；
㈡ ㄕㄞ曬去。《现汉》单音 shā。
②《广韵》山洽切，又山辄切。入声。《国音》《现汉》并音 shà。
③《广韵》所八切。《国音》《现汉》并 shà、shā 二音。与《自迩集》相同。
④《国音》《现汉》并音 shuǎ。
⑤霎⁴ | shua¹., 据音节总表 304 sha、315 shua 增补。《广韵》所洽切，又山辄切。入声。《国音》
《现汉》并音 shà。

305 SHAI
色³ | sê⁴, shê⁴.
灑³ | sa³, sha³, sha⁴. ①
洒⁴ | sa³, sha³.
杀⁴ | sha¹.
筛¹ | sai¹. ②
① sha⁴ 原表误作 shai⁴，今据本表 289 SA、304 SHA 径改。
② 参见本表 290 SAI 注④。

306 SHAN

杉¹ | sha¹.
掺¹ | hsien¹. ①
埏¹ | yen². ②
訕¹ | shan⁴.
蟾¹ | ch'an². ③
苫² | shan⁴. ④
单² | shan⁴, tan¹. ⑤
禅² | shan⁴, ch'an², tan¹. ⑥
蝉² | ch'an². ⑦
疝³ | shan⁴. ⑧
瞻⁴ | chan¹. ⑨
珊¹ | san¹.

① 《集韵》思廉、师炎、师咸切。《说文》好手皃。
② 《广韵》以然切,又音羶(式连切)。《国音》㈠ㄧㄢ言阳;㈡ㄕㄢ山阴。《现汉》单音 shān。
③ 《广韵》职廉切(章母),又视占切(禅母)。《国音》《现汉》并音 chán。今音随禅母。
④ 《广韵》失廉切,又舒赡切。《国音》单音ㄕㄢ衫阴。《现汉》shān、shàn 二音。
⑤ 《广韵》都寒切,又常演切;市连切,又单(都寒切)、善(常演切)二音。《国音》《现汉》并 dān、shàn、chán 三音。这一组音自古以来相当稳定,未见音类上的变异。
⑥ 看来是"参一"和"一让"两个"禅"字音义之和。《广韵》市连、市战二切。tan¹ 则来源不详。
⑦ 《广韵》市连切。《集韵》时连切。禅母。《国音》《现汉》并音 chán。
⑧ 《广韵》所晏切,又所姦切。《国音》《现汉》并音 shàn。
⑨ 《广韵》职廉切。《集韵》之廉(平声)、章艳(去声)二切。但章母不会演变出 sh- 母。

307 SHANG

裳¹ | shang². ①
殇¹ | shang⁴. ②
晌² | shang³. ③
尚² | shang⁴. ④
常² | ch'ang². ⑤

① 《广韵》市羊切。禅母。《国音》㈠ㄔㄤ常阳;㈡ㄕㄤ商阴(又读)。《现汉》音 cháng,又·shang。
② 《广韵》式羊、式亮二切。《国音》单音ㄕㄤ商阴。

③《国音》《现汉》并音 shǎng。shang², "一午"变调?
④《广韵》市羊、时仗、时亮三切。《国音》《现汉》并音 shàng。
⑤《广韵》市羊切。禅母。《国音》《现汉》并音 cháng。

308 SHAO

颾¹ | sao⁴.
艄¹ | shao³. ①
勺² | shuo². ②
灼² | shuo². ③
芍² | piao¹, shuo². ④
杓² | tiao⁴, shuo². ⑤
钓² | tiao⁴. ⑥
少³ | shao⁴.
哨⁴ | ch'iao⁴. ⑦

①《集韵》师交、所教(去声)二切。《国音》《现汉》并音 shāo。
②《广韵》市若切。《国音》㊀ㄕㄠ芍阳(入);㊁ㄕㄨㄛ朔去(入)(读音)。《现汉》单音 sháo。此亦"文白易位"。
③《广韵》之若切。《国音》《现汉》并音 zhuó。
④据本表 321 SHUO 及音节总表 273 piao,本条 piao¹ 当删。《广韵》市若切。《国音》㊀ㄕㄠ韶阳;㊁ㄕㄨㄛ朔去(入)(读音)。《现汉》单音 sháo。又一"文白易位"。
⑤ tiao⁴,《集韵》多啸切,物之标准。shuo²,据音节总表 321 shuo 补。《广韵》市若切。杓杓。同"勺"。
⑥ 钓之 shao² 音,义不详。木制之勺字为"杓",金属之勺字为"钓 shao²"?
⑦《集韵》多音,有所教、七肖二切。《国音》《现汉》并音 shào。

309 SHÊ

涉¹ | shê⁴. ①
瑟¹ | sê², sê⁴. ②
折² | chê², cho².
歙² | hsi⁴.
捨³ | shê⁴. ③
色⁴ | sê⁴, shai³.

射⁴ | i⁴, shih², yeh⁴.
涩⁴ | sê⁴. ④
葉⁴ | yeh⁴. ⑤
澀⁴ | sê⁴.
① 《广韵》时摄切。禅母葉韵入声。《国音》《现汉》并音 shè。
② 《广韵》所櫛切。生母。《国音》《现汉》并音 sè。由生母转为心母,新旧母并存形成《自迩集》异读。
③ 《广韵》书冶切。《集韵》始野切。并书母马韵。上声。《国音》《现汉》并音 shě。
④ 《广韵》色立切。生母缉韵。《国音》《现汉》并单音 sè。新旧母(生母、心母)并存,形成《自迩集》之异读。
⑤ 《广韵》与涉、弋涉二切。《集韵》弋涉、失涉二切。并以、书二母异读。《国音》㊀ㄧㄝ夜去(入);㊁ㄕㄜ设去(入)。《现汉》单音 yè。

310 SHÊN

申¹ | shên². ①
莘¹ | hsin¹. ②
痒¹ | yang³. ③
森¹ | sên¹, shêng¹.
参¹ | ts'an¹, tsên¹, ts'ên¹. ④
甚² | shên⁴. ⑤
蜃² | shên⁴. ⑥
沈³ | shên⁴. ⑦
审³ | shên⁴. ⑧
哂³ | shên⁴. ⑨
渖³ | shên⁴. ⑩
婶³ | shên⁴. ⑪
朕⁴ | chên⁴, chêng⁴. ⑫

① 《广韵》失人切。《国音》《现汉》并单音 shēn。
② 《广韵》所臻切。《集韵》疏臻、斯人二切。《国音》《现汉》并 shēn、xīn。
③ 本表 407 YANG 字头作"痒"。痒,《广韵》所臻切,寒病。痒 shên¹ 与痒 yang³ 不构成异读关系,本条当删。
④ 《广韵》所今、苍含、楚簪、苏甘、七绀五切。《国音》㊀ㄘㄢ餐阴;㊁ㄕㄣ深阴;㊂ㄘㄣ岑阴;㊃ㄙㄢ三阴。《现汉》shēn、cān、cēn。《现汉》将 sān(三)的大写改作"叁",是故"参"

不再有 sān 音。

⑤《广韵》常枕、时鸩二切，对应今音俱去声。《国音》㈠ㄕㄣ审去；㈡ㄕㄜ蛇阳，甚麽；㈢ㄕㄣ深阳（㈡之又读）。《现汉》甚，shèn、shén 二音。甚麽，简化为"什么"。

⑥《广韵》时忍、时刃二切。《国音》《现汉》并音 shèn。

⑦《广韵》尸甚切。书母寝韵上声。《国音》《现汉》并音 shěn。

⑧《广韵》式稔切。书母寝韵上声。《国音》《现汉》并音 shěn。

⑨《广韵》式忍切。书母轸韵上声。《国音》《现汉》并音 shěn。

⑩《广韵》昌枕切。昌母寝韵上声。《国音》《现汉》并音 shěn。昌母变为书母。

⑪《集韵》式荏切。书母寝韵上声。《国音》《现汉》并音 shěn。

⑫《广韵》直稔切。澄母寝韵上声。《国音》《现汉》并音 zhèn。

311 SHÊNG

森^1 | sên^1, shên^1.

猩^1 | hsing^1. ①

胜^1 | shêng^4.

渑^2 | mien^3.

省^3 | hsing^3.

乘^4 | ch'êng^2, ch'êng^4.

盛^4 | ch'êng^2.

①《广韵》(1)所庚切，猩猩，能言，似猿，声如小儿也。(2)桑经切，《说文》曰：猩猩，犬吠声。又音生。《国音》《现汉》并音 xīng。

312 SHIH

史^1 | shih^3. ①

视^1 | shih^2, shih^4. ②

匙^1 | shih^2, ch'ih^2. ③

螫^1 | chê^1. ④

虱^1 | sê^1.

蝨^1 | sê^1.

蝨^1 | sê^1.

筮^1 | shih^4.

噬^1 | shih^4.

螄^1 | ssŭ^1. ⑤

莳² | shih⁴. ⑥
弛² | shih³. ⑦
世² | shih⁴.
柘² | chê⁴. ⑧
射² | i⁴, shê⁴, yeh⁴.
矢² | shih³.
食² | ssǔ⁴. ⑨
液² | i⁴.
掖² | yeh¹, i⁴. ⑩
识² | shih⁴, chih¹, chih⁴. ⑪
室² | shih⁴. ⑫
释² | shih⁴. ⑬
日⁴ | jê⁴, jih⁴.
寺⁴ | ssǔ⁴. ⑭
恃⁴ | ch'ih². ⑮
似⁴ | ssǔ⁴.
褆⁴ | t'i². ⑯
適⁴ | ti², ti⁴. ⑰
植² | chih², chih⁴. ⑱

①《广韵》踈士切。《集韵》爽士切。并生母止韵。《国音》《现汉》并音 shǐ。
②《广韵》承矢、常利二切。禅母上、去二声，对应今音为去声。《国音》《现汉》并音 shì。
③《广韵》是支切。《集韵》常支切。并禅母平声。《国音》《现汉》并音 chí、·shi。
④《广韵》(1) 螫，虫行毒。施只切。(2) 蜇，螫也。陟列切。《自迩集》将二字合一。《国音》亦是：㈠ ㄓㄜ折阴(入)；㈡ ㄕ式去(入)(读音)。《现汉》分列：(1) 蜇，zhē；(2) 螫，shì〈书〉蜇(zhē)。
⑤《广韵》疏夷切。《集韵》霜夷切。并生母脂韵。生母于近代有卷舌与不卷舌两种演变走向，抑先卷舌而後不卷舌。《自迩集》即新旧音并存、叠加而成异读。《国音》《现汉》并音 sī。
⑥《广韵》市之切，又音示(神至切)。《国音》单音 ㄕ时阳。《现汉》shí、shì 二音，与《广韵》同。
⑦《广韵》施是切。《集韵》赏是切。并书母纸韵。上声。《国音》㈠ ㄕ史上；㈡ ㄔ池阳(又读)。《现汉》单音 chí。古今音变，书母转为船母，而此变发生于《自迩集》之後、《国音》之前，完成于《现汉》。

⑧《广韵》《集韵》并之夜切。《国音》《现汉》并音 zhè。shih⁴，不知来源。

⑨《广韵》羊吏切，又音蚀(乘力切)。《集韵》羊吏、实职、祥吏、疾二四切。《国音》《现汉》并 shí、sì、yì 三音。

⑩ 参见本表 127 I, YI 注⑱。

⑪《广韵》标识。职吏切，本音式(赏职切)。《国音》㈠ㄕ式去；㈡ㄓ志去。《现汉》shí、zhì 二音。古"本音式"(《国音》去声)变为今阳平 shí。

⑫《广韵》式质切。书母质韵。入声。《集韵》式质、书吏二切。《国音》《现汉》并音 shì。室，半个世纪以来常被作为"古入声今调类不稳"的例子，亦确实至今仍能听到阳平、上声之类的说法。

⑬《广韵》《集韵》并施隻切。书母昔韵。入声。《国音》《现汉》并音 shì。

⑭《广韵》祥吏切。《集韵》祥吏切，又时吏切。《自迩集》寺 shih⁴｜ssǔ⁴ 之异读，始自《集韵》时代？《国音》《现汉》并音 sì，回归《广韵》原音。

⑮《广韵》时止切。《集韵》上止切。并禅母上声。《国音》《现汉》并音 shì。《自迩集》ch'ih² 之异读，可能是误读为"持"？今亦能听到将"有恃无恐"说成"有 chí 无恐"的。

⑯《广韵》衣服好兒。杜奚、承纸、池尔三切。对应二音可有 tí、shì、zhì 三音。《国音》《现汉》未收之字。《汉语大字典》列 tí、shì 二音，与《自迩集》同。

⑰《集韵》施隻、丁石、丁歷三切。《国音》㈠ㄕ式去(入)；㈡ㄉ丨笛阳(入)，同"嫡"。《现汉》单音 shì。

⑱ 植²｜chih²,chih⁴.，据音节总表 36 chih、312 shih 增补。《广韵》直吏切，又市力切。《国音》《现汉》并单音 zhí。

313 SHOU

熟²｜shu². ①
首³｜shou⁴. ②
瘦⁴｜sou⁴.

①《广韵》殊六切。禅母屋韵。通摄入声字，近代多有变为鱼模尤侯两韵异读者。熟，即其一。《国音》㈠ㄕㄨ叔阳(入)；㈡ㄕㄡ收(语音)。《现汉》亦 shú、shóu 二音。

②《广韵》(1)书九切，头也。始也。(2)舒救切，自首前罪。《国音》《现汉》并单音 shǒu。(3)之音义，推测于《自迩集》之後、《国音》之前併入上声。

314 SHU

叔¹｜shu². ①
疏¹｜shu⁴. ②

束² | shu⁴, su², su⁴.
朮² | chu¹. ③
銃² | ch'ung⁴. ④
熟² | shou².
屬² | chu², shu³. ⑤
所³ | so³, su⁴, shuo³.
數³ | shu⁴, so⁴, shuo⁴.
署³ | shu⁴. ⑥
述⁴ | su⁴. ⑦
術⁴ | su⁴. ⑧
蔬¹ | su¹. ⑨
蹜⁴ | so¹. ⑩
缩⁴ | so¹. ⑪
嗾⁴ | sou³. ⑫

①《广韵》式竹切。《集韵》式竹、神六二切。《国音》ㄕㄨ孰阳(入)。《现汉》阴平 shū。

②《广韵》所菹切，又所助切。《国音》㈠ㄕㄨ舒阴(入)；㈡ㄙㄨ苏阴；㈢ㄕㄨ树去。《现汉》单音 shù。

③《广韵》市朱切。《集韵》慵朱切。并禅母虞韵。《国音》《现汉》并音 zhú。由禅母变章母，当在《自迩集》之前。

④《广韵》充仲切。《集韵》充仲、昌六二切。《国音》《现汉》并音 chòng。

⑤《广韵》之玉、市玉二切。《集韵》朱戍、殊遇、朱欲、殊玉四切。《国音》《现汉》并 shǔ、zhǔ 二音。

⑥《广韵》《集韵》并常恕切。去声。《国音》㈠ㄕㄨ暑上；㈡ㄕㄨ树去。《现汉》单音 shǔ。

⑦《广韵》食聿切。《集韵》食律切。并船母術韵。章昌船书禅诸母(三等)在"现代化"进程中，我们曾说过，到目前为止，只是向舌尖後(卷舌)演进，尚未有变舌尖前(不卷舌)者，即尚未突破此等限制。《自迩集》有"述術"等记有舌尖前(不卷舌)异读，反映这类字其时有过此等"突破"，但在《国音》之前全部"撤回"。《国音》《现汉》"述"俱单音 shù。

⑧情况同"述"。参见本条前注⑦。

⑨蔬¹ | su¹. 据音节总表 299 su、314 shu 增补。《广韵》所菹切。《集韵》山鱼切。并生母鱼韵。《国音》㈠ㄕㄨ舒阴；㈡ㄙㄨ苏(又读)。《现汉》单音 shū。从《自迩集》到《国音》，"蔬"之异读史几近百年，却未能"坚持到底"，是否表明莊初崇生诸母(二等)发生舌尖前(不卷舌)异读不容易？

⑩ 蹜⁴ | so¹. 据音节总表 297 so、314 shu 增补。《广韵》所六切。生母屋韵。《国音》《现汉》并音 sù。

⑪ 缩⁴ | so¹. 据音节总表 297 so、314 shu 增补。《广韵》所六切。生母屋韵。《国音》㈠ㄙㄨ速去（入）（读音）；㈡ㄙㄨㄛ索阴（入）（语音）。《现汉》亦二音：(1)sù,【缩砂密】多年生草本植物。(2)suō("收缩"等）。已非文白异读。suō, 亦已非"语音", 而是"独霸""读音"的宝座。即又一"文白易位"。

⑫ 嗾⁴ | sou³., 据音节总表 297 so、298 sou 增补。《广韵》苏后、苏奏、仓奏三切。心母、清母，厚韵、候韵，上声、去声。《国音》㈠ㄙㄨㄙㄡ上；㈡ㄗㄨ族阳（入）（又读）。《现汉》单音 sǒu。嗾, 从中古多音到今音 sǒu, 看来经历过不少的变化。

315 SHUA

唰¹ | shua⁴. ①
耍³ | sha³.
霎¹ | sha⁴. ②

①《集韵》数滑、所劣二切。《国音》未收是字。《现汉》单音 shuā（刷白 shuàbái, 写作"唰白"是否更妥？）

② 霎¹ | sha⁴., 据音节总表 304 sha、315 shua 增补。参见本表 304 SHA 注⑤。

316 SHUAI

衰¹ | shui¹. ①
摔¹ | shuai³. ②

①《广韵》楚危切，又所危切。《国音》《现汉》并音 shuāi、cuī。

② 後起字。《集韵》诸书不载。《康熙》:《五音类聚》山律切。《字彙》朔律切, 音率。弃于地也。《正字通》俗字。《国音》《现汉》并音 shuāi。shuai³,《国音》《现汉》并作"甩"？

317 SHUAN

拴¹ | ch'uan¹. ①
栓¹ | ch'uan¹. ②
檂¹ | ch'uan¹. ③

①《广韵》此缘切。《集韵》逡缘切。并清母仙韵合口。捒也。今以"繫"为义的 shuan¹, 假借中古的"拴"。《国音》《现汉》并音 shuān。声母由古精组到今莊组, 假借, 不属历史音变。

②《广韵》山员切。木丁也。《集韵》所员切，《博雅》栓概，钉也。又数还切，贯物也。《国音》《现汉》并音 shuān。

③原表 chuan¹ 不送气。误。今据本表 69 Ch'UAN 改正。《广韵》数还切，关门机。出《通俗文》。《国音》《现汉》并音 shuān。《国音》：閂本字，见《玉篇》。如"拔了檐，却待开门"，见《水浒传》。

318 SHUANG

双¹ | shuang⁴. ①

①《广韵》所江切。《集韵》疎江、朔降二切。《国音》㊀ㄕㄨㄤ霜阳❸ 姓；㊁ㄕㄨㄤ霜去 ❶双棒儿，谓孪生子。❷（㊀❸又读）。《现汉》单音 shuāng。

319 SHUI

衰¹ | shuai¹.
虽¹ | sui¹. ①
瑞⁴ | jui⁴. ②
说⁴ | sê⁴, shuo¹.

①《广韵》息遗切，语助也。本蟲名，似蜥蜴而有文。可知，"雖"作"语助"乃假借也。《国音》㊀ㄙㄨㄟ绥阴；㊁ㄙㄨㄟ随阳（又读）。《现汉》单音 shuī。雖，从虫，唯声。中古心母字如"虽"如"哞"而有生母异读，是《自迩集》时代北京话一"特色"？抑或一时误读？

②《广韵》《集韵》同为止摄寘韵合口三等禅母字，《国音》《现汉》同音 ruì（日母）。《自迩集》所显示的正是古今之中间阶段？

320 SHUN

鹑² | ch'un¹. ①
唇² | ch'un², ch'un³. ②
盾³ | tun⁴. ③

①《广韵》常伦切。《集韵》殊伦、船伦二切。并禅/船母谆韵。可向 sh-、ch'- 两个方向演化（阳平）。《国音》《现汉》并音 chún。

②原表 ch'un¹, 调讹；又阙 ch'un³。今据本表 75 Ch'UN 补正。

③《广韵》食尹、徒损二切。《国音》㊀ㄕㄨㄣ顺上，一牌；㊁ㄉㄨㄣ顿去❶（又读）。❷人名，赵一。《现汉》单音 dùn。

321 SHUO

说¹ | sê¹, shui⁴.
勺² | shao².
芍² | shao².
杓² | piao¹, tiao⁴, shao².
灼² | shao².
酌² | chao¹, chê¹, chê², cho².
着² | chao², chê¹, chê², cho¹, cho².
所³ | so³, su⁴, shu³.
朔⁴ | so⁴.
敕⁴ | ch'ih⁴. ①
数⁴ | shu³, shu⁴, so⁴.

①《广韵》耻力切。《国音》《现汉》并音 chì。shuo⁴，不知所自。

322 SSǓ

思¹ | ssǔ⁴. ①
蛳¹ | shih¹.
祠² | tz'ǔ². ②
词² | tz'ǔ².
辞² | tz'ǔ².
似⁴ | shih⁴.
伺⁴ | tz'ǔ⁴. ③
寺⁴ | shih⁴.
兕⁴ | hsi¹.
食⁴ | shih².
赐⁴ | tz'ǔ⁴. ④
涘³ | ssǔ⁴. ⑤

①《广韵》息兹、息吏二切。《国音》㈠ㄙ司阴；㈡ㄙ四去（㈠❹之读音）；㈢ㄙㄞ腮阴（多鬚貌）。
　《现汉》sī、sāi 二音。
②《广韵》似兹切。《国音》《现汉》并音 cí。以下"词、辞"与"祠"同。
③《广韵》息兹切，又息吏切。心母。《国音》《现汉》与《自迹集》三者一致。
④《广韵》《集韵》并斯义切。心母。《国音》㈠ㄙ四去；㈡ㄘ次去（语音）。《现汉》单音 cì。

完成了古心母到清母的转变，同时又是一个"文白易位"。

⑤涘³ | ssǔ⁴., 据音节总表 322 ssǔ 增补。《广韵》《集韵》并牀史切。崇母上声。《国音》《现汉》并音 sì。

323 TA

答¹ | ta². ①
劄¹ | ta², cha². ②
達¹ | ta². ③
挞¹ | ta³, t'a⁴. ④
縫¹ | ta⁴.
搭² | ta⁴. ⑤
大⁴ | chua⁴, tai⁴, to⁴. ⑥
蹋⁴ | t'a¹. ⑦

① 《广韵》都合切。端母入声。自《自迩集》到《国音》《现汉》俱为 dā、dá 二音。
② 《广韵》《集韵》并竹洽切。《国音》单音 ㄓㄚ 札阳(入)。《现汉》zhā、zhá 二音。ta¹、ta² 二音不知所由。
③ 《广韵》他達切，又唐割切。《国音》㈠ ㄉㄚ 答阳(入); ㈡ ㄊㄚ 踏去(入)。《现汉》单音 dá。
④ 《广韵》《集韵》并他達切。《国音》《现汉》并音 tà。ta¹、ta³ 二音不知何解。
⑤ 《广韵》都合切。打也。《国音》《现汉》并音 dā。《自迩集》ta² | ta⁴. 调类出入较大。
⑥ 《广韵》徒盖、唐佐二切。《国音》㈠ ㄉㄚ 打去; ㈡ ㄉㄞ 代; ㈢ ㄊㄞ 太去。《现汉》dà、dài 二音。
不过，在"大²"下插入一条：〈古〉又同'太''泰'tài，如'大子''大山'。实际上也是三音。《自迩集》chua⁴, 不知所由。
⑦ 《广韵》徒盍切。依例对应今音当为 dà(ta⁴)。声母不送气。《国音》《现汉》并音声母送气的 tà。

324 T'A

蹋¹ | ta⁴.
獭³ | t'a⁴. ①
挞⁴ | ta¹, ta³.
他¹ | t'o¹. ②

① 《广韵》他鎋切，又他达切。入声。《国音》㈠ ㄊㄚ 踏去(入); ㈡ ㄊㄚ 塔上(入)。《现汉》单音 tǎ。

② 他¹ ｜ tʻo¹，据本表 350 Tʻ O 及音节总表 324 tʻa、350 tʻo 增补。《广韵》託何切。《国音》㈠ㄊㄚ躅阴；㈡ㄊㄨㄛ拖阴（读音）。《现汉》单音 tā。

325 TAI
呆¹ ｜ ai¹, nieh², yeh².
獃¹ ｜ ai².
大⁴ ｜ chua⁴, ta⁴, to⁴.
贷⁴ ｜ tʻai⁴. ①

① 借贷之贷，中古音透母：《广韵》《集韵》并他代切。《国音》《现汉》同音 dài。《自迩集》所显示的异读，正是新旧音交替过程中的叠加。

326 TʻAI
苔¹ ｜ tʻai².
太⁴ ｜ tʻui¹. ①
忒⁴ ｜ tʻê⁴, tʻui¹. ②
贷⁴ ｜ tai⁴.

① 《国音》㈠ㄊㄞ泰去；㈡ㄊㄨㄟ推阴，北语，意犹最、甚，如言太好。《现汉》单音 tài, 而将 tuī 作为"方音"予以排除。

② 《国音》㈠ㄊㄜ特去(入)；㈡ㄊㄟ特阴(入)，状声字，如一楞楞、一儿的。《现汉》三音：tè、tēi、tuī。《广韵》他德切，曾摄德韵。此类入声字在舒化过程中，会出现皆来、歌戈两韵异读，忒，即如是。

327 TAN
单¹ ｜ shan², shan⁴.
石¹ ｜ tan⁴. ①
禅¹ ｜ chʻan², shan², shan⁴.
擔¹ ｜ tan³. ②
荅¹ ｜ tan³. ③
撢³ ｜ tʻan⁴. ④
弹⁴ ｜ tʻan².
掸⁴ ｜ tʻan¹, tʻan². ⑤
澹⁴ ｜ tʻan². ⑥

檐⁴ | yen². ⑦
簟⁴ | tien⁴. ⑧

① 石，容量单位，1 石为 10 斗。今统作石。《国音》㊀ㄕㄧ阳(入)❻量名，十斗；㊁ㄉㄢ去
❶(㊀❻又读)。❷衡名，百斤，同"檐"㊁❶。《现汉》单音 dàn 容量单位，市石的通称。
（在古书中读 shí，如"二千石、万石"等。）
② 《广韵》都甘、都滥二切。平去二声。《国音》《现汉》并 dān、dàn 二音。tan³，调误？
③ 《广韵》《集韵》并徒感切。对应今音当为去声。《国音》《现汉》并音 dàn。
④ 《广韵》馀针、他含、他绀三切。《集韵》增徒感、徒绀二切。《国音》㊀ㄉㄢ胆上；㊁ㄊㄢ炭去。
《现汉》单音 dǎn。
⑤ 《广韵》徒干、徒案二切。《国音》《现汉》并 dǎn、Shàn 二音。
⑥ 《广韵》徒甘切，又徒览、徒滥二切。《国音》《现汉》并 dàn、Tán 二音。
⑦ 《广韵》余廉切，屋檐。《集韵》(1)余廉切，亦作簷。(2)都滥切，负也。《国音》单音 丨
ㄢ阳，同"簷"。《现汉》dān、dàn 二音。
⑧ 《广韵》徒玷切。竹席。《集韵》徒点、徒念二切。《国音》《现汉》并音 diàn。

328 T'AN

探¹ | t'an⁴. ①
摊¹ | nan⁴. ②
掸¹ | t'an², tan⁴.
弹² | tan⁴.
澹² | tan⁴.
覃² | hsin². ③
撢⁴ | tan³.

① 《广韵》他含切。《集韵》他含、他绀二切。《国音》㊀ㄊㄢ炭去；㊁ㄊㄢ贪阴。《现汉》单音
tàn。
② 《广韵》奴案切，又他丹切。《国音》《现汉》并音 tān。
③ 《广韵》徒含切。《集韵》徒南、式荏二切。《国音》㊀ㄊㄢ谈阳；㊁ㄒㄩㄣ寻阳 ㊁❸姓之又
读。《现汉》tán、qín 二音。

329 TANG

当¹ | tang⁴.
铛¹ | ch'êng¹.

盪¹ | tang⁴, t'ang¹, t'ang⁴. ①
宕⁴ | t'ang⁴. ②

①《广韵》吐郎、徒郎、徒朗、吐浪、度朗五切。《国音》㈠ㄉㄤ荡去；㈡古尤烫去，同"趟"。《现汉》单音 dàng。

②《广韵》徒浪切。《国音》《现汉》并音 dàng。t'ang⁴，不知所由。

330 T'ANG

堂¹ | t'ang². ①
踼¹ | t'ang³, t'ang⁴. ②
盪¹ | t'ang⁴, tang¹, tang⁴.
餳² | hsing¹, hsing². ③
宕⁴ | tang⁴.
螳¹ | t'ang². ④

①《广韵》《集韵》并徒郎切。《国音》《现汉》并音 táng。t'ang¹，不知所由。

②《广韵》徒郎、吐郎、徒浪三切。《国音》《现汉》未收是字。

③《广韵》徐盈切，饴也。《集韵》(1) 徒郎切，《方言》餳，谓之鳝，或作糖糛餳；(2) 徐盈切，饴和馓者也；(3) 慈盈切，饴也。《国音》㈠ㄒ丨ㄥ星阳；㈡古尤唐阳（㈠❶之又读）。《现汉》táng、xíng 二音。

④螳¹ | t'ang²。据音节总表 330 t'ang 螳¹螳² 补。《广韵》《集韵》并徒郎切。《国音》《现汉》并音 táng。

331 TAO

朵¹ | to³. ①
倒² | tao³, tao⁴. ②
捣² | tao³. ③
纛⁴ | tu¹. ④
叨¹ | t'ao¹, tê¹. ⑤

① 本条当删。详见音节总表 331 tao 注②。

②《广韵》都导切，又都老切。《国音》《现汉》并 dǎo、dào 二音。tao²，可能是"捯"（《集韵》捯，睹老切。上声），《国音》《现汉》并音 dáo。

③《广韵》都晧切。《集韵》睹老切。皆上声。《国音》《现汉》并音 dǎo。tao²，连读变调？

④《广韵》徒沃切，又徒号切。《国音》㈠ㄉㄠ道去；㈡ㄉㄨ独阳（入）（又读）。《现汉》单音 dào。

⑤ 叨¹ | t'ao¹, tê¹. 据音节总表 331 tao、332 t'ao 及 333 tê 增补。《广韵》土刀切。《集韵》他刀切。并透母。《国音》㈠ㄊㄠ滔阴；㈡ㄉㄠ刀阴。《现汉》三音：dāo、dáo、tāo。 tê¹，参见本书声调练习 333 得 tê，话叨叨 hua⁴ tê¹ tê ……罗里罗索，冗长乏味的谈话。注意：第一个叨 tê 重读。《儿女英雄传》写作"嘚"，各字典多随之。

332 T'AO
叨¹ | tao¹, tê¹.
萄¹ | t'ao².

333 TÊ
叨¹ | tao¹, t'ao¹.
得² | tei³, tê⁴. ①
德² | tê⁴.

① 第七章 333 Tê 叨得〇〇，第四声无字，而音节总表 333 tê 之 tê⁴ 有"得*"。得，《广韵》多则切。曾摄德韵。《国音》㈠ㄉㄜ德阳(入)；㈡ㄉㄟ上，应，必须；㈢·ㄉㄜ德轻；㈣ㄉㄞ歹上，遭受之意，如"得苦子"。《现汉》dé、děi、·de 三音。

334 T'Ê
忒⁴ | t'ai⁴, t'ui¹.
忑⁴ | t'u¹. ①

①《国音》《现汉》并单音 tè。t'u¹，忐忑，当时 /t'an³ t'ê¹/ t'an³ t'u¹ 异读？

335 TEI
得⁽³⁾ | tê², tê⁴.

336 TÊNG
瞪⁴ | chêng¹.
澄⁴ | ch'êng².
瞠⁴ | chêng¹. ①

① 存疑。参见本表 21 CHÊNG 注④。

337 T'ÊNG

腾¹ | t'êng². ①
樥⁴ | têng⁴.

①《广韵》《集韵》并徒登切。《国音》㊀ㄊㄥ藤阳；㊁ㄊㄥ藤阴，腾地，状猛然之势，如"那个气球腾地起来"，见《水浒传》。《现汉》单音 téng。

338 TI

敌¹ | ti².
提¹ | t'i².
堤¹ | t'i². ①
抵² | ti³. ②
適² | ti⁴, shih⁴. ③
镝² | ti⁴.
翟² | chai².
篴² | chu². ④
覜² | ti³. ⑤
籴² | ti³.
殢⁴ | t'i⁴, ni⁴. ⑥
悌⁴ | t'i⁴. ⑦
睇⁴ | t'i¹. ⑧
嚏⁴ | t'i⁴. ⑨

①《广韵》(1)是支切，堤封顷亩，《汉书》作"提"。颜师古曰：提封者，大举其封疆也。提，音题。(2)都溪切，同上。《国音》㊀ㄊㄧ提阳；㊁ㄉㄧ低阴。《现汉》单音 dī。

②《广韵》都礼切。《集韵》典礼切，又掌氏切。《国音》㊀ㄉㄧ低上；㊁ㄉㄧ低阳，抵偿，赔偿，或谓偿命；㊂业止上，与"抵"❶通，击也，抵掌亦作抵掌。《现汉》单音 dǐ。

③《广韵》之石切，又施隻、都歷二切。《国音》㊀尸式去(入)；㊁ㄉㄧ笛阳(入)。《现汉》单音 shì。

④《广韵》直六切，又徒歷切。《国音》单音ㄉㄧ狄阳(入)。

⑤《广韵》徒歷切。《国音》《现汉》并音 dí。

⑥《广韵》《集韵》并他计切。《国音》《现汉 -5》并音 tì. ni⁴，不知所自。

⑦《广韵》徒礼、特计二切。并定母上、去声。依例对应今音 dì。《国音》《现汉》并音 tì。《自迹集》之异读反映新旧交替并存状态。

⑧《广韵》土鸡、徒计二切。《自迹集》与同。《国音》《现汉》并音 dì，随徒计切。

⑨《国音》《现汉》并音 tì。

339 T'I
睇¹ | ti⁴.
提² | ti¹.
褆² | shih⁴.
醍² | hsü².
替² | t'i⁴. ①
堤² | ti¹.
体³ | p'ên⁴.
嚔⁴ | ni⁴, ti⁴.
悌⁴ | ti⁴.
嚏⁴ | ti⁴.

①《广韵》《集韵》并他计切。去声。《国音》《现汉》并音 tì。t'i²,不知所自。

340 TIAO
鸟³ | niao³.
掉⁴ | liao⁴, t'iao³. ①
钓⁴ | shao². ②
调⁴ | t'iao².
佻⁴ | t'iao¹, yao⁴. ③

①《广韵》徒了、徒吊、女角、杖吊四切。《集韵》增女教切。《国音》《现汉》并音 diào。
② 钓之 shao² 音,义不详。疑为金属之勺,犹木制之勺作"杓"。
③《广韵》吐彫、徒聊二切。《集韵》多音,有徒了、弋笑二切。《国音》去丨幺条阳。《现汉》阴平 tiāo。

341 T'IAO
佻¹ | t'iao⁴, yao⁴.
挑¹ | t'iao³.
跳¹ | t'iao⁴. ①
调² | tiao⁴.
掉³ | liao⁴, tiao⁴.

①《广韵》徒聊切,躍也。《集韵》田聊、徒了、徒吊、徒刀四切。俱定母。《国音》一去丨幺

挑去；㊁ㄊㄠ桃阳 与"逃"通。《现汉》与《国音》同。躍之跳，徒聊切，中古音对应今音
当为阳平 tiáo，今变为去声 tiào。

342 TIEH

跌¹ | tieh², tsai¹. ①
喋² | tieh³, t'ieh⁴. ②
碟² | tieh⁴.
蝶² | t'ieh³. ③
踝² | tieh³, tieh⁴. ④
睫² | chieh², t'ieh³. ⑤
凸⁴ | tu¹. ⑥
跕⁴ | tien³. ⑦

① 《广韵》徒结切。定母入声。《国音》ㄉㄧㄝ蝶阳(入)。《现汉》阴平 diē。由定母到端母的变异。《自迹集》反映的是此变异之交替阶段。关于 tsai¹，参见音节总表 365 tsai 注①。
② 《广韵》徒协、丁愜、丈甲三切。《集韵》有去涉切，江南谓吃为喋。《国音》单音ㄉㄧㄝ碟阳(入)。《现汉》dié、zhá 二音。
③ 《广韵》他协、徒协二切。《集韵》託协、达协二切。《国音》《现汉》同音 dié。《汉语方音字汇》北京：[tie²t'ie³]，《汉语方言词汇》北京：蝴蝶儿 [xu⁴t'ier³]。北京口语保留古音。《自迹集》之异读蝶 tieh² ｜ t'ieh³，既合古音，又合今音。
④ 《广韵》徒协切。《集韵》託协、达协二切。《国音》《现汉》并音 dié。
⑤ 《广韵》苏协切。《集韵》悉协、达协、尸牒、色甲四切。《国音》《现汉》并音 dié。
⑥ 《广韵》陀骨、徒结二切。《国音》㊀ㄊㄨ突阳(入)；㊁ㄉㄧㄝ蝶阳(入)(㊀之又读)ㄍㄨ骨上(入)。《现汉》单音 tū。
⑦ 《广韵》他协、丁协二切。《集韵》与同。《国音》单音ㄉㄧㄝ蝶阳(入)。《现汉》diē、diǎn 二音。

343 T'IEH

帖¹ | t'ieh³, t'ieh⁴. ①
贴¹ | t'ieh⁴. ②
蝶³ | tieh².
睫³ | chieh², tieh².
铁³ | t'ieh⁴. ③
喋⁴ | tieh², tieh³.

①《广韵》他协切。《国音》《现汉》并音 tiē、tiě、tiè。从《自迩集》至今,是字音相当稳定。
②《广韵》他协切。《国音》《现汉》并音 tiē。
③《广韵》《集韵》并他结切。《国音》《现汉》并音 tiě。

344 TIEN
掂¹ | tien⁴. ①
跕³ | tieh⁴.
填⁴ | t'ien². ②
阗⁴ | t'ien². ③
淀⁴ | ting⁴. ④
钿⁴ | t'ien². ⑤
簟⁴ | tan⁴.

①《国音》《现汉》并音 diān。
②《广韵》多音,有徒年切,塞也,加也,满也。又,堂练切,塞填。《国音》《现汉》并单音 tián。
③《广韵》二切:(1)徒年切,轰轰~~,盛皃。(2)堂练切,于阗国,在西域,或作窴,又音田。《国音》《现汉》并单音 tián。
④《广韵》《集韵》并堂练切。《国音》《现汉》并音 diàn。ting⁴ 不知所自。
⑤《广韵》徒年切,金花。又音甸。《国音》《现汉》并 diàn、tián 二音。钿,其音之稳定,更是久远。

345 T'IEN
悿¹ | t'ien³. ①
填² | tien⁴.
阗² | tien⁴.
钿² | tien⁴.
舚³ | t'ien⁴. ②

①《广韵》他典切,《说文》曰:青徐谓慙曰~。《国音》《现汉》并音 tiǎn。该音之稳定实久远。
②《广韵》有异读:他兼切,䑙䑚吐舌;他念切,舌出皃。《国音》《现汉》未收是字。

346 TING
钉¹ | ting⁴.
挺⁴ | t'ing³, t'ing⁴. ①

淀⁴ | tien⁴.
① 《广韵》特丁、徒顶、徒鼎三切。《集韵》丈梗、他顶、待鼎三切。《国音》《现汉》并音 tǐng。

347 T'ING
听¹ | yin². ①
廷¹ | t'ing². ②
蜓¹ | t'ing². ③
庭¹ | t'ing².
霆¹ | t'ing².
聽¹ | t'ing⁴. ④
挺³ | t'ing⁴, ting⁴.

① 《广韵》宜引、牛谨二切。《国音》㊀ㄊㄧㄥ聽阳"聽"之简写；㊁ㄊㄧㄥ聽去"聽"之简写；㊂ㄧㄣ引上。看来，"聽"之简写"听"，《自迩集》时已然。《现汉》单音 tīng，唯于"听²"随注（旧读 tìng）。
② 《广韵》特丁、徒径二切。《国音》《现汉》并音 tíng。
③ 《广韵》特丁切。《集韵》唐丁、他顶二切。《国音》㊀ㄊㄧㄥ庭阳，蜻蜓；㊁ㄊㄧㄥ蜓上，蜓蚸，虫名，蝉属，见《尔雅》。《现汉》单音 tíng。
④ 《广韵》他丁切，又汤定切。《国音》㊀ㄊㄧㄥ庭阳；㊁ㄊㄧㄥ庭去。《现汉》单音 tīng，唯于"听²（聽、聼）"随注（旧读 tìng）。

348 TIU
哊³ | tiu⁴. ①
① 哊，也是"本地字典不承认的字"，《康熙》《国音》《现汉》皆未收，唯见《自迩集》，参见第七章 348 tiu：呀哊 ya⁴ tiu³……向已经历过某种失败的人发出的嘲弄的呼喊；例如：—！你这聪明的家伙；你是个好人，真是呵，—！

349 TO
多¹ | to².
度² | to⁴, tu⁴.
掇² | to⁴. ①
朵³ | tao¹. ②

跥³ | to⁴. ③
大⁴ | chua⁴, ta⁴, tai⁴.
泽⁴ | chai², tsê².
裰⁴ | ch'o⁴, chui⁴. ④
咄⁴ | tu⁴. ⑤
驮⁴ | t'o².
柁⁴ | t'o².

① 《广韵》丁括切，拾掇也。《国音》ㄉㄨㄛ夺阳(入)。《现汉》阴平 duō。
② 本条当删。参见音节总表 331 tao 注②。
③ 《集韵》都果、吐火二切。《国音》《现汉》并音 duò。
④ 《广韵》丁括切。《集韵》都括切。《国音》ㄉㄨㄛ夺阳(入)。《现汉》阴平 duō。裰，古来只有山摄端母末韵一读。此处三音疑是裰 to⁴、辍 ch'o⁴、缀 chui⁴ 三字音混而为一。
⑤ 《广韵》丁括切，又都骨切。《国音》ㄉㄨㄛ踱去(入)。《现汉》阴平 duō。

350 T'O

佗¹ | t'o², t'o⁴. ①
斥¹ | ch'ih⁴. ②
他¹ | t'a¹. ③
脱¹ | t'o³, t'u¹. ④
堶² | t'o³. ⑤
驮² | to⁴.
柁² | to⁴.
隋³ | sui². ⑥
唾⁴ | t'u⁴. ⑦
哪⁴ | na¹. ⑧
粕⁴ | p'o⁴.

① 《广韵》徒河切，又託何切。《集韵》增他佐切(去声 "佗")。《国音》㊀ㄊㄨㄛ拖阳；㊁ㄊㄨㄛ驼阳。《现汉》单音 tuó。
② 《集韵》闼各切，挥斥放纵也；又昌石切，指名。一曰大也，跅也。《国音》《现汉》并音 chì。
③ 《广韵》託何切。《国音》㊀ㄊㄚ塌阴；㊁ㄊㄨㄛ拖阴(读音)。《现汉》单音 tā。又一 "文白易位"。
④ 《广韵》徒活切，又土活切。《国音》㊀ㄊㄨㄛ託阴(入)；㊁ㄊㄨㄛ妥上。《现汉》单音 tuō。

⑤《广韵》徒和切,飞砖戏也。《国音》ㄊㄨㄛ驼阳,砖。宋时寒食节有飞堶之戏。《现汉》tuó 砖。
⑥《广韵》(1)旬为切,国名,本作随。(2)他果切,裂肉也。又徒果切。《现汉》单音 suí。
⑦《广韵》汤卧切。《国音》㈠ㄊㄨㄛ拖去;㈡ㄊㄨ兔去。《现汉》单音 tuò。"tù 沫"归"吐沫"。
⑧《集韵》囊何切,又乃簞切。《国音》㈠ㄋㄚ拿上;㈡ㄋㄟ内上,询问词,盖"哪一"之合读;
    ㈢·ㄋㄚ拿轻;㈣ㄋㄛ讷阳,哪吒。哪 t'o⁴,义不详。

351 TOU

都¹ | tu¹. ①
斗³ | t'ou¹. ②
读⁴ | tu². ③

①《广韵》当孤切。《国音》㈠ㄉㄨ度阴;㈡ㄉㄡ兜阴(㈠⑤之语音)。按,㈠⑤皆《自迹集》
    与《国音》相同。《现汉》dū 已不含"皆"义项,即副词 dōu 也没有 dū 的"读音"了,副
    词"都"没有文白异读了,dōu 就是它的"读音"了,在此意义上,从《国音》到《现汉》,
    发生一轮"文白易位"。
② t'ou¹, 义不详。
③《广韵》徒谷切。《集韵》大透、徒谷二切。《国音》《现汉》并 dú、dòu 二音。此项异读
    历史悠久。

352 T'OU

斗¹ | tou³.
头¹ | t'ou². ①

①《国音》㈠ㄊㄡ投阳;㈡·ㄊㄡ投轻(㈡舌~、木~、前~、看~之语音)。《自迹集》之
    t'ou¹, 盖轻声音节之另一种描述?本表 353 TU 之塗 t'u¹, 亦可能属轻声读音。

353 TU

凸¹ | tieh⁴. ①
都¹ | tou¹.
塗¹ | t'u¹, t'u², tu⁴. ②
督¹ | tu⁴. ③
纛¹ | tao⁴. ④
独² | tu⁴. ⑤
犊² | tu³. ⑥

读² | tou⁴.
毒² | tu⁴. ⑦
肚³ | tu4.
土⁴ | t'u³. ⑧
咄⁴ | to⁴.
度⁴ | to², to⁴. ⑨
碡⁴ | chu⁴. ⑩
突⁴ | t'u¹. ⑪

① 《广韵》陀骨、徒结二切。《国音》㈠ㄊㄨ突阳(入)；㈡ㄉㄧㄝ蝶阳(入)(㈡之又读)；㈢ㄍㄨ骨上(入)。《广韵》陀骨切，对应今音当作 dū，《自迩集》是。《国音》已变为送气音(ㄊㄨ突阳)，但是阳平调。《现汉》再变为送气、阴平的 tū。

② 据散语章 967（塗 t'u², tu⁴，本义泥滓；但在"糊塗 hu²-tu⁴"中读 tu⁴。）补加 tu⁴。tu¹, t'u¹ 可能是 tu⁴ 之轻读？《国音》《现汉》并单音 tú。其实，"糊塗"之不送气的 hu²-tu⁴ 或轻声 hu²-tu¹ 的说法至今犹在。

③ 《广韵》冬毒切。《国音》《现汉》并单音 dū。

④ 《广韵》徒沃切，左蠹，又徒号切。《国音》㈠ㄉㄠ道去；㈡ㄉㄨ独阳(入)(又读)。《现汉》单音 dào。

⑤ 《广韵》《集韵》并徒谷切。《国音》《现汉》并单音 dú。

⑥ 《广韵》《集韵》并徒谷切。《国音》《现汉》并单音 dú。

⑦ 《广韵》《集韵》并徒沃切。《国音》《现汉》并单音 dú。

⑧ 《广韵》徒古切，土田地主也。又音吐。《国音》《现汉》并单音 tǔ。

⑨ 《广韵》徒故切，又徒各切。《国音》㈠ㄉㄨ杜去；㈡ㄉㄨㄛ踱去(入)。《现汉》亦二音：dù、duó。注意，duó 为阳平，《国音》则去声。

⑩ 《广韵》直六切，碌碡，又音禄独(徒谷切)。《国音》单音ㄉㄨ独阳(入)。《现汉》单音 zhóu。

⑪ 《广韵》陀骨切。依例今音声母当不送气。《国音》单音ㄊㄨ秃阳(入)，送气，阳平。《现汉》单音 tū，送气，阴平。《自迩集》"突"之异读，乃古今音之交替阶段的并存。

354 T'U

脱¹ | t'o¹, t'o³. ①
菟¹ | t'u². ②
忑¹ | t'ê⁴.

堁¹ | tʻu², tu¹, tu⁴.③
突¹ | tu⁴.
土³ | tu⁴.
吐³ | tʻu⁴.④
唾⁴ | tʻo⁴.⑤

①《广韵》他括、徒活二切。《国音》㈠ㄊㄨㄛ託阴(入)；㈡ㄊㄨㄛ妥上(入)。《现汉》单音 tuō。脱 tʻu¹，义不详。
②《广韵》同都、汤故二切。《国音》《现汉》并 tú、tù 二音。tʻu¹，声调可疑。
③ 参见本表353TU 注②。
④《广韵》他鲁、汤故二切。《国音》《现汉》并 tǔ、tù 二音。此异读亦历史悠久。
⑤ 参见百章六十七之注2：唾 tʻu，吐（唾沫）：唾沫 tʻu-mo，又读 tʻu-mi。又声调练习 350 妥 tʻo：唾 tʻo⁴，又音 tʻu⁴，吐（仅限唾液）。

355 TUAN
耑¹ | chuan¹.①

①《广韵》多官切。《集韵》多官、昌缘二切。《国音》《现汉》并 duān、zhuān 二音。《集韵》的昌缘切，到《自迩集》时已经转为不送气的 chuan¹。

356 TʻUAN
痪³ | huan⁴.①

① 见音节总表356 tʻuan 注①、本表105 HUAN 注⑥。

357 TUI
堆¹ | tsui¹.①
锐⁴ | jui⁴, wei⁴.②

①《广韵》《集韵》并都回切。《国音》㈠ㄉㄨㄟ对阴；㈡ㄗㄨㄟ醉阴(㈠❷语音(凡物积多而高者))。《现汉》音 duī，另见 zuī〈口〉义同"堆"(duī)，用于"归里包堆"。《现汉-5》删 zuī。
②《广韵》二词二音：(1)以芮切，锐也。(2)杜外切，矛也。又弋税切。《国音》《现汉》并单音 ruì。

358 T'UI

太¹ | t'ai⁴. ①
忒¹ | t'ai⁴, t'ê⁴. ②
推¹ | ch'ui¹. ③

①《广韵》《集韵》并他盖切。《国音》㊀ㄊㄞ泰去；㊁ㄊㄨㄟ推阴，北语意犹最，甚，如言太好。《现汉》单音 tài。

②《广韵》他德切。差也。曾摄开口一等入声。德韵字近代多有皆来、歌戈两韵异读，t'ai⁴，t'ê⁴二音即是。《国音》㊀ㄊㄜ特去(入)；㊁ㄊㄜ特阴(入)。《现汉》tè、tēi、tuī 三音，是《自迩集》异读的延伸发展。

③《广韵》尺佳切，又汤回切。排也。《国音》《现汉》并单音 tuī。

359 TUN

惇¹ | chun¹. ①
蹲¹ | ts'un². ②
盾⁴ | shun³.
钝⁴ | t'un². ③
燉⁴ | t'un². ④

①《广韵》章伦切，又音敦(都昆切)。心实也。《国音》《现汉》并单音 dūn。

②《广韵》徂尊切。ts'un¹ 本自《广韵》徂尊切。《集韵》多音，声母不外精清从，tun¹ 音何来？《汉语大字典》dūn 后注"旧读 zún"(可有出处？官话可曾有过此类音？)且缀音韵出处有误：《广韵》祖昆切(徂尊切！)，平魂精(从母！)，谆部。《国音》㊀ㄉㄨㄣ敦阴(语音)；㊁ㄘㄨㄣ存阴(读音)。《现汉》音 dūn，另见 cún。而 cún 已是"〈方〉"而非《国音》的"读音"。又一"文白易位"。

③《广韵》《集韵》并徒困切。《国音》《现汉》并单音 dùn。t'un²，不知来源。

④《广韵》二音:(1)他昆切，火色。(2)徒浑切，火炽。又燉煌郡：燉，大煌盛也。今音声母皆当送气。《国音》二音皆不送气：㊀ㄉㄨㄣ顿去；㊁ㄉㄨㄣ敦阴。燉煌，亦作敦煌，地名，即今甘肃敦煌县。《现汉》未收"燉"字，"敦煌"今音 Dūnhuáng。《自迩集》乃古今过渡之遗存。

360 T'UN

屯² | chun¹.
钝² | tun⁴.
燉² | tun⁴.

361 TUNG

鶇¹ | tung⁴. ①
恫⁴ | t'ung⁴. ②
衕⁴ | t'ung⁴. ③

①《广韵》德红切,又音董(多动切)。《国音》㈠ㄉㄨㄥ东阴;㈡ㄉㄨㄥ动去(又读)。《现汉》单音 dōng。

②《广韵》《集韵》并徒弄切,今音当为 tung⁴;而《国音》《现汉》并音 tòng。《自迹集》乃其交替遗存。

③《广韵》《集韵》通街,徒红、徒弄二切。去声之徒弄切,今音当不送气。《老乞大》衕,左右音声母始终不送气(dd- d-)。朱德熙先生曾在课上讲过:北京海淀镇上的"老虎洞",本是"老胡同"。而《国音》《现汉》并音 tòng。《自迹集》乃其过渡交替遗存。

362 T'UNG

捅¹ | t'ung³. ①
痌¹ | t'ung². ②
筒² | t'ung³. ③
衕⁴ | tung⁴.
恫⁴ | tung⁴.

①《广韵》他孔切。《国音》《现汉》并音 tǒng。

②《广韵》他红切。《集韵》有异读:他东切,又徒东切。《自迹集》与同。《国音》单音ㄊㄨㄥ通阴。

③《广韵》徒红、徒弄二切。《国音》㈠ㄊㄨㄥ同阳;㈡ㄊㄨㄥ统上(又读)。《现汉》单音 tǒng。又一"文白易位"。

363 TSA

臢¹ | tsang¹. ①
咱³ | cha¹, tsan², tsang². ②
偺² | tsan², tsang². ③

①《康熙》无是字。这也是个"本地字典不承认"的字。《国音》㈠ㄗㄤ臧阴;㈡ㄗㄚ杂阳(又读)。《现汉》单音 zā。

②原字头"咱²"声调误,据音节总表363 tsa 及本表367 TSAN、369 TSANG 径作"咱³"。但是,到《国音》即变为阳平:㈠ㄗㄢ簪阳,我;㈡ㄗㄚ杂阳,咱家,自称,小说戏剧中有之。《现汉》与同。

③《国音》㈠ㄗㄢ篸阳；㈡ㄗㄚ杂阳，同"咱"。《现汉》将"偺"处理为"咱"的异体。

364 TS'A
——|——

365 TSAI
跌¹ | tieh¹, tieh².
仔³ | tzǔ³. ①
载³ | tsai⁴.
①《广韵》即里切，又音兹（子之切）。克也。《国音》㈠ㄗ资阴，职任；㈡ㄗㄞ宰上，粤语称物之小者曰仔，如猪仔；㈢ㄗ子上（㈠㈡之又读）。仔 tsai³，北京话吸收的粤语词，看来发生较早，应在《自迩集》之前。有谁在《自迩集》之前反映过这一语言现象呢？《现汉》zǎi、zī、zǐ 三音，与《国音》相同。

366 TS'AI
猜¹ | ts'ai³. ①
豺² | ch'ai². ②
跐³ | ch'ai³, tz'ǔ³.
①《广韵》《集韵》并仓才切。《国音》《现汉》并音 cāi。ts'ai³，义不详。
②《广韵》士皆切。《集韵》牀皆切。并崇母皆韵。崇母字近代有变 ch'-、ts'- 两母的可能。《国音》《现汉》并音 chái。

367 TSAN
篸¹ | chên¹.
咱² | cha¹, tsa³, tsang².
偺² | tsa², tsang².
桫³ | tso³. ①
攒³ | tsan⁴. ②
暂⁴ | chan⁴.
瓒⁴ | chan⁴.
赚⁴ | chuan⁴, ch'an⁴. ③
①《广韵》姊末切。《集韵》子末切。《国音》㈠ㄗㄚ杂阳（入）；㈡ㄗㄢ赞上。《现汉》同。
②《广韵》则旰、在玩二切。《集韵》则旰、徂畔二切。《国音》㈠ㄗㄢ篸上；㈡ㄘㄨㄢ爨阳。《现

汉》同。在玩、俎畔二切，并從母合口换韵，去声，对今音当为 zuàn。然《自迩集》对音 tsan⁴，开口而非合口；《国音》《现汉》对音合口 cuán，然声为送气，调乃阳平。此音之变，一路多曲折。

③《广韵》伫陷切。《集韵》直陷切。并澄母开口陷韵。《国音》《现汉》并合口 zhuàn、zuàn 二音。澄母若非平声，今或 zh- 或 z- 抑或 zh-、z- 文白异读，澄母陷韵直接对应的是 chan⁴、tsan⁴ 文白异读（但《自迩集》是送气的 ch'an⁴），後来不知何故，都变成了合口。《自迩集》正处于此开、合口交替阶段。

368 TS'AN

参¹ | shên¹, tsên¹, ts'ên¹. ①
惭² | ts'an³. ②
谗² | ch'an¹. ③
灿³ | ts'an⁴. ④
栈⁴ | chan⁴. ⑤
儳⁴ | ch'an¹. ⑥
谶⁴ | ch'an⁴, ch'ien¹, ts'ên⁴. ⑦

①《广韵》多音多义：所今切、苍含切、楚簪切、苏甘切、七绀切。这是同形字"参"的"一与""一星""一差"等词音的组合，并非典型的异读。《国音》㈠ ㄘㄢ 餐阴；㈡ ㄕㄣ 深阴；㈢ ㄘㄣ 岑阳；㈣ ㄙㄢ 三阴，同"三"。《现汉》cān、cēn、shēn 三音。

②《广韵》昨甘切。《集韵》财甘切。《国音》《现汉》并 cán。上声 ts'an³，不知所由。

③《广韵》四切，并崇母，其中平声三个，去声一个，不当有阴平 ch'an¹ 音，疑为 ch'an² 之误。

④《广韵》《集韵》并苍案切。清母去声。《国音》《现汉》并音 càn。上声 ts'an³，不知何由。

⑤《广韵》士限、士免、士谏三切。并崇母上、去声。《国音》《现汉》并音 zhàn。送气 ts'an⁴，不知何由。

⑥《广韵》士咸切，又仕陷切。并崇母，一平声，一去声。《国音》单音 ㄔㄢ 懺去。此字音涉不规则音变：若随平声士咸切，当音阳平 ch'an²；不当出 ch'an¹；若随去声仕陷切，当音 chan⁴、tsan⁴，不当出 ts'an⁴ 和 ㄔㄢ 懺去（chàn）。

⑦《广韵》《集韵》并楚谮切。谶书。《国音》单音 ㄔㄣ 忱去 ❶ 谓预言。❷ 言符命之书。《现汉》亦单音 chèn。

369 TSANG

臢¹ | tsa¹.
臧¹ | tsang⁴. ①

臟¹ | tsang³, tsang⁴. ②
咱² | cha¹, tsa³, tsan².
偺² | tsa², tsan².
藏⁴ | ts'ang². ③

① 《集韵》才浪切,腑也。從母去声。《国音》单音ㄗㄤ葬去。《现汉》脏, zàng、zāng 二音。然 zāng 是由"臟"简化来的"脏",而非由"臟 zàng"简化来的"脏"。音义不同,仅为同形字。

② 《广韵》子朗切,牉臟。《集韵》子朗、则浪二切。有上、去而无平声。《国音》㈠ㄗㄤ臟上;㈡ㄗㄤ臟阴。《现汉》脏(臟),实际上是单音 zāng,阴平。由中古上、去声变为今阴平,经历了至少一百年的仄平异读。

③ 《广韵》隐也。匿也。昨郎切,又徂浪切。《国音》㈠ㄗㄤ仓阳;㈡ㄗㄤ葬去。大约是到了近代,昨郎切(cáng)专司"隐匿"义,而徂浪切(zàng)则转司"西藏、藏族""大藏经"之类。

370 TS'ANG

鎗¹ | ch'iang¹, ch'iang³. ①
藏² | tsang⁴.

① 参见本表 29 CH'IANG 注③。《广韵》七羊切。《集韵》千羊切,又初耕切。并铿鎗声也。《国音》《现汉》并音 qiāng。ch'iang³ 之音,不知所由。然 ts'ang¹ 之音,则票友模拟舞台锣鼓声似有之。

371 TSAO

凿² | tso². ①
皂⁴ | ts'ao³. ②
造⁴ | ts'ao⁴. ③
燥⁴ | sao⁴. ④
譟⁴ | sao⁴. ⑤

① 《广韵》昨木切,又音昨(在各切)。并從母。《国音》㈠ㄗㄨㄛ作(入);㈡ㄗㄠ遭阳(语音)。《现汉》虽亦二音:záo、zuò,然 zuò 仅限于"确凿""卯眼"二义,已经担不起"读音"之职了。《现汉-5》则标为:záo(旧读 zuò)〈书〉……zuò 音下已不收"凿"字。又一"文白易位"。

② 《广韵》俗作"皂"。昨早切。從母晧韵。《国音》《现汉》并单音 zào。《自迩集》之 ts'ao³,则可能随了《康熙》。《康熙》在白部"皂"下提到:徐铉曰今俗以此为艸木之艸。别作皂字,为黑色之皂。于是,"皂"增加了一个假借音义:草 ts'ao³。

③《广韵》昨早切，又七到切。对应今音刚好如《自迩集》所示。《国音》与同。西南官话等方言随七到切而音 cào。《现汉》单音 zào。北方官话因避讳而删 ts'ao⁴ 异读？这可能是北方官话、北京音地位提升从而影响普通话的又一例证。

④《广韵》苏老切，《集韵》苏老、先到二切。皆心母。《国音》《现汉》单音 zào。《自迩集》反映了从心母到精母过渡期新旧音叠加而形成异读。

⑤《广韵》苏到切，心母。《集韵》苍刀、先到二切，清、心二母。《国音》《现汉》单音 zào，属精母。从中古心母到今精母，《自迩集》之 tsao⁴、sao⁴ 异读，为其桥梁。

372 TS'AO

操¹ | ts'ao⁴. ①
皂³ | tsao⁴.
造⁴ | tsao⁴.

①《广韵》操持。七刀切，又七到切。阴平、去声异读。《国音》㈠ ㄘㄠ草阴；㈡ ㄘㄠ草去；与《自迩集》共同延续中古音义。自《现汉》删其去声，与"造"之去声送气音从删，一个道理。

373 TSÊ

宅² | chai². ①
责² | tsê⁴, chai². ②
则² | tzǔ¹. ③
贼² | tsê⁴, tsei². ④
泽² | chai². ⑤
择² | chai². ⑥
仄⁴ | chai³, chua³.
拙⁴ | cho¹.
这⁴ | chai⁴, chê⁴, chei⁴, tsên⁴, tsêng⁴.
柮⁴ | cho².
侧⁴ | chai¹, chai³, ts'ê⁴.
窄⁴ | chai³.
蚱⁴ | cha³, cha⁴.
摘⁴ | chai¹.
谪⁴ | chai¹.
辍⁴ | cho⁴.

①《广韵》场伯切。澄母陌韵。此类字自明代中叶即发生所谓"皆来歌戈'两韵异读'"。

《国音》㊀ㄓㄜ浙去(入)；㊁ㄓㄞ斋阳(入)(语音)。《自迩集》tsê^{2}与《国音》㊀ㄓㄜ浙去(入)虽有不同，然不外其类。至《现汉》变单音 zhái(《国音》尚为“语音”)，完成又一“文白易位”。

②《广韵》侧革切。莊母麦韵。《自迩集》tsê^{2}、tsê^{4}、chai^{2}，即“皆来歌戈‘两韵异读’”。《国音》㊀ㄗㄜ则阳(入)；㊁ㄓㄞ债去(入)，古“债”字。《现汉》与同。但古“债”字，乃《集韵》侧卖切，只是假借“责”字，并非源自侧革切。

③ 元刊本《老乞大》及随后的三个全汉文本《老乞大》“則道是……”，随后的各谚解本皆作“只道是……”，“只”右音ㄗ[tsɿ]。唯有谚解《老乞大》(存羊本)仍作“則道是……”，而“则”右音ㄗ[tsɿ]。乾隆二十八年(1763)刊行的《老乞大新释谚解》称“存羊本”为“古本”并附录于后(仅保留右音)。该“则”相当于副词“只”“就”“都”等。其实今北京话里仍能听到“你[tsɿ]要……，我就……”这个[tsɿ]相当于“只”，却不是 zhǐ([tʂʅ])音而是 zǐ([tsɿ]，声调依情绪变化，似乎四声皆有)。《自迩集》的这个 tzŭ^{1}，乃其类耶？

④《广韵》昨则切。從母德韵。《国音》㊀ㄗㄜ则阳(入)；㊁ㄗㄟ阳平(㊀之语音)。《现汉》单音 zéi。又一“文白易位”。

⑤《广韵》场伯切。澄母陌韵。《自迩集》之“皆来歌戈‘两韵异读’”tsê^{2}、chai^{2}，符合历史音变规律。《国音》和《现汉》皆单音 zé。

⑥《广韵》场伯切。澄母陌韵。择，自《自迩集》《国音》到《现汉》，一直持续 tsê^{2}、chai^{2}的文白异读。

374 TS‘Ê

欣^{1} | hsin^{1}.

拆^{4} | ch‘ai^{1}.

坼^{4} | ch‘i^{2}.

册^{4} | ch‘ai^{3}.

侧^{4} | chai^{1}, chai^{3}, tsê^{4}.

筴^{4} | ch‘ieh^{4}.

375 TSEI

贼^{2} | tsê^{2}, tsê^{4}.

376 TSÊN

参¹ | shên¹, ts'an¹, ts'ên¹.
怎³ | tsêng³. ①
这⁴ | chai⁴, chê⁴, chei⁴, tsê⁴, tsêng⁴.
譖⁴ | chên⁴. ②

①《国音》㈠ㄗㄣ譖上；㈡ㄗㄜ则上。《康熙》怎：今时扬州人读争上声，吴人读尊上声，金陵人读津上声，河南人读如櫼，各从乡音而分也。

②《广韵》莊蔭切。莊母沁韵。《国音》单音ㄗㄣ怎去。拙文《说"怎"》曾论证"怎"乃深摄莊母寝韵字，声母由舌尖後变为舌尖前，就成了 zěn，并非"作没、作勿、作摩"之类"省缩""变音"的结果。譖 tsên⁴ | chên⁴. 是对《说"怎"》的又一佐证。

377 TS'ÊN

参¹ | shên¹, ts'an¹, tsên¹.
碜³ | ch'ên³.
榇⁴ | ch'ên⁴.
衬⁴ | ch'ên⁴.
谶⁴ | ch'an⁴, ch'ien¹, ts'an⁴.

378 TSÊNG

曾¹ | ts'êng².
憎¹ | tsêng⁴.
甑¹ | ching⁴, tsêng⁴.
怎³ | tsên³.
这⁴ | chai⁴, chê⁴, chei⁴, tsê⁴, tsên⁴.
综⁴ | tsung¹. ①

①《集韵》二切：子宋切，子鄧切。《国音》单音ㄗㄨㄥ宗去。《现汉》与《自迩集》同二音：zōng、zèng。

379 TS'ÊNG

蹭¹ | ts'êng⁴.
曾² | tsêng¹.
丛² | ts'ung².

380 TSO

作¹ | tso², tso⁴.
撮¹ | ts'o¹, ts'o², ts'o⁴. ①
醝¹ | ch'ih¹, ts'o².
昨² | tsu⁴. ②
凿² | tsao².
拶³ | tsan³.
縒³ | tso⁴. ③
咋⁴ | cha⁴.
阼⁴ | tsu⁴. ④
做⁴ | tsou⁴, tsu⁴. ⑤

① ts'o⁴，据音节总表及本表381 TS'O补。《广韵》子括切，又七活切。《国音》㈠ㄘㄨㄛ搓阴(入)；㈡ㄘㄨㄛ错去(入)(㈠之又读)；㈢ㄗㄨㄛ昨阳(入)；㈣ㄗㄨㄛ昨上(入)；㈤ㄗㄨㄟ醉去。《现汉》zuǒ、cuō 二音。

②《广韵》在各切。《国音》《现汉》并音 zuó。

③《广韵》子括切。《国音》《现汉》未收是字。

④《集韵》二音：疾各切，王阶也；存故切，东阶。《国音》单音ㄗㄨㄛ坐去。《现汉》同。

⑤《中原音韵》在鱼模去声：做祚胙詛。《国音》单音ㄗㄨㄛ坐去。《现汉》同。

381 TS'O

跐¹ | ts'o⁴.
撮¹ | ts'o², ts'o⁴, tso¹.
醝¹ | ch'ih¹, tso¹.
厝⁴ | ts'u⁴, ts'uan⁴. ①
措⁴ | ts'u⁴. ②
错⁴ | ts'u⁴. ③

①《广韵》仓故切，置也。又仓各切，砺石。ts'uan⁴ 音不知何据。《国音》《现汉》同音 cuò。

②《广韵》仓故切，举也。投也。置也。又《集韵》侧各切。ts'u⁴、ts'o⁴ 之异读，于宋初即已存在，一直维系到《自迩集》时代。《国音》《现汉》同音 cuò。《自迩集》到《国音》，完成了由 ts'u⁴、ts'o⁴ 异读到单音 cuò 的过渡。

③《广韵》仓故切，又千各切。宋时之异读，维持到《国音》：㈠ㄘㄨㄛ锉去；㈡ㄘㄨ醋去。《现汉》单音 cuò。从《国音》到《现汉》，三十年完成了由 ts'u⁴、ts'o⁴ 异读到单音 cuò 的过渡。

382 TSOU

租¹ | tsu¹. ①
驟¹ | tsou⁴. ②
足² | chü², tsu².
卒² | tsu². ③
族² | tsu². ④
阻³ | chu³, tsu³, tsu⁴.
祖³ | tsu³. ⑤
做⁴ | tso⁴, tsu⁴.

① 《集韵》宗苏切, 田赋; 又将候切, 包裹也。《国音》《现汉》同音 zū。本条 "租阻祖做" 与下一条 "粗醋" 等遇摄字的 -ou 韵异读音, 是西部官话 (武汉) 叠加于北京话?

② 《集韵》钮救切, 马步疾也; 又才候切, 疾驰。《国音》单音ㄗ又奏去。《现汉》单音 zhòu。

③ 《广韵》子聿切, 又仓没切, 又则骨切。《国音》《现汉》zú、cù 二音。

④ 《广韵》昨木切, 通摄屋韵。《国音》《现汉》并音 zú。《自迩集》"族足簇" 等字 -ou、-u 之异读属屋韵字 "鱼模尤侯两韵并收"。

⑤ 《广韵》则古切。《国音》《现汉》并音 zǔ。

383 TS'OU

粗¹ | ts'u¹. ①
麤¹ | ts'u¹. ②
醋⁴ | ts'u⁴. ③
簇⁴ | tsu⁴. ④

① 《广韵》徂古切, 又千胡切。《国音》《现汉》并音 cū。

② 《广韵》仓胡切。《国音》单音ㄘㄨ粗阴,❶与 "粗" 通。《现汉》将 "粗" "麤" 按异体字处理, 音 cū。

③ 《广韵》仓故切。《国音》㊀ㄘㄨ粗去; ㊁ㄗㄨㄛ作去(入), 同 "酢"。《现汉》单音 cù。

④ 《广韵》千木切。《国音》《现汉》并音 cù。

384 TSU

租¹ | tsou¹.
趄¹ | chü¹, ch'ieh¹, ch'ieh⁴.
足² | chü², tsou².

卒² | tsou².
族² | tsou².
阻³ | tsou³, chu³, tsu⁴.
祖³ | tsou³.
诅³ | chu³.
倅⁴ | ts'ui⁴. ①
啐⁴ | sui⁴, ts'ui¹, ts'ui⁴. ②
做⁴ | tso⁴, tsou⁴.
胙⁴ | tso⁴.
昨⁴ | tso².
簇⁴ | ts'ou⁴.
蹴⁴ | ts'u⁴. ③

① 《广韵》(1) 七内切, 副也;(2) 臧没切, 百人为倅。《国音》《现汉》并音 cuì。
② 据本表 301 SUI 补 sui⁴。
③ 《广韵》子六切, 又七六切。《国音》单音ㄘㄨ促_{去(入)}。《现汉》cù、jiu 二音。

385 TS'U
粗¹ | ts'ou¹.
麤¹ | ts'ou¹.
厝⁴ | ts'o⁴, ts'uan⁴.
措⁴ | ts'o⁴.
错⁴ | ts'o⁴.
醋⁴ | ts'ou⁴.
蹴⁴ | tsu⁴.
啐¹ | ts'ui⁴, sui⁴, ts'ui¹.

386 TSUAN
钻¹ | tsuan³, tsuan⁴. ①
鐏³ | tsun¹. ②

① 《广韵》借官切, 又借玩切。平、去二声。《集韵》相同。《国音》㈠ㄗㄨㄢ纂_阴; ㈡ㄗㄨㄢ纂_上; ㈢ㄗㄨㄢ纂_去。《现汉》zuān、zuàn 二音。
② 鐏³ | tsun¹., 据音节总表 386tsuan 注①增补。《广韵》徂闷切。《集韵》多音, 有祖昆切, 祖管切。《自迩集》本之而成 tsun¹ | tsuan³. 异读。《国音》单音ㄗㄨㄣ尊_阴(洪音。合

口）。而《汉语大字典》音 jūn（细音。撮口）。当有误。《现汉》未收是字。与"鳟"音韵地位完全相同的"鳟",《国音》ㄗㄨㄣ尊去,《现汉》音 zūn,《汉语大字典》亦音 zūn, 且注明"旧读"zùn（即《国音》音）。《王力古汉语字典》"鳟""鳟"二字并音 zūn。

387 TS'UAN
炊¹ | ch'ui¹.
䲆¹ | ch'üan¹.
䟴¹ | ts'uan⁴, ch'üan⁴.
攒² | ch'üan².
厝⁴ | ts'o⁴, ts'u⁴.
窜⁴ | ch'üan⁴.
爨⁴ | ch'üan⁴.
篡⁴ | ch'uan⁴.

388 TSUI
堆¹ | tui¹.
觜³ | chui¹, tzǔ¹.

389 TS'UI
啐¹ | ts'ui⁴, sui⁴, ts'u⁴.
随² | sui².
倅⁴ | tsu⁴.

390 TSUN
俊⁴ | chün⁴.
唆⁴ | so¹.
竣⁴ | chün¹, chün⁴.
畯⁴ | chün⁴.
餕⁴ | chün⁴.
骏⁴ | chün⁴.
隽⁴ | chien⁴.
鐏¹ | tsuan³.

391 TS'UN
蹲² | tun¹.

392 TSUNG
踪¹ | tsung⁴. ①
纵¹ | tsung³, tsung⁴. ②
综¹ | tsêng⁴.
种¹ | chung³, chung⁴.
怂³ | ts'ung³. ③
终¹ | chung¹.
从⁴ | ts'ung¹, ts'ung². ④
耸⁴ | sung³.

① 《广韵》即容切。精母。平声。《国音》《现汉》并音 zōng。
② 《广韵》即容切，又子用切。《国音》㈠ ㄗㄨㄥ 宗去；㈡ ㄗㄨㄥ 宗阴；㈢ ㄗㄨㄥ 宗上。《现汉》单音 zòng。
③ 《集韵》笋勇切，又足勇切。《国音》《现汉》并音 sǒng。
④ 《广韵》疾容切，七恭切，秦用切。《国音》㈠ ㄘㄨㄥ 丛阳；㈡ ㄗㄨㄥ 宗去；㈢ ㄘㄨㄥ 聪阴；㈣ ㄗㄨㄥ 宗阴。《现汉》三音：cōng, cóng, 古又同"纵 zòng"。《现汉-5》删 cōng 音。

393 TS'UNG
从¹ | ts'ung², tsung⁴. ①
丛² | ts'êng².
淙² | ch'uang². ②
怂³ | tsung³.

① 原表 ts'ung⁴ 调号错，据音节总表 393 TS'UNG 及本表 392 TSUNG 径改。
② 《广韵》水流皃。士江切，又才宗切。《国音》《现汉》并音 cóng。

394 TZǓ
子¹ | tzǔ³. ①
则¹ | tsê².
兹¹ | tz'ǔ². ②
觜¹ | chui¹, tsui³.
髭¹ | tzǔ³. ③

仔³ | tsai³.
耔¹ | tzǔ³. ④
①《广韵》即里切。精母止韵。上声。《国音》《现汉》并音 zǐ、·zi。
②《广韵》疾之、子之二切。《国音》《现汉》并 zǐ、cí 二音。
③《广韵》即移切。《集韵》将之切。并精母支韵。平声。《国音》《现汉》并音 zī。
④ 耔¹ | tzǔ³，据音节总表 394 tzǔ 增补。《广韵》即里切。精母止韵。上声。《国音》《现汉》并音 zǐ。

395 TZ'Ǔ
差¹ | ch'ih¹, ch'ih², ch'a¹, ch'ai¹, tz'ǔ⁴. ①
疵¹ | tz'ǔ². ②
祠² | ssǔ².
词² | ssǔ².
玆² | tzǔ¹.
辞² | ssǔ².
此³ | tz'ǔ⁴. ③
跐³ | ch'ai³, ts'ai³.
伺⁴ | ssǔ⁴.
刺⁴ | ch'i⁴.
赐⁴ | ssǔ⁴.
① 原表 chai¹ 失落送气符号，径补。
②《广韵》疾移切。従母支韵。平声。《国音》㊀ ㄗ雌阴；㊁ ㄗ慈阳（又读）。《现汉》单音 cī。
③《广韵》雌氏切。清母止韵。上声。《国音》《现汉》并音 cǐ。

396 WA
凹¹ | ao², yao¹, yeh⁴.
娃¹ | wa².
蛙¹ | wai¹. ①
跬¹ | k'uei³.
剜² | wan¹. ②
斡⁴ | kuan³.
①《广韵》乌瓜（麻韵）、乌娲（佳韵）二切。《国音》《现汉》同音 wā。译者家乡胶东文荣话管一种青蛙叫 [ʃiaŋ¹lə uai² tsə]，就有蟹摄佳韵合口的这个 wai 音。

②《广韵》一丸切,刻削也。《集韵》乌丸切,音义相同。wa² 音不知所据。

397 WAI
歪¹ | wai³.
蛙¹ | wa¹.
舀³ | yao³. ①

① 舀³ | yao³., 据音节总表 397 wai、408 yao 增补。《广韵》有以周、以沼切等多音。《说文》:抒臼也。把彼注此谓之舀。即今所谓"舀水"。此 wai³ 见于《国音》:㈠ㄧㄠ要上;❶谓以杓取水。❷舀子,取水之具。㈡ㄨㄞ外上(㈠❶之语音又读);㈢ㄎㄨㄞ快上(㈠❶之语音又读)。表明已进入官话系统。《现汉》单音 yǎo。《现汉-5》增"捱 wǎi",〈方〉动舀:从水缸里一了一瓢水。捱,新造字,《康熙》《汉语大字典》皆未收;故舀 wai³,与本表 408 YAO 之舀³ 可建异读关系。

398 WAN
剜¹ | wa².
完² | huan².
宛³ | huan², yüan¹, yüan³.
娩³ | mien³.
蔓⁴ | man⁴.

399 WANG
芒² | mang².
忘² | wang⁴. ①
往³ | wang⁴. ②

①《广韵》遗忘。巫放切,又音亡(武方切)。《国音》㈠ㄨㄤ旺去;㈡ㄨㄤ王阳(读音)。《现汉》二音:音 wàng 则"忘记";音 wáng,则仅限于【忘八】,见【王八】。《现汉-5》删 wáng(【忘八】之"忘"),"忘"变为单音 wàng。如此一来,自《国音》到《现汉-5》,"忘"完成了一轮"文(阳平)白(去声)易位"。

②《广韵》于两切。云母养韵。上声。合口。《国音》单音ㄨㄤ枉上。《现汉》wǎng、wàng 二音。

400 WEI
伪¹ | wei³. ①
伟¹ | wei³, wei⁴. ②

违¹ | wei². ③
蝛¹ | wei⁴. ④
倭¹ | wo¹. ⑤
微¹ | wei². ⑥
嵬¹ | wei². ⑦
巍¹ | wei². ⑧
危² | wei³. ⑨
为² | wei⁴.
谓² | wei⁴. ⑩
尾³ | i³.
纬³ | wei⁴. ⑪
尉⁴ | yü⁴. ⑫
蔚⁴ | yü⁴. ⑬
慰⁴ | yü⁴. ⑭
锐⁴ | jui⁴, tui⁴.
睿⁴ | jui⁴.
遗⁴ | i².
彙⁴ | hui⁴, lei³.

① 《广韵》危睡切（去声），假也。欺也。诈也。《集韵》二切：虞为切（平声），假也；危睡切（去声），诈也。《国音》单音、去声：ㄨㄟ位_去。《现汉》亦单音但是上声：wěi。《自迩集》可能是"伪"由去声变上声的最早记录。

② 《广韵》于鬼切。《集韵》上去二切：羽鬼、于贵切。《国音》《现汉》并音 wěi。

③ 《广韵》雨非切。云母微韵。平声。《国音》《现汉》并音 wéi。

④ 《广韵》《集韵》并于贵切。去声。《国音》《现汉》并音 wèi。

⑤ 《广韵》於为切，又乌禾、乌果二切。《国音》㈠ㄨㄛ窝_阴_；㈡ㄨㄟ威_阴_，倭迟。回远貌。《国音》㈠ㄨㄛ窝_阴_；㈡ㄨㄟ威_阴_。《现汉》单音 wō。

⑥ 《广韵》无非切。明母微韵。平声。《国音》㈠ㄨㄟ为_阳_；㈡ㄨㄟ威_阴_（又读）。《现汉》单音 wēi。

⑦ 《广韵》五罪切，又五回切。疑母。平、上二声。《国音》《现汉》并音 wéi。《自迩集》已转向平声。

⑧ 《广韵》语韦切。疑母微韵。平声。《国音》阳平ㄨㄟ为_阳_。《现汉》阴平 wēi。

⑨ 《广韵》鱼为切。疑母支韵。合口平声。《国音》阳平ㄨㄟ为_阳_。《现汉》阴平 wēi。

⑩ 《广韵》于贵切。云母未韵。去声。《国音》《现汉》并音 wèi。

⑪《广韵》于贵切。《集韵》于贵、羽鬼二切。《国音》上声ㄨㄟ委上。《现汉》音 wěi（旧读 wèi）。
⑫《广韵》於胃、纡物二切。《国音》《现汉》与《自迩集》同，并 wèi、yù 二音。
⑬《广韵》於胃、纡物二切。《国音》《现汉》与《自迩集》同，并 wèi、yù 二音。
⑭《广韵》於胃切。《集韵》纡胃切。并影母未韵。去声。《国音》《现汉》并音 wèi。

401 WÊN
温¹ | wu¹, wu⁴. ①
搵³ | wên⁴, ên⁴.
蕴⁴ | yün⁴. ②
䏲³ | min², min³. ③

①《广韵》乌酷切。《集韵》乌酷、鬱缚二切。《国音》有异读：㈠ㄨㄛ握去(入)；㈡ㄨ屋去(入)（又读）。《现汉》单音 wò。今西安、山西文水等地单音 wu，武汉、成都单音 wo，福建建瓯有类似《自迩集》的异读（参见《汉语方音字汇》(2003 年第二版重排本))。《自迩集》和《国音》的异读，乃《广韵》乌酷切到《现汉》wò 的古今过渡。
②《广韵》於云切，又於粉切。《集韵》於云、乌昆、委陨、纡问四切。《国音》《现汉》并音 yùn。
③䏲³ | min², min³., 据音节总表 221 min、401 wên 注④增补。

402 WÊNG
雍⁴ | yung¹, yung³. ①

①《集韵》平上去三切：於容、委勇、於用切。《国音》㈠ㄩㄥ庸阴；㈡ㄩㄥ用去（㈠❷之又读）。《现汉》单音 yōng。

403 WO
阿¹ | a¹, a³, a⁴, ê¹, o¹.
呵¹ | ho¹, ho³.
倭¹ | wei¹.
窝¹ | huo¹.
讹² | ê², o².
我³ | ê³, o³.
沃⁴ | wu⁴. ①

握⁴ | wu³, yo⁴. ②

① 《广韵》乌酷切。《集韵》乌酷、鬱缚二切。《国音》㈠ㄨㄛ握去(入);㈡ㄨ屋去(入)(又读)。《现汉》单音 wò。

② 《广韵》於角切。《集韵》乌谷、乙角二切。《国音》《现汉》并音 wò。

404 WU

吾¹ | wu². ①

弧¹ | hu².

渥¹ | yo⁴. ②

喔¹ | wu⁴, yo⁴. ③

温¹ | wên¹, wu⁴.

诬¹ | wu⁴. ④

毋² | wu⁴. ⑤

圄² | yü³. ⑥

鹉² | wu³. ⑦

侮³ | wu⁴, hu⁴.

握³ | wo⁴, yo⁴.

舞³ | wu⁴. ⑧

沃⁴ | wo⁴.

恶⁴ | o⁴, ê⁴. ⑨

媼⁴ | ou¹, yü⁴.

① 《广韵》五乎切。《集韵》讹胡切,又牛居切。疑母模、鱼韵。《国音》㈠ㄨ无阳;㈡ㄩ鱼阳。《现汉》单音 wú。

② 《广韵》於角切。《集韵》乙角切,又乌谷切。《国音》《现汉》并音 wò。

③ 《广韵》於角切。《集韵》乙角切,又乌谷切。鸡声也。《国音》㈠ㄨㄛ握去(入),鸡鸣声;㈡ㄨ屋阴(入)(㈠之又读);㈢ㄛ哦,感叹词。《现汉》ō 叹词;ò 叹词;wō 公鸡叫声。《现汉 -5》单音 wō 公鸡叫声。

④ 《广韵》武夫切。明母虞韵。平声。《国音》㈠ㄨ无阳;㈡ㄨ乌阴(语音)。《现汉》单音 wū。亦一"文白易位"

⑤ 《广韵》武夫切。《国音》《现汉》并音 wú。

⑥ 《广韵》鱼巨切。疑母语韵。上声。《国音》《现汉》并音 yǔ。

⑦ 《广韵》文甫切。明母麌韵。上声。《国音》《现汉》并音 wǔ。

⑧《广韵》文甫切。《国音》《现汉》并音 wǔ。
⑨ ê⁴，据音节总表 79 ê 及本表 79 Ê 补。

405 YA

扎¹ | cha¹, cha², cha³.
呀¹ | a², hsia¹.
枒¹ | ya². ①
押¹ | ya³. ②
娅¹ | ya⁴. ③
压¹ | ya⁴. ④
耶² | yeh². ⑤
涯² | i², ai², yai².
亚³ | ya⁴. ⑥
魇¹ | yan³. ⑦

① 《广韵》五加切，枒枒。疑母麻韵。吾驾切，疑母禡韵。去声。木名。一曰车辋合处。《国音》丨丫牙阳。《现汉》桠（枒）音阴平 yā。
② 《广韵》乌甲切。《国音》㈠丨丫压阴(入)；㈡丨丫压阳(入)。《现汉》单音 yā。
③ 《广韵》衣嫁切。《国音》《现汉》并音 yà。
④ 《广韵》乌甲切。《国音》单音丨丫鸦阴(入)。《现汉》yā、yà 二音。
⑤ 《广韵》以遮切。以母麻韵。《国音》《现汉》并 yē、yé 二音。
⑥ 《广韵》衣嫁切。影母禡韵。去声。《国音》㈠丨丫牙去；㈡丨丫哑上（又读）。《现汉》单音 yà。
⑦ 魇¹ | yan³.，据音节总表 405 ya、410 yan 增补。

406 YAI

涯² | i², ai², ya². ①
挨² | ai¹, ai². ②
隘⁴ | ai⁴, i⁴.

① ai²，据音节总表 2 ai 补。
② ai²，据音节总表 2 ai 及本表 2 AI 补。

407 YANG

鞅¹ |yang⁴. ①
炀² |yang⁴. ②
瘆³ |shên¹. ③

①《广韵》於两切。《集韵》於良、倚两、於亮三切。《国音》㊀丨尢养上；㊁丨尢秧阴（又读）。《现汉》音 yāng（旧读 yǎng），另见 yàng。
②《广韵》与章切，又音恙（馀亮切）。《国音》㊀丨尢羊阳；㊁丨尢様去。《现汉》单音 yáng。
③ 本条当删。参见本表 310 SHÊN 注③。

408 YAO

凹¹ |ao², wa¹, yeh⁴.
尧¹ |yao². ①
约¹ |yao⁴, yo¹, yüeh⁴. ②
爻² |hsiao².
肴² |hsiao².
殀² |yao³. ③
杳³ |niao³.
拗³ |ao³.
若⁴ |jê³, jo⁴, yo⁴.
佻⁴ |t'iao¹.
岳⁴ |yüeh⁴, yo⁴. ④
葯⁴ |yo⁴, yüeh⁴. ⑤
溺⁴ |ni⁴, niao⁴.
疟⁴ |niao⁴, nio⁴, nüeh⁴, nüo⁴, yo⁴.
曜⁴ |yüeh⁴. ⑥
燿⁴ |yüeh⁴. ⑦
耀⁴ |yo⁴, yüeh⁴. ⑧
獄⁴ |yüeh⁴, yü⁴, yo⁴. ⑨
乐⁴ |lê⁴, lo⁴, yo⁴, yüeh⁴.
藥⁴ |yo⁴, yüeh⁴. ⑩
钥⁴ |yo⁴, yüeh⁴. ⑪
㗂³ |wai³.

①《广韵》五聊切。《国音》《现汉》并音 yáo。

②《广韵》於笑切,又於略切。《国音》ㄩㄝ曰阴(入)。《现汉》yāo、yuē 二音。
③《广韵》於兆切,殁也。《集韵》於兆切,少殁也。并影母小韵。上声。《国音》ㄧㄠ夭上。《现汉》音 yāo,与"夭"为异体。
④ yo⁴,据音节总表 414 yo 及本表 414 YO 补。《广韵》五角切。疑母觉韵。《国音》《现汉》并音 yuè。
⑤《广韵》於角、於略二切。《国音》㊀ㄩㄝ曰阴(入);㊁ㄧㄠ要去(入)"藥"之简写;㊂ㄩㄝ月去(入)"藥"之简写。藥,二音:㊀ㄧㄠ要去(入);㊁ㄩㄝ月去(入)❶(读音。)❷姓。药、藥并非完全等同。
⑥《广韵》弋照切。《国音》㊀ㄧㄠ要去;㊁ㄩㄝ阅去(入)(又读)。与《自迩集》同,其ㄩㄝ阅去(入)"又读"音,或是当时的一种普遍误读。效摄笑韵,不当有 yüeh⁴ 类音。似从宕摄藥韵"躍"类推所致。《现汉》单音 yào。
⑦《广韵》弋照切。效摄笑韵。《集韵》多音,既有效摄笑韵,又有宕摄藥韵:弋笑切、弋灼切。可有 yüeh⁴ 类音。《国音》同"耀":㊀ㄧㄠ要去;㊁ㄩㄝ阅去(入)。《现汉》"同'耀'"。
⑧《广韵》弋照切。效摄笑韵。本不应有 yo⁴、yüeh⁴ 类音。似从宕摄藥韵"躍"类推所致。《国音》亦有ㄩㄝ阅去(入)"又读"。《现汉》单音 yào。
⑨《广韵》五角切。疑母觉韵。《国音》《现汉》并音 yuè。
⑩《广韵》以灼切。以母藥韵。《国音》㊀ㄧㄠ要去;㊁ㄩㄝ月去(入)。❶(读音。)❷姓。《现汉》单音 yào,包括姓。
⑪《广韵》以灼切。以母藥韵。《国音》㊀ㄩㄝ月去(入)。❶(读音)开锁之具。❷扃门之锁。㊁ㄧㄠ藥去(㊀❶之语音)。《现汉》亦 yào、yuè 二音。然文白之分野,已有变异。

409 YEH
咽¹ | yeh⁴, yen¹, yen⁴. ①
掖¹ | i⁴, shih².
爷¹ | yeh². ②
呆² | nieh², ai¹, tai¹.
耶² | ya².
臬⁴ | nieh⁴.
凹⁴ | ao², wa¹, yao¹.
页⁴ | hsieh⁴.
泄⁴ | hsieh⁴, i⁴.
洩⁴ | i⁴.
射⁴ | i⁴, shê⁴, shih².

拽⁴ | chuai¹, chuai⁴, hsieh⁴, hsieh⁴.
葉⁴ | shêh⁴.
孽⁴ | nieh⁴.
讞⁴ | yen⁴. ③
咽⁴ | yen¹, yen⁴, yeh¹. ④

① 《广韵》乌前、於甸、乌结三切。《国音》㈠ㄧㄢ烟阴；㈡ㄧㄢ雁去 同"嚥"；㈢ㄧㄝ夜去(入)。《现汉》yān、yàn、yè 三音。就是说，从《广韵》到《现汉》，"咽"的字音，虽有异读，却极为稳定。

② 《康熙》引《玉篇》：以遮切，音耶。俗呼爲父爺字。《国音》《现汉》并音 yé。

③ 《广韵》鱼蹇、鱼列二切。《国音》《现汉》并音 yàn。

④ 原表左列：yen⁴, yeh¹, yeh⁴。缺 yen¹、衍 yeh⁴。今据音节总表 410 yen 及本表 410 YEN 径改。

410 YEN

炎¹ | yen². ①
咽¹ | yen⁴, yeh¹, yeh⁴.
嫣¹ | hsien¹.
燕¹ | yen⁴. ②
厌¹ | yen⁴. ③
言² | nien², yüan².
沿² | yen³, yen⁴. ④
铅² | ch'ien¹.
㳄² | yen³. ⑤
埏² | shan¹.
涎² | hsien².
缘² | yen⁴, yüan². ⑥
檐² | tan⁴.
验³ | yen⁴. ⑦
谚⁴ | an⁴.
讞⁴ | yeh⁴.
魇 | ya¹.

① 《广韵》于廉切。云母盐韵。《国音》《现汉》并音 yán。

② 《广韵》乌前切，又於薦切。《国音》《现汉》并 yàn、yān 二音。

③ 《广韵》於琰切，又於艳切。上、去二声。《国音》㈠ㄧㄢ艳去；㈡ㄧㄢ淹阴。《现汉》单音 yàn。

④《广韵》与专切。《集韵》余专切,又以转切。以母仙、猕韵。合口平、上声。到近代变为开口细音。《国音》㊀丨ㄢ延阳;㊁丨ㄢ燕去。《现汉》yán、yàn 二音。《现汉 -5》单音 yán,将"(沿儿)水边:河—丨沟—"皆归阳平 yán。可是,北京的"南河沿儿"之类,人们仍呼以去声的 yàn。在北方官话区,此类"沿儿"亦多呼为去声音。《现汉 -5》如此处理,有欠周详。

⑤此字不见于古今字书。《国音》《现汉》皆未收。

⑥《广韵》与专切,又羊绢切。平、去二声。《国音》㊀ㄩㄢ圆阳;㊁ㄩㄢ怨去(㊀❸读音)。《现汉》单音 yuán。

⑦《广韵》《集韵》并鱼窆切。疑母艳韵。去声。《国音》《现汉》并音 yàn。

411 YI
见 I.(127)

412 YIN
京¹│ching¹, yüan²。
听²│tʻing¹。
揿²│chin³。
恁⁴│jên³。
孕⁴│jên⁴, yün⁴。
䕭⁴│ying⁴。①
饮³│yin⁴。②

①《广韵》实證切,又音孕(以證切)。《国音》《现汉》并音 yìng。

②饮³│yin⁴.,据音节总表 412 yin 注②增补。

413 YING
莹¹│ying²。①
盈¹│ying²。②
应¹│ying⁴。
蝇¹│ying²。③
荧²│yung²。④
莹²│yung², yung⁴。⑤
萤²│yung²。⑥

凝² | ning².
甬³ | yung³. ⑦
膡⁴ | yin⁴.
① 《广韵》余倾切。以母清韵。《国音》《现汉》并音 yíng。
② 《广韵》以成切。以母清韵。《国音》《现汉》并音 yíng。
③ 《广韵》余陵切。以母蒸韵。《国音》《现汉》并音 yíng。
④ 《广韵》户扃切。《集韵》多音多义,其中"火光"义有二切:维倾(梗合三平清韵)、萦定切(梗开四去径韵)。《国音》《现汉》并音 yíng。
⑤ 《广韵》玉色。永兵切,又乌定切。《国音》《现汉》并音 yíng。
⑥ 《广韵》户扃切。《集韵》于平、玄扃二切,俱合口。《国音》《现汉》并音 yíng。合口细音变齐齿。
⑦ 《广韵》余陇切。以母腫韵。上声。《国音》《现汉》并音 yǒng。

414 YO

约¹ | yao¹, yao⁴, yüeh⁴.
若⁴ | jê³, jo⁴, yao⁴.
岳⁴ | yao⁴, yüeh⁴.
虐⁴ | niao⁴, ning⁴, nio⁴, nüeh⁴, nüo⁴.
疟⁴ | niao⁴, nio⁴, nüeh⁴, nüo⁴, yao⁴.
菂⁴ | yao⁴, yüeh⁴.
渥⁴ | wu¹.
握⁴ | wu³.
喔⁴ | wu¹, wu⁴.
耀⁴ | yao⁴, yüeh⁴.
跃⁴ | yüeh⁴. ①
乐⁴ | lê⁴, lo⁴, yao⁴, yüeh⁴.
藥⁴ | yao⁴, yüeh⁴.
獄⁴ | yao⁴, yüeh⁴, yü⁴.
瀹⁴ | yüeh⁴. ②
禴⁴ | yüeh⁴. ③
籥⁴ | yüeh⁴. ④
钥⁴ | yao⁴, yüeh⁴.

①《广韵》以灼切。以母药韵。《国音》《现汉》并音 yuè。
②《广韵》以灼切。《集韵》有二切：弋灼切，水清也；弋笑切，《说文》渍也。亦属"非典型异读"。《国音》列为一般异读：㈠ㄩㄝ阅去(入)；㈡丨ㄠ药去(入)（又读。）这个"又读"音来自"弋灼切"，即药韵，依规律应该如"钥"字有"丨ㄠ药去(入)"这样的"又读"。《现汉》单音 yuè。
③《广韵》以灼切。以母药韵。《国音》音ㄩㄝ阅去(入)。《现汉》未收是字。
④《广韵》以灼切。《国音》《现汉》并音 yuè。

415 YÜ

於¹ | yü², yü³. ①
愚¹ | yü². ②
誉¹ | yü², yü⁴. ③
纡¹ | hsü¹.
余² | êrh³.
庾² | yü³. ④
与² | yü³. ⑤
愈² | yü⁴. ⑥
逾² | yü⁴, yüeh⁴. ⑦
女³ | yü⁴, nü³.
雨³ | yü⁴.
圄³ | wu².
语³ | yü⁴, i⁴.
屿³ | hsü³.
尉⁴ | wei⁴.
蔚⁴ | wei⁴.
慰⁴ | wei⁴.
熨⁴ | yün⁴. ⑧
疫⁴ | i⁴.
菀⁴ | yüan³. ⑨
妪⁴ | ou¹, wu⁴.
澳⁴ | ao⁴.
燠⁴ | ao⁴.

獄⁴ | yao⁴, yo⁴, yüeh⁴.

①《广韵》央居切,又音乌(哀都切)。《国音》㈠ㄩ鱼阳;㈡ㄨ乌阴。《现汉》於,单音 Yū 姓。
②《广韵》遇俱切。疑母虞韵。平声。《国音》《现汉》并音 yú。
③《广韵》以诸切,又音预(羊洳切)。平、去二声。《国音》㈠ㄩ预去;㈡ㄩ於阳(又读。) 《现汉》单音 yù。
④《广韵》以主切。以母麌韵。上声。《国音》《现汉》并音 yǔ。
⑤《广韵》遇摄平、上、去声三切:以诸、餘佇、羊洳切。《国音》㈠ㄩ雨上;㈡ㄩ预去;㈢ㄩ於阳,同"歟"。《现汉》同。不过,近年来,"参与""与会"中的"与 yù",读为上声 yǔ 的(包括官方主流媒体的主持人、播音员)日见增多。
⑥《广韵》以主切。《集韵》容朱、勇主二切。《国音》《现汉》并音 yù。
⑦《广韵》羊朱切。以母虞韵。平声。《国音》《现汉》并音 yú。
⑧《广韵》於胃、纡物二切。《集韵》单音纡勿切。《国音》《现汉》并 yù、yùn 二音。今音 yùn⁴《自迹集》已见。此音何时发生?《康熙》未提供线索。《汉语大字典》不仅未能提供线索,且曰:"蔚(一)yùn《广韵》纡物切,入影物。"难道 yùn 音由纡物切变来?
⑨《广韵》藥草。纡物切,又音苑(於阮切)。《国音》单音ㄩ玉去。《现汉》有异读:yù〈古〉茂盛。另见 wǎn 见【紫苑】。

416 YÜAN

宛¹ | yüan³, wan³. ①
渊¹ | yüan². ②
鸢¹ | yüan². ③
言² | nien², yen².
京² | ching¹, yin¹.
阮² | yüan³, juan³.
员² | yün². ④
捐² | chüan¹.
缘² | yen², yen⁴.
菀³ | yü⁴.
宛³ | wan³, huan². ①

① 当如 105 HUAN 宛² | wan³, yüan¹, yüan³、398 WAN 宛³ | huan², yüan¹, yüan³. 合为一组看。
②《广韵》乌玄切。影母先韵。合口平声。《国音》《现汉》并音 yuān。
③《广韵》与专切。以母仙韵。合口平声。《国音》《现汉》并音 yuān。

④《广韵》王权切,又云(王分切)、运(王问切)二音。《国音》《现汉》并音 yuán、yún、yùn。

417 YÜEH

曰¹ | yüeh⁴.①
哕¹ | yüeh², hui⁴.
岳⁴ | yao⁴, yo⁴.
逾⁴ | yü², yü⁴.
约⁴ | yao¹, yao⁴, yo¹.
菂⁴ | yao⁴, yo⁴.
曜⁴ | yao⁴.
燿⁴ | yao⁴.
耀⁴ | yao⁴, yo⁴.
跃⁴ | yo⁴.
乐⁴ | lê⁴, lo⁴, yao⁴, yo⁴.
藥⁴ | yao⁴, yo⁴.
嶽⁴ | yao⁴, yo⁴, yü⁴.
瀹⁴ | yo⁴.
禴⁴ | yo⁴.
籥⁴ | yo⁴.
钥⁴ | yao⁴, yo⁴.
①《广韵》王伐切。云母月韵。《国音》《现汉》并音 yuē。

418 YÜN

晕¹ | yün⁴.①
员² | yüan².
允³ | jun³, yu³.
孕⁴ | jên⁴, yin⁴.
熨⁴ | yü⁴.
蕴⁴ | wên⁴.
①《广韵》王问切。云母问韵。去声。《国音》㊀ㄩㄣ缊明;㊁ㄩㄣ运去;㊂丨ㄣ印去。《现汉》yūn、yùn 二音。

419 YU

鞦¹ | ch'iu¹.
牛² | niu².
允³ | jun³, yün³.
莠³ | yu⁴. ①

① 《广韵》与久切。以母有韵。上声。《国音》㈠丨又有上；㈡丨又又去（又读）。《现汉》单音 yǒu。

420 YUNG

雍¹ | yung³, wêng⁴.
容² | jung².
溶² | jung².
榕² | jung².
蓉² | jung².
镕² | jung².
荧² | ying².
荣² | jung². ①
莹² | yung⁴, ying².
萤² | ying². ②
荥² | jung².
縈² | jung².
融² | jung². ③
甬³ | ying³.

① 《广韵》永兵切。云母。《国音字典》曰ㄨㄥ戎阳。日母。从中古云母到今日母，《自迩集》的异读，适为其过渡桥梁。
② 《广韵》户扃切。《集韵》于平切，玄扃切。合口三四等。今音 yíng，开口细音。《自迩集》的异读，适为其过渡桥梁。
③ 《广韵》以戎切。以母。《国音》《现汉》同音 róng。从中古以母到今日母，《自迩集》的异读，适为其过渡桥梁。

"早期北京话珍本典籍校释与研究"
丛书总目录

早期北京话珍稀文献集成
（一）　日本北京话教科书汇编

《燕京妇语》等八种　　　　　　四声联珠
华语跬步　　　　　　　　　　　官话指南·改订官话指南
亚细亚言语集　　　　　　　　　京华事略·北京纪闻
北京风土编·北京事情·北京风俗问答
伊苏普喻言·今古奇观·搜奇新编

（二）　朝鲜日据时期汉语会话书汇编

改正增补汉语独学　　　　　　　修正独习汉语指南
高等官话华语精选　　　　　　　官话华语教范
速修汉语自通　　　　　　　　　无先生速修中国语自通
速修汉语大成　　　　　　　　　官话标准：短期速修中国语自通
中语大全　　　　　　　　　　　"内鲜满"最速成中国语自通

（三）　西人北京话教科书汇编

寻津录　　　　　　　　　　　　北京话语音读本
语言自迩集　　　　　　　　　　语言自迩集（第二版）
官话类编　　　　　　　　　　　言语声片
华语入门　　　　　　　　　　　华英文义津逮
汉英北京官话词汇　　　　　　　北京官话初阶
汉语口语初级读本·北京儿歌

（四）清代满汉合璧文献萃编

清文启蒙　　　　　　　　　　清话问答四十条
一百条·清语易言　　　　　　　清文指要
续编兼汉清文指要　　　　　　　庸言知旨
满汉成语对待　　　　　　　　　清文接字·字法举一歌
重刻清文虚字指南编

（五）清代官话正音文献

正音撮要　　　　　　　　　　　正音咀华

（六）十全福

（七）清末民初京味儿小说书系

新鲜滋味　　　　　　　　　　　过新年
小额　　　　　　　　　　　　　北京
春阿氏　　　　　　　　　　　　花鞋成老
评讲聊斋　　　　　　　　　　　讲演聊斋

（八）清末民初京味儿时评书系

益世余谭——民国初年北京生活百态
益世余墨——民国初年北京生活百态

早期北京话研究书系
早期北京话语法演变专题研究
早期北京话语气词研究
晚清民国时期南北官话语法差异研究
基于清后期至民国初期北京话文献语料的个案研究
高本汉《北京话语音读本》整理与研究
北京话语音演变研究
文化语言学视域下的北京地名研究
语言自迩集——19世纪中期的北京话（第二版）
清末民初北京话语词汇释